思想觀念的帶動者

文化現象的觀察者

本土經驗的整理者

生命故事的關懷者

# Psychotherapy

探訪幽微的心靈，如同潛越曲折透迤的河流
面對無法預期的彎道或風景，時而煙波浩渺，時而萬壑爭流
留下無數廓清、洗滌或抉擇的痕跡
只為尋獲真實自我的洞天福地

Psychotherapy 30

# 性與親密
## 從精神分析看伴侶治療
Object Relations Couple Therapy

作者—大衛・夏夫、吉兒・夏夫
（David E. Scharff, M.D.、Jill Savege Scharff, M.D.）

譯者—徐建琴、鄒春梅、李孟潮

策劃、審閱—王浩威
導讀　鄧惠文

# 中文版導讀

　　本書（Object relations couple therapy）是精神分析伴侶治療（psychoanalytic couple therapy）領域中的地標著作。自 1991 年出版後，已經成為相關專業不可缺漏的文獻。能夠具有如此的影響力，主要原因有三：

　　第一，兩位作者——大衛・夏夫（David E. Scharff）與吉兒・夏夫（Jill Savege Scharff）累積長年精神分析的臨床與教學經驗，取汲並整合前驅者的理論，將其應用於家庭與伴侶場域，也進一步提出他們獨創的理論架構。

　　運作客體關係伴侶治療時，採用的基礎至少包括費爾貝恩（Ronald Fairbairn）、溫尼考特（Donald Winnicott）等英國獨立學派的論述；克萊恩（Melanie Klein）學派的觀點；以及迪克斯（Dicks）根據這些（特別是費爾貝恩的理論）發展出的「伴侶間的客體觀點」。其他如比昂（Bion）、津納（Zinner）等人的貢獻，也是需要熟習的。本書對於這些基礎理論提供了清晰的整理，也包括兩位作者最常被引用的理論——投射認同（projective identification）的八步驟心理過程（見第三章）。

　　第二，在夏夫夫婦的伴侶治療模式中，特別重視伴侶的身心與性關係，對於性障礙及相關問題，提供了一個實用的治療架構。

　　作者主張使用精神分析的技術解讀伴侶的性關係組成、處理

性關係障礙底層的潛意識防衛，同時結合實務的性行為治療法則。這個獨創而廣受應用的療程，需要治療者出入於分析與指導的角度之間，一般並不容易兼顧，作者在本書中分享累積的經驗與反思，對於從事精神分析、伴侶／家族治療或性障礙行為療法的治療師都極具啟發。

第三，相對其他伴侶治療或家族治療的理論學派，客體關係伴侶治療的主場在於移情（transference）與反移情（counter-transference）的詮釋，作者的治療即特別著重於此，書中對於如何在三人治療或四人治療（兩位治療師加上一對夫妻）中，處理複雜而重疊的移情與反移情關係，提供了具體的案例與技術。

## 客體關係治療的基本概念

雖然上述各理論流派之間存在著歧異，客體關係治療（不論是個人治療或伴侶治療）的共同概念是：

(1)強調心性發展的早期，認為嬰兒與主要照顧者（母親）的關係是形成心理結構（psychic structure）的關鍵。

在此結構中，某些無法承受的母嬰關係（例如對嬰兒有限的發展能力而言，被感知為過度威脅或過度挫折的經驗）會被嬰兒從自我意識中分裂（split）而潛抑（repressed）。被分裂和潛抑的不只是客體，而是一組自我與客體的關係，它們包括三個部分：客體的一部分（例如：母親令人失望的部分被分裂，另成一個壞的母親客體）、自我的一部分（與壞母親客體相應的自我，例如不好的、不值得被滿足的自我），以及在此關係中無法承受的情感（例如對於壞母親客體的憤怒或恐懼）。如此逐漸形成的內在

架構，將持續影響個體的感知與對外的互動。

(2)治療關注內在的客體關係，外界的人際關係可被理解為內在客體關係的再現。不過，在個體形成基礎的心理架構之後，與外在客體的互動也會回饋到內在架構中，發生加強或重整，正因如此，治療才有機會改變個案的內在世界。

(3)治療的焦點在於個案與治療師之間正在進行的關係（the ongoing relationships）。一方面治療關係是最能提供洞見的現場體驗關係，另一方面，治療關係必須提供足夠好的扶持環境（holding），才能協助個案承受再次活化潛抑客體關係的恐懼，進而面對並修通。因此，個案與治療師之間的移情與反移情必須成為治療與詮釋的重點。

## 客體關係伴侶治療的架構與內涵

基本上，客體關係伴侶治療的架構必須比照一個精神分析的架構，包括定時、費用、請假、額外聯繫的限制與約定、不採取指導或教育、不主導探詢、謹慎詮釋與治療者的關係等等。實務上，要在伴侶治療中堅持精神分析的模式，是足具挑戰的。即使是非常優秀的個人精神分析師，進入需要同時面對兩個人的伴侶治療，這兩人不斷地衝突、激烈地攻擊彼此但又不容許分開時，治療師很容易在壓力下亟欲取回治療的操作感與存在感，轉而訴諸認知式、指導式的做法，失去了精神分析最重要的框架（frame），也因此失去重現內在客體關係、處理潛意識防衛並促成改變的機會。

對於這個入門的困難，治療者需要把握一個重要的觀點——

迪克斯提出的「婚姻聯合人格」（marital joint personality），意指一對伴侶或夫妻在潛意識中互相選擇了對方，共同創造並維持著某種互動模式。治療師面對的不僅是兩個人，更有效的看法是把一對伴侶視為「兩人合力呈現的一個聯合人格」。表面上，一對夫妻可能因為意見分歧才不斷爭吵，但在潛意識中，他們可能都因為過去的客體關係而抗拒親密，或是需要攻擊對方，藉此重新經歷與內在客體的關係。

迪克斯曾提出三種假設以解釋這些狀況，在〈假設 1〉（Dick's hypothesis 1）中，伴侶的爭吵起因於其中一個（或兩個都是）不符合另一個人內心對於伴侶的預設與幻想，例如一個妻子婚前以為個性溫和的丈夫會像她深愛的父親一般，能夠打造出一個幸福的家庭，但婚後卻感覺「先生的溫和根本就是被動與消極」，終究不像她的父親，於是開始不斷地挑釁、言語攻擊丈夫。而在〈假設 1A〉中，憤怒起因於原本選擇了一個看似與內心負面客體相反的對象，最後卻發現伴侶還是跟負面客體一樣，例如一個讓人受挫的母親或父親客體。第三種是〈假設 2〉，在伴侶身上發現曾經被割捨潛抑的某種自我特質，受其吸引而交往，但又因為內在對此部分有未解決的矛盾，而不斷地攻擊懷有此特質的伴侶。這些源自內在經驗的失望，激起強烈的情緒，引發固著的衝突，需要對此進行詮釋，協助伴侶認識他們潛意識中共謀（collude）的防衛。

親密關係能引起無限的期待，也能擾動最深沉的混亂。為了達到與伴侶的親密融合，附帶條件可能是某種程度的自我消失、理想化的破滅、接納不完美、放棄與內在客體的矛盾連結，對此終極的恐懼是失落（loss），是個體長期抵抗並試圖避免的。客

體關係伴侶治療著重於此，透過細微的觀察與互動，也探索聯想、幻想、夢境，以期瞭解使個體停滯的分裂客體關係，並加以修復。為此治療者和接受治療者都需要長期的投入和心理上的耐力。讀者可以在本書中獲得許多建議，嘗試因應治療設置、進程、詮釋技術、終結等各個階段的挑戰。

精神分析不僅是一種治療的工具，也是一門哲學和藝術。分析師的風格與能力雖然大幅取決於學養，但也一定與他們的人格特質有關，這也是大衛與吉兒兩位老師備受推崇與信賴的原因。在個人經驗中，自從開始與夏夫夫婦兩位老師學習迄今，偶爾談及台灣的治療環境與學習資源，他們總是非常關心並且建議如何開發更多資源。寫作這篇導讀同時，兩位老師也在旁表達對台灣讀者和治療師的祝福與鼓勵，期待有更多人投入這個工作。

鄧惠文

精神科醫師
目前於會心診所及台安醫院從事精神分析取向的心理治療與伴侶治療

經歷
英國塔維史托克中心（Tavistock Center）及塔維史托克伴侶關係中心
TCCR（Tavistock Center for Couple Relationships）進修
IPI（International Psychotherapy Institute，本書作者所主持的教學機構）
精神分析取向伴侶治療師培訓合格證書

# 目　次

# 第四部　特殊主題

# 第五部　結束

# 前言

　　繼我們之前的著作《精神分析的家庭治療》（*Object Relations Family Therapy*），本書是大衛‧夏夫早期理論著作《性關係》（*Sexual Relationship,* 1982）的臨床實踐卷。就像那兩本書一樣，本書表達的觀點起源於英國客體關係理論，整合了小團體理論、嬰幼兒發展以及性方面的研究。在這裡我們發展出這樣的理念：進行伴侶治療時將配偶當作是兩人小組，他們因為彼此承諾，形成一個緊密結合的系統，而且這種承諾因相互的性愉悅連結而強化。作為身體和情感上的親密關係，婚姻是早期母嬰關係中心身相伴模式的後繼者。夫妻個性中壓抑的一面決定了配偶之間潛在的匹配，也決定了他們後來在意識層面尋求表達婚姻關係中的安全性。這些方面產生了婚姻性格，呈現在日常的互動、性活動以及對孩子的管理中，當然，也會呈現在伴侶與治療師的關係中。

　　我們進行伴侶治療的工作方式，對這些方面都給予同樣的關注。客體關係伴侶治療是以非指導性傾聽的價值觀為基礎，以創造出理解的心理空間，並處理夢和幻想素材，以及追尋達到無意識衝突的情感。互動模式的重覆性被認識，並與抗拒的需要連結起來，這種抗拒來自於無法忍受的焦慮，這會在後來被命名並處理。我們不承諾快速的療癒，雖然這種情況有時也會發生；我們也不做矛盾的介入。我們的方法是對衝突進行詮釋，目的是將無

意識帶入意識，以讓夫妻之間耗盡的關係恢復生氣。

　　有兩個與眾不同的特徵，使我們的取向與其他心理動力的伴侶治療區別開來。第一，我們強調性生活。性障礙很明顯在婚姻的初始及維持階段就在發揮作用，但是有關由無意識衝突引起的性失調和性中斷（sexual disjunction）的治療工作，卻沒有被充分整合到婚姻治療中，而是以行為治療的方式將其分開處理。本書中，我們認識到性治療的重要性，並將我們在此領域中獲得的知識運用在伴侶上。此外，大衛・夏夫從他作為認證之性治療師的經驗中，貢獻了很多材料，這些治療工作揭示了很多夫妻的客體關係。理解性關係始終是伴侶治療中的一部分工作，不管是否需要特別進行性治療。我們對婚姻和性活動的論述來自於與異性戀夫妻的經驗，因為雖然我們在精神分析和伴侶治療中進行過個別同性戀者的治療，但是還未有男同性戀和女同性戀伴侶諮詢過我們，想必是因為作為已婚的婚姻治療師，我們被視為是「認同異性戀的」。我們描述的很多問題都適用於同性戀婚姻，但是我們並未闡述同性的客體選擇所引起的根本差異。

　　我們取向上的第二個特點是焦距於移情和反移情。我們加入夫妻間最深層的無意識溝通中，當允許夫妻的無意識與我們自己的無意識產生共振時，便可達到詮釋的這一步，這是來自於內在的共同經歷。因為這些都來自於治療師的內在世界，實屬無意識的，因此很難描述。這會使我們難堪，或者讓案主感到不高興，尤其是當他們很不巧地對這些材料感到驚訝時。描述反移情的另一個困難，在於從實踐層面上來說，我們不可能完美清晰、即時性地、有穿透力地說明反移情。事實上，這種在持續不斷的接觸中掙扎，對治療師來說是一種主要的干擾。但是我們還是將自己

設定在回顧反移情的這項工作上，因為知道這是唯一教導我們如何進行治療的途徑。我們希望負面的後果，會被共享個人體驗和治療洞見時所得到的收穫抵銷。這使我們的治療實踐充滿生機，成為我們工作中最突出的部分。

讀者們常常假定因為我們一起著書，所以我們也是一個共同治療的團隊。的確，我們有時為了教學目的一起進行診斷諮詢，但是一般來說，我們更想在不同地方分開工作。當然避免共同治療模式，也有財務上和行政上的原因，但是主要原因是保持我們的臨床獨立性。雖然已婚的治療師在伴侶治療中處於一個特殊的位置，他們在自身的關係中體驗到求助者內在伴侶的投射認同，但他們需要花時間和努力釐清求助者的幻想和之前就存在的無意識婚姻衝突，而此時，處理他們的反移情會有損對患者的治療工作──也會有損於治療師的婚姻和諧。從理論上來說，這對患者和治療師是最有益處的，但是在實踐中，我們選擇放棄與專業工作有關的婚姻內省之益處，而投入到日常工作和婚姻的快樂中。

我們要感謝喬・帕克（Jo Parker）和莉莎・利比亞特（Lisa Ribiat），他們幫助我們處理文字、辨認潦草的字跡、費力地輸入正確的拼寫，然後定稿。杰森・艾隆森（Jason Aronson）一如既往熱心而耐心地幫助我們，穆莉葉・喬根森（Muriel Jorgensen）和珍・安德拉西（Jane Andrassi）協助我們編輯，南希・舒勒姆（Nancy Scholem）進行專業的行銷。大衛・夏夫要感謝行政人員，特別是安娜・伊恩斯（Anna Innes），以及華盛頓精神醫學會（Washington School of Psychiatry）理事會所給予的支持。我們深深地感謝華盛頓精神醫學會─精神分析之客體關係伴侶與家族治療訓練方案給予了我們很多發展性建議，並與我們分享他們的

工作——一起策畫這個方案。我們也感謝從邁阿密到洛杉磯各處的團體，他們邀請我們去教授我們的治療方法，使我們注意到有必為伴侶寫一本客體關係取向的書。

我們對珀爾・格林（Pearl Green）有無盡的感謝，她使我們的家庭合為一體，也感謝我們的孩子們在我們寫書過程中的包容。

對那些允許我們錄音以便研究其互動的伴侶們，我們對他們的信任和合作表示謝忱，為了進一步學習和教學，還有一些伴侶允許我們錄影。本書的案例、個人訊息已被改編，每對伴侶的資料已被修改或與其他伴侶的資料融合在一起，以保證匿名。我們這樣的做法並未破壞紀錄的完整性。症狀、病理和無意識客體關係均整合在一起，唯一沒有掩飾的方面是治療師的反移情。我們希望閱讀這本書的患者能夠容忍我們本著科學探究的精神做披露。最後，謝謝患者們對我們工作的信任，以及為我們的學習、教學和寫作所做出的貢獻。

# 第一部

# 客體關係

# 【第一章】從客觀關係的角度看待親密感和性

　　伴侶的關係，不僅取決於雙方在文化、個體和性上面有意識地彼此相容，也取決於彼此個性中所壓抑的那一部分。在這個部分中，無意識層面的交流，決定了在婚姻以及其他類似的長期關係中，伴侶之間親密感的品質，以及保持情感和性親密的能力。

　　親密感不只是長期關係的特徵，在任何的支持環境裡，它和人與人之間大量的無意識交流緊密相關。所以我們經常會看到，兩個經由火車旅行而相識的陌生人可以立刻產生親近感，他們很快地交談甚歡，分享生活中的各個方面。如果不是因為相識短暫，他們能相互分享的內容，也許甚至會超過和自己的伴侶所能分享的。這種在第一次會面中所產生的強烈親近感，在之後的接觸不一定會再次出現。在短暫相遇時產生親密感的能力，或者說在社交場面的魅力，與維持長久關係的能力很可能大相徑庭。早期求愛階段的短暫親密感，包含了很快的互相滲透（inter-penetration）、突然意識到彼此的相同點和互補，所以經常著重強調內部客體的共同面向，而不是、也不能是考慮到所謂內在經濟的收支平衡（total balance of internal economies）[1]。人們可以藉由訂婚來擺脫壓抑的防禦結構，去檢查兩個人是否合適，而更徹底地檢驗適配性，通常需要結婚後更長時間的承諾來兌現。

---

1. 譯註：此處內的經濟平衡是指原欲（libido）遵循經濟原則的平衡。

　　當一對親密並且享受性愛的戀人開始向對方做出承諾時，親密感的問題就出現了，他們會發現就是在這個時刻，其中一方或是兩個人都開始退卻。我們所講的這種退卻，並非指完全分離或者分手，而是指部分地縮回到自我中，而不再像以前一般親密。這種退卻伴隨著突然在伴侶身上發現了一些排斥的新特性，或者是在這之前不知不覺中呈現的某些個性。就在此時，戀愛的一方開始把自己當做是一個完整的整體，並且把對方當做一個完整的人來看待，好的和壞的——更好的與更糟糕的——這是一個立刻發生而互相的過程。從婚姻治療和性治療的觀點，認為自我和他人無可避免地交纏在一起。此外，婚姻關係和夫妻性生活的美滿緊密相連。對於性功能失調的治療，一定要考慮婚姻關係，因為在性生活中出現的問題，表現了起源於無意識因素的某些困難，並使這些困難得以宣洩。

　　很多年來，精神分析心理治療一直致力於性治療，但欠缺借助性功能正常和失調的知識。但是現在，性學研究揭示了很多有關這兩方面的知識。與此同時，在精神分析領域，我們對於在親密情境中與人連結的問題也累積了一些經驗，包括像是分析師—病人這樣的原型組合。關於這方面的知識比以前更容易理解，因為我們可以應用客體關係理論的分析語言來解釋。客體關係理論將內心面向（intrapsychic dimension）所反映出的個人發展，與個體和重要他人之間關係的互動連結起來。

　　作為過去五十年學術發展的成果，客體關係理論被迪克斯（Dicks, 1967）和津納（Zinner, 1976）應用在婚姻關係中，也被下列學者應用在家庭動力學的研究中，如夏彼洛和津納（Shapiro, 1979；Zinner and Shapiro, 1972），史凱納（Skynner, 1976）、伯

克斯（Box et al, 1981）和夏夫夫婦（1987）。我們除了將精神分析客體關係與家族治療聯繫起來之外，大衛·夏夫也研究了性和一般發展之間的聯繫，有關這方面的理論，在《性關係》（1982）中有所表述。在這本書中，作者記述了性的發展如何表現出家庭的問題和趨勢，而同時又持續改變著家庭。

　　客體關係源自於個人對關係的需要。從最早期，嬰兒就會為了與母親建立關係而做出反應，而正是在這種對於母親的依附當中，嬰兒逐漸長大。這種最早期的依附及心身相伴的關係（psycho-somatic partnership, Winnicott, 1971），也就是一種完全的心理和身體層面同時存在的關係。

　　母親懷抱嬰兒，並試圖理解嬰兒的內部節奏和需求，於是逐漸瞭解嬰兒的內心活動。當母親這樣做的時候，嬰兒就會在她的陪伴中喝奶。由於成人的性關係帶給人強烈的愉悅感，並同時存在於靈和肉的兩個層面，所以成人的性關係，其實也是在回應早期關係中深深留在記憶中的那些歷史。

　　與主要照顧者相處的早期經驗如何被嬰兒和孩子吸收，並演變成孩子內部世界的實體——客體關係理論研究的主要學者們在這些問題上都有所發現和研究。這個理論，從其最不僵化的形式來看，並沒有明顯偏向於某一端的傾向，因為它同等地考慮兩個因素，即照顧者所打造的環境，以及孩子內心對於那些內化經驗的改造（Mitchell, 1988）。

　　在精神分析的早期，佛洛伊德（Freud）認為實際發生的事情和喪失構成了個體困境的核心：童年時期的性誘惑、自慰和禁止自慰以及性交的中斷，都是心理創傷的起源（Freud, 1895, 1905a; Breuer and Freud, 1895）。但後來，佛洛伊德有了一個重要的發

現，即孩子們會改變並且扭曲實際發生的事情，於是他的理論開始往無意識的內心衝突這個領域發展，避開了他之前的性誘惑理論，這也是他所放棄的少數理論之一。他的臨床記錄明顯強調了實際發生的經驗之重要性，也令我們認為他相信孩子和世界相處經驗的品質，會在很大程度上決定孩子之後的發展。但是他在早期就開始闡述的理論，卻強調一整套驅力和結構的開展是預先設置好的，經驗對它的改造只被視為次之的。從佛洛伊德學派的觀點來看個人的發展，就好像是一個已經預先在內部設定好程式的導彈，按原設計行進，雖然它也會去克服適應沿途的干擾，但仍舊會追尋早就設定好的目標。環境中偶然的際遇與命中註定的驅力和結構相比，是被次要考慮的。

　　家族治療理論聚焦於被佛洛伊德視為次等重要的環境因素。作為一種理論，它強調外部世界、家庭系統、直接的、原生的和衍生家庭中關係結構的重要性，認為個人對於發起和改造既有經驗的重要性反而居次。對於家族治療理論來說，外部事件具有堅實的現實基礎，而人內心的心理事件則是非物質和虛構的。行為治療的取向比較折衷，強調重要的行為和可觀察的事件，而不去談論個人的內心生活，在這點上和家族治療的態度一致；但同時行為治療取向也和精神分析一樣，對家庭系統保持距離。

　　客體關係理論則涵蓋了上述兩個方向，它是關於動機、發展和關係的精神分析理論。客體關係理論起始於作為一種個人無意識的理論，由於它是從分析關係的研究中發展出來，而非對患者的病理學研究，所以它可以被直接應用於有關婚姻、家庭和團體動力學的研究。客體關係理論提供了工具，用來發現並研究重要關係中所產生的行為，同時還有無意識的決定因素和這些行為的

結果。

然而，客體關係不僅僅是理論。它是一種工作的方式，一種旨在理解來訪的夫妻和家庭，並作為連結的媒介。這是我們接待案主的方式，就好像母親一定要用非口語的理解來影響孩子一樣。我們這種治療的方式，就彷彿是父母和孩子坐在一起，聆聽、反應、消化，並透過進一步的回饋來達到同理，而且把全部經驗用語言的形式進行概念化的加工。當我們這樣做的時候，我們就均等地肯定了外部事件和事件主角（作為個體的夫妻或者是家庭成員）的力量，以及個人心理改造過往經驗的力量。此種理論的寬度，允許我們可以和各種複雜的經驗打交道。例如，在精神分析或是精神分析治療中，我們會花很多精力把案主的內部世界作為工作的焦點，但是在聯合治療（conjoint therapy）中，我們從外部的互動開始，經常會問人際之間確實發生了什麼，而不是去問這些事件對當事人意味著什麼。這種工作方式其實是從包羅萬象的理論當中，利用了一些有用的點，就像我們每個人在生活中所做的，在「真實」包圍我們的事件和我們內心「主觀的」世界之間逡巡往復。這種工作方式給了我們一個機會，可以同等地考慮這兩種不同的世界。

## 客體關係理論

費爾貝恩（Fairbairn, 1952, 1954, 1963）曾清楚闡述個體的客體關係理論。雖然他並沒有特地提到親密感，但是他的理論仍舊為我們提供了理解親密感的途徑。費爾貝恩提出假設，認為在最初階段支配嬰兒的，是其與主要照顧者建立關係的需求，主要照

顧者經常是母親（雖然父親或者其他代替者也可以「像母親一樣地照顧」）。嬰兒內化了經歷中**不滿足**的經驗，並把這些經驗與以往的經驗分離；由於這些經驗存在於意識中會帶來痛苦，所以他（她）把它們從意識中壓抑下去。痛苦經驗中兩個主要的方面於是被深埋地下：與母親之間**需要—興奮**（need-exciting）（費爾貝恩稱之為「原欲的」〔libidinal〕）的關係，和**拒絕或挫敗**（稱為「反原欲的」〔anti-libidinal〕）的關係。在需要—興奮的關係中，嬰兒感覺母親是有誘惑性的，或者是令人焦慮和窒息的。嬰兒得不到照顧，也永遠得不到滿足。在那種拒絕的關係中，嬰兒感覺母親是憤怒的、拒絕的，或不滿足自己的需求，嬰兒因此變得生氣、難過。最後，嬰兒和母親之間有一種比較適度而滿意的關係，費爾貝恩認為這種關係存在於「中心自我」（central ego）和它的內在客體，即「理想客體」（ideal object）之間。這種關係以適度關愛的情感為特徵。費爾貝恩也描述了拒絕的客體系統，是如何對需求—興奮的系統做進一步「帶敵意地壓抑」。臨床上，我們經常可以看到這點，當夫妻雙方爭吵不停時，他們不會承認在這種失敗的關係中，兩個人對於彼此痛苦的渴望。圖1-1總結了費爾貝恩內在精神結構（endopsychic structure）的理論框架。

　　借助英國其他客體關係學派的理論，我們可以把費爾貝恩的個人發展理論應用於家庭互動的情境中，並且可以把無意識的溝通作為一種可觀察的關係特徵。從梅蘭妮·克萊恩（Melanie Klein）的理論，我們吸取了**投射認同**（projective identifiation）和**內攝認同**（introjective identification）的理論（Klein, 1946; Segal, 1964; Ogden, 1982）。這個複雜的概念需要一個完整章節來論述

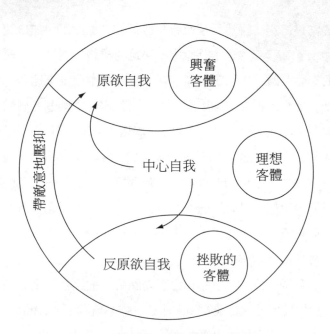

**圖 1-1　費爾貝恩的精神組織模型**

夏夫選於《性與家庭的客體關係觀點》（*The Sexual Relationship: An Object Relations View of Sex and the Family*）。中心自我以及理想客體和照顧者有意識地互動。中心自我壓抑了它的原欲和反原欲經驗的分裂，而相對的自我部分也保持著無意識狀態。反原欲系統又進一步地壓抑了原欲系統。

（見第三章）。在這裡，我們如此理解就足夠了：投射認同是一種把自己所否認的一部分投射到對方的過程，對方無意識地接收了投射，並透過內攝認同，感覺到被投射的部分，並按照那種方式來表現行為，就好像在確認——或者更成熟的話，在改造那一部分。在正常的關係中，投射認同是對於對方的經歷產生同理的基礎。但是在焦慮的狀態下，它則是以一種不舒服的方式來占有和控制對方，也許能被忍受，也許不能。圖 1-2 展現了這一種互

動過程。

　　投射認同也同樣是親密感的基礎，透過投射認同，一對夫妻可以檢驗他們內部客體群的適配程度。雖然這可以在短暫的相遇中發生，但是通常會需要更長的時間一再檢驗。母親和嬰兒之間的親密感經由對嬰兒的扶持和照顧而發展，如餵食、換尿布和洗澡。哺育孩子、養育孩子長大、接送他們、安排他們受教育和參與社會，這些對於作為父母的成年夫妻，都是在家庭生活中和性無關的親密感來源。對他們來說，要找到時間獨處並享受性的親密感，是很難實現的。而對於那些沒有孩子的夫婦來說，兩個人同樣有很多的任務要處理，像是為充裕的衣食住行奔忙、分享彼此的資源、優先安排工作、社交和個人時間。不管有沒有孩子，長期的親密關係都是透過日常生活裡平凡瑣事的溝通來實現的。

　　所以，伴侶治療就是透過討論這些瑣碎的日常事情來進行。當與夫妻一起進行工作時，他們會回顧日常互動，而那些被分離、壓抑並在無意識中被投射認同的部分就會清晰展現。正是這種回顧，為家族和婚姻治療提供了通向瞭解無意識家庭生活親密感的途徑。

　　當與個人一起工作時，我們會期望在治療師和案主之間創造一種親密關係，這樣的關係能幫助我們體驗案主在親密感上的困難。而且，精神分析的情感交流可以在移情中被當作是一種性交的形式。這種移情的比喻對於發掘案主的性困難非常有用。但是現在我們可以更明確地瞭解，精神分析，或者說心理治療是如何表達出性的問題，而同時又幫助去掩藏他們。案主可以藉由語言環境中的親密感，進一步壓抑存在於身體中性方面的無意識因素，而同時對這種情境的保護感到舒適。對於一些案主來說，心

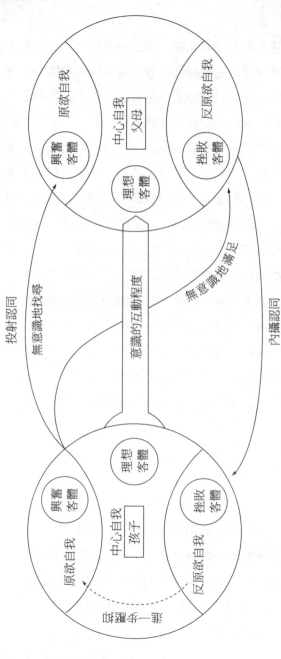

圖 1-2 投射認同和內攝認同發生的機制

當孩子遇到挫折，願望沒能達成或創傷的時候，他會對父母產生投射認同和內攝認同。本圖描述出孩子渴望自己的需求得到滿足，並透過投射認同，去認同父母心中類似的傾向。經由內攝認同，遭遇到拒絕的孩子認同於父母本身反原欲系統的挫折部分。在對挫折的內部互動中，孩子反原欲原系統中更新的力量會進一步壓抑原欲系統。

理治療的情境所提供的隱私和保護，使得那些被壓抑的性因素不會在最初就被覺察，而可以等到一段充足的時間之後，直到治療關係逐漸成熟。到那個時候，那些被壓抑的部分就會找機會再回來。這並不僅僅局限在治療中，每一種重要的關係中，每個人都會尋求被當作一個完整的人，被瞭解和關心。同樣地，那些在人格中被拒絕和壓抑的部分，也會尋找表達和理解的機會（Fairbairn, 1952）

## 心身相伴的關係

為了瞭解身體和情感的親密感之間的關係，我們不得不回到最初的假設，即身體的親近和情感的貫通是統一的。溫尼考特（Winnicott, 1960a, 1971）把母親和嬰兒之間的關係，稱為「心身相伴的關係」，這恰恰是我們所要討論的親密感和性的範疇。他描述了最早的母親關係是如何透過身體接觸為媒介，組織了嬰兒的心理內部世界，這種關係同時是整個身體和全部心靈的。嬰兒與母親的身體接觸，也同樣讓母親在心理上有所發展，來適應作為母親的角色。換句話說，這種心身相伴的關係是一種相互的確認過程。很多學者都曾經研究過母嬰關係中讓人頗受啟迪的面向，比如斯皮茨（Spitz, 1945, 1965）、馬勒及其同事（Mahler and colleagues, 1975）、布拉徹爾頓及其同事（Brazelton, 1982, Brazelton and Als, 1979, Brazelton et. al. 1974, Brazelton et. al. 1979）、格林斯潘（Greenspan, 1981），還有很多其他人。最近，斯特恩（Stern, 1985）對這種身體的研究做了總結，他說嬰兒自我的成長，起始於母親和嬰兒之間那些可被觀察的身體交

流，這些交流逐漸形成了心身相伴的關係。嬰兒與母親之間的注視、語言交流和相互協調適應的身體動作，形成了最基本的溝通。在最初的幾個月裡，母親和嬰兒便會對於彼此之間親密的暗示和反應做出調整和改進。

## 性關係

同樣在性方面也是如此，性同樣也是一種心身相伴的關係，因為性夥伴之間的身體接觸會觸發他們個體心理的深層，特別是他們的內在客體關係。馬斯特和強生（Masters and Johnson, 1966, 1970）描述了生殖的功能和互動，提供了在生殖學上正常和異常的描述。大衛‧夏夫（1982）發展了一個觀點，認為性欲帶（erotic zone）是矛盾的投影屏。他寫道：

> 生殖器和女人的乳房，經常被成年夫妻或成年人選擇作為內在客體（如內在父母）和當前主要角色之間衝突的所在地。陰莖和陰道雖然是小的器官，但變成了私人和人際之間的戰鬥前線。大量的複雜事件必須經過心理的運算（加、減或乘，就像力向量一樣），然後精鍊，以便塞進這些非常小的區域。幾乎不被記憶或很早就投降於無意識的大量衝突，就會在生殖器的身體屏幕上以濃縮的方式投射。這些屏幕太小，以至於容納不下整個圖像的放映，結果不得不透過簡化和濃縮，宛如透過望遠鏡錯誤的一端來看。重要細節也不再被區分，而且一個衝突疊加上另外一個，一個內部關係與另外一些融合，就好像作夢者的自我濃縮並歪曲了一些事件，來創造一個仍舊可以表達意義和情感世界的簡短的夢一樣。

　　雖然所引起的複雜情感是關於人、關於新舊的關係，但是它仍舊需要用一種相對簡單和直接的方式，經由身體這個最後共同路徑來表達。如此，在既定的情境裡，性的活動和反應可能存在也可能不存在，不同程度的開放、壓抑，和性的失敗會複雜地摻雜在一起，而彼此的性行為可能感覺美妙，也可能很糟糕。（pp. 6-7）

　　如果我們把性關係當作是心身相伴的關係來理解，就能清楚地瞭解身體間這些特定的互動——生殖器、乳房、嘴和手之間，是如何表達深刻的情感和關係。成人的性關係是早期關係的部分重覆，所以對人們具有不同於其他關係的深刻影響。在這種理論假設中，性的興奮便和需要—興奮的客體群發生連結，而性的拒絕和挫敗則會與拒絕的客體系統產生共振。代表這些的內部客體關係，就會在與外部客體的互動中，傾向於重新創造這些經歷，而身體上強烈的性體驗放大了每種內部客體關係的無意識角色。就是透過這些方式，成人的性成為早期母嬰之間心身相伴關係的繼承者。

　　性的表達連結起新的愛的客體和內部客體。性代表了以下：（D. Scharff, 1982）：

一、渴望抓住帶有給予和愛的特性的父母形象，並把那種形象視為真實存在。兩個人在被對方照顧的同時，去照顧彼此的他或者她。

二、掙扎去超越和原諒看似不願付出、看似不關心孩子的父母形象。但一旦被原諒，這些父母就會被提供在一起的機會。

　　三、根據父母的關係，試圖把這兩種修復的形象，綜合成一
　　　　對恩愛伴侶完整的內在感覺（pp. 9-10）。

　　令人滿意的性經驗構成了實際的和意義上的補償，一種從身
體到生理與情感等多種需求的愛的再混合。與之對比的是，失敗
的性經驗重新刺激了被剝奪和需要的感覺，並雪上加霜。性的適
度目標，是成為婚姻和關係中一種有用的、減輕緊張感的足夠好
的部分，而且有能力表達和涵容平均的挫敗和衝突，可以不時提
供夫妻所需要和希望獲得的東西，我們稱之為「夠好的性」
（good-enough sex）。

　　如果伴侶其中一人或是雙方都有很多身體或者心理上的問
題，那麼「夠好的性」就不可能發生。所謂的「性功能失調」被
應用於起因於生理、教育和心理因素的病態互動。為了與因內部
客體關係而受損害的性互動做區別，大衛・夏夫（1982）提出
「性中斷」理論。在性的中斷裡，客體關係的問題也許是被最近
發生的事情所引發，也可能有遠因，通常是兩者的結合。甚至是
由於缺少經驗或體力不足引起的性功能失調，也同樣會影響現在
關係的情感色調，而且會刺激內部客體，使其不安。所以每一種
性功能失調都包含了性的中斷，但並不是所有的中斷都包括了需
要特殊性治療的性失調。作為伴侶治療師，我們想要處理所有性
中斷和性功能失調的問題，如果有需要，我們可以轉介那些有需
要的案主去做特殊性治療；或者如果我們接受過這方面的訓練，
也可以把治療轉換成行為療法的模式。

## 工作方式

客體關係理論為我們提供了一種解決和談論性與婚姻問題的方式。它和個人的精神分析、精神分析導向心理治療、伴侶治療或性治療的行為框架都保持一致。客體關係理論並不反對提供建議，甚至是性治療的處方。但是它確實明顯不同於那些認為發生在個人內心的東西是不可知，並且與治療過程不相干的方法。客體關係理論把評估發生在人內部世界的事情放在核心位置處理，甚至是在聯合治療的情境下，對理解夫妻之間的互動進行治療介入時，也是如此。

我們的目標是在案主無意識層面的體驗上加入他們，然後基於我們的理解，透過詮釋的方式和他們工作。除此之外，其他都是附加物，甚至是性治療中更具行為傾向的方法，或者針對孩子和青春期問題對父母做輔導。既然理解無意識的交流是核心，我們必須要有可以深刻達成理解的方式。移情和反移情提供了關於無意識組織和溝通的重要信息，所以它們的使用在這種工作方式中至關重要。

## 移情和反移情

佛洛伊德（1895, 1905a）最初把移情定義為：案主把適合於過去情境的衝動轉移到分析師身上。這個概念最初僅局限於分析情境，並且與抗拒的概念緊密相關；治療師努力把無意識變成意識，而阻抗正是對抗治療師的力量。被潛抑（repression）的事情

會抗拒去潛抑（de-repression）的工作，這是心靈結構所固有的特性。

當一個人發現關係中的一部分太過痛苦，以至於無法有意識地承受，事情就會分裂開來並深埋地底。這將不可避免地把構成關係的三個方面都埋起來：客體痕跡、自體和自我的一部分，還有代表了自體內部自我和客體互動的情感。被潛抑的部分太痛苦，所以無法被意識接受，自體的中心部分就會把這些痛苦的元素埋藏起來，使它們遠離意識。核心自我為了避免焦慮，而用和潛抑相同的力量來對抗去潛抑。

岡崔普（Guntrip, 1969）也提到一種人際間的抗拒。出於羞愧和早期經驗所決定的想像中的人際關係，案主不太情願把自己的部分展示給治療師。此處所指的抗拒，是指把自己的部分向別人揭示時的困難。固然案主覺得勉強，但是移情仍成了顯示這些無意識因素的工具。

為什麼這些分裂和潛抑的客體及自體部分會作為移情出現？根據費爾貝恩（1952）的理論，答案存在於每個人對於關係的需求中。就像每個人都會尋求一種關係，人格中的每個部分也都會在每一段重要關係中尋求被認可。所以在與父母、配偶和情人、孩子以及治療師的關係中，一般人都會尋求被完全理解；被自我所否認的那些部分會逐漸浮出表面，就好像輪流著來尋求認可一樣。這些人格的元素表現得好像它們每一個都是一個不同的人，彷彿是一個整體的人來尋求認可一樣，這是受到每個人都有的重要動機驅使，也就是想要整合起來，以一個完整的人被接受和被愛。

在這種觀點中，移情是關係的一般現象，而不再被認定成治

療關係所獨有的。更確切地說，它存在於所有的關係中。甚至是在短暫和偶然的新關係中所表現出來的那些特質，如懷疑、寬宏大量、樂觀和恐懼，代表了一系列最突出且影響核心自體功能的人格特性。在更加長久和熱烈的關係中，內部客體關係的無意識元素會在更深的程度上被移置。正是在這種情況下，移情從僅僅是自我元素和內部客體的投射轉移到他者身上，到透過投射認同進行無意識元素的滲透。

　　一個治療師可能從開始那一刻，就指出案主呈現出來的投射。但投射認同並不是這樣，投射認同必須經由一段時間才會表現出來。它們之所以被認知到，是因為治療師吸收了它們，而這種吸收的方式一定是無意識的，因為堅持在每一刻都意識得到它們，就意味著處在情境之外，也就一直對其感到陌生。那些願意保持開放而被接管的治療師，最終會在內心知覺到各種思想狀態，這些都完全不同於治療師自己的個性，於是就會對每一個來訪的個人和夫妻做出獨一無二的反應。發現投射認同的線索，存在於反移情當中，即治療師對於案主的反應。治療師意識到一種不舒服、不和諧的感覺，並且能夠代表治療師對案主的反應。當治療師努力去理解這些感覺，並把這些感覺與案主的經歷連結起來以後，案主所傳達的訊息背後的意義就會顯現了。

　　為了達成這種理解，治療師可以利用一個談到的想像，或者是某種未透過想像就爆發出來的重要情感。有時候一段歌詞會在治療師的腦海裡迴蕩，有時候童年事件的記憶，或者是與當下經歷相關的聯想也會出現。所有的這一切都構成了最初的反應，需要在對整個情境的意義做出結論之前，與案主的經歷相連結。這並不是意味著治療師只是簡單地和案主分享反移情的反應，這正

是沒有經驗或自鳴得意的治療師經常犯的錯誤。對治療師自身經歷的認識才是出發點。

對於弄懂這些反應的工作，一定要在與案主溝通之前進行，這是所有工作環節中最困難且需要進行大量培訓的，我們將在這本書中提供大量的範例。即使作為治療師工作方法的一部分，以移情為基礎的詮釋，只占了案主所談到的反應的一小部分。然而，當應用它時，它傾向於在對整個情境有重要認識時出現，也常創造治療的轉捩點。

反移情是航行在治療道路中主要的指引。如果治療的進行明顯不費力氣，我們可以假設案主和治療師之間無意識的合作很順暢。但是也會有很多感覺不對的時候：治療陷入停滯、無助感和治療無效，或者是憤怒主宰了治療情境。同樣地，當氣氛中充滿了令人愉快的熱情，而且不切實際地理想化了案主和治療師時，事情又不對了。在上述的情境中，反移情都位居重要地位。幾乎在所有治療中，這些情況都會出現在非常關鍵的困難時刻。透過應用反移情來分析這些被情感主宰的時刻，這種能力是客體關係心理治療的主要標誌之一。

## 一個治療初期的案例

當蕾貝卡和昆汀·羅斯索恩（Rebecca and Quentin Ra-wsthorne）被轉介到我〔大衛·夏夫〕這裡時，他們已經結婚十年了。昆汀是一個四十歲的律師，而蕾貝卡是一個三十二歲的音樂家。他們讓我想起天真、信仰正統而身處無性婚姻中的夫妻，但是我的想像被證明與事實不符，他們還有性

交，只是我無法想像不。他們告訴我，蕾貝卡很恐懼插入。
她遇到昆汀的時候還是處女，和昆汀做愛時曾陰道痙攣，在
之後的性愛中還有陰道緊閉的問題。她的陰道經常無法濕
潤，而且她在整個過程中充滿焦慮和被強迫的感覺。昆汀在
蕾貝卡之前有很多性伙伴，但是回頭看，從來沒有一段關係
是他認為關切並且可以持續的。當他們相遇的時候，蕾貝卡
剛剛從大學畢業，而且對性一無所知。當時昆汀的父親病
危，他備感傷心，於是追求蕾貝卡。在一開始，蕾貝卡被在
性和身體上與昆汀的親近所吸引，雖然她的性興奮並不能透
過高潮而釋放。從結婚的那一刻，她對性越來越不感興趣，
感覺昆汀忽視她對於親近的需求，所以她經常感到焦慮。昆
汀說在遇到蕾貝卡之前的很多年裡，他很享受性，但是從來
沒有想過女人也會有任何需求。他實事求是地坦承，自己只
是用女人作為洩欲的工具。雖然他知道也許有其他可能，但
他仍舊堅持，事實上他無法相信還有其他做愛的方式。

　　從一開始我就感覺得到他們兩個人非常焦慮，就像兩隻
不斷向對方聳立鬃毛的豪豬。他們對我的態度很不一樣。昆
汀愛戴我，把我理想化。他在大學裡主修心理系，雖然從來
沒有經歷過治療，但是他對性治療很癡迷。他認為我太棒
了，而這讓我很焦慮，他是不是有什麼想法故意不讓我知
道？蕾貝卡則對我很警惕，她很擔心兩個男人會聯手起來對
付她，而且都想對她做精神分析。所以治療之初，我的反應
是蕾貝卡不相信我，而我不相信昆汀。再往下發展，我覺得
自己越來越同意蕾貝卡對昆汀的懷疑：他想要我來幫他治好

蕾貝卡，而自己最好不用做任何改變。我發現自己想和他們拉開距離，從他們那種糾纏不清「黏糊糊」的狀態中抽離。這讓我想起了電影《魔鬼剋星》（Ghostbusters）裡面，當鬼從主角旁邊經過時留下的黏液。我很孩子氣的厭惡以及「離我遠一點」的感覺，好像是對他們那種過於緊密的狀態的反應，而且我對於鬼的聯想，讓我更想知道那些困擾治療工作的內心的鬼是怎樣的。

評估之後，我同意他們從性治療開始，因為那將提供他們一種更深入瞭解彼此關係困難之處的工具。我給了他們第一個任務，一個和生殖器官無關的愉悅練習，任務是他們輪流為對方做裸體按摩。之後他們回報說兩個人都不喜歡這項練習。蕾貝卡說：「我真覺得神經緊張，不是因為按摩，而是因為光著身子和昆汀在一起。而且我不喜歡看他的身體——他的體毛和生殖器很古怪。」他們對這個十五分鐘的練習一拖再拖，而且昆汀直到晚上十點才離開辦公室回到家，這也給了蕾貝卡已經睏了的理由。另外，蕾貝卡認為對按摩或者性採取這種遊戲的態度，實在有失尊重而差勁。

昆汀對這個練習也沒興趣。他說：「看著她的生殖器，我也覺得很困難。」

她說：「現在我真不想這麼做了！」

昆汀繼續描述看著蕾貝卡，就會讓他想起母親，以及母親各種的要求。他感覺渾身上下充滿一種「要去為媽媽做點什麼的焦慮」。這個按摩練習發生在他母親來訪的前後一個星期。當蕾貝卡為他做按摩時，他的思維是渙散的，所以根

本對按摩沒什麼感覺。他很難讓思維停留在正在進行按摩練習的房間中。

在第一次性治療中，我面臨著對身體和情感親密感的巨大抗拒。我對於他們性生活的治療努力，好像受到了他們的強烈反對。他們的抗拒表現為蕾貝卡覺得厭惡，而昆汀則滿腦子被他媽媽占據著。這些負面的反應都和他們的母親有關，而我彷彿被拋棄了，就像父親一樣，而父親卻是被認為可以把他們從對性的厭惡和恐懼的陷阱中救上來的人。到現在為止，我還不太介意我工作的失敗，因為夫妻經常會發現第一個任務很困難，就像現在發生的一樣。但是的確有一些東西讓我不安：他們拒絕對方，轉向我來求證對性的厭惡，還有他們對於彼此的反感。這打擊了我作為性治療師的身分，這身分通常是被分析師同行的鄙視所打擊，而不是被尋求我幫助的案主。

我告訴他們在下一次治療前再做這個練習，而且我質疑了昆汀加班到很晚的行為。我認為他這麼做是為了滿足兩個人共同的願望，這樣就可以輕鬆地迴避性和親密感。我說如果是那麼晚了，他們永遠都不用面對彼此都有的勉強。他看起來不太情願改變自己的行為，一直抗議說是律師事務所要求加班。我把這個問題留給他自己考慮。

當三天後他們回到我這裡的時候，還是沒有做任何練習。蕾貝卡說：「昆汀對我發脾氣，所以我感覺很孤獨。我對自己的身體感覺不錯，但是當我生他氣的時候，我就不願

意被他碰。我有時也會享受做愛，但不是像現在這種感覺的時候。」

昆汀說：「我不認為我對她發脾氣。從上次和你見面那天開始，我就已經開始改變工作時間。我告訴我的合夥人，我不會再工作到那麼晚了。」

蕾貝卡說：「我們沒有做練習，昆汀想要把我塞在辦公和出去跑步的時段中間。」

昆汀糾正她：「是**代替**出去跑步。」

「我沒有聽見你這麼說。」她回答：「像那樣變動你的工作時間，沒有任何商量！」她輕蔑地說。「因為我要求你，而你拒絕改變，這就和你做事一板一眼一樣。看，夏夫醫生，我很焦慮，因為你要我做這項練習，還有因為昆汀這麼緊張。當你告訴他去做什麼事，他馬上去做。他就不會為了我這麼做，從來沒有。只想要我在晚餐時表揚他做了那些你要他做的事。」

「我希望妳能認可我。」他說：「既然妳總是在提醒我做事太一板一眼。在我幫上忙的時候，我希望妳能承認。」

「我不會說『好男孩，昆汀』。不好好想想就急於改變行為，不會感覺有什麼變化，這同樣是一板一眼。」

在我看來昆汀的努力行為，她竟然如此貶損，這讓我很受打擊。我發現自己很高興汀做了我要他做的事，而且對於蕾貝卡如此藐視昆汀的變化感到難過。我意識到自己對蕾貝卡破壞了我治療的努力很惱火，而且有那麼一刻，我完全能認同昆汀。但是當我想到自己正站在他那一邊，我意識到蕾

貝卡其實是在替他們兩個人一起說的。他們都感覺被我強迫
去做一件兩個人都沒有準備好的事情。他們都怕我，就好像
我透過提供治療，正在迫使他們冒險去體驗親密感，而親密
感令他們感到威脅，因為這會讓其中一個占上風。他們兩個
都希望可以不被碰觸，或是不冒險經歷情感的穿透而達到親
密。

　　我說，他們兩個都很焦慮，蕾貝卡開始破壞昆汀的努
力，而昆汀則對蕾貝卡沒有重視自己的努力而發脾氣。但是
相較於要勉強他們做親近練習所帶來的危險，他們對於互相
發脾氣反而更覺得舒服一些。

　　蕾貝卡哭了：「你說我把一些事情搞砸了，這讓我感覺
很受傷。這是我媽媽才會對我說的。你也知道昆汀不好相
處。而且你和他都想讓我接受他所改變的行為，但是他的感
覺並沒有變化。」

　　他說：「我害怕對蕾貝卡和你發脾氣。所以我對她嚷
嚷。」

　　「但是你的怒氣也是對我的。」我說。

　　「我猜是的。」他說：「當我對蕾貝卡發脾氣的時候，
就好像是在射擊桶子裡的魚一樣。」

　　「但是你所射擊的桶子其實就是治療，而且你也身在其
中，和那條你正在射擊的魚一起游泳！」我說：「我把你們
兩個放在這麼危險的地方，你們都很害怕自己會被我或者被
對方射中。」

現在我可以對他們說，他們兩個都很怕我，因為他們覺得我沒有理解他們的困境就強迫他們，在缺乏理解的情況下，逼著昆汀迅速做出改變，而且逼蕾貝卡屈服。他們兩個都感覺好像是困在桶裡的魚，這種感覺位於他們的性和情感絕境的最底層，而且他們已經和我一起透過共同的移情體驗到它。當我這麼說的時候，他們兩個都承認了共同的焦慮。兩個人看起來都放鬆了，而且得到了理解。當我可以這麼說的時候，我不再對蕾貝卡拒絕我的「處方」而生氣，也不會因為昆汀過於服從的行為和拒絕感覺懊惱。

這個範例呈現了普通的性治療之初期階段。我們在這裡想要說明的是，治療師理解這對夫妻恐懼親密感的方式，把它作為共同的移情來處理，而這種移情是在治療師和這對夫妻互動的經歷中發展而來。有時他感覺到偏向一個人會不公平，而另外一些時候，他又感覺把他們當作一對夫妻也很累。他探索他們個別和共有的焦慮是如何的，這讓他得以分析自己的反應——還沒有談到他們內在客體的起源，也就是他們投射在他身上的原型。但是他們被什麼所困擾、感覺負重和抗拒，這些都傳達出他們所共有的困難，這些困難把他們兩個緊緊捆綁在一起，以至於誰也不能伸出手去救對方。

透過把移情和反移情作為工具，來理解這種最初的抗拒，這對夫妻的治療穩固下來，而且可以接著更深入瞭解內部客體關係，而這種關係是由身體和親密感所表現出來的困難而呈現出來的。關於他們之後治療的結果，第九章和第十四章另有描述。

# 【第二章】婚姻和性的治療途徑

　　婚姻關係中的性反應了早期母嬰關係中的身體層面，隨著孩子可以更自主地主宰身體的需要，母嬰關係會逐漸減弱。只有在成人性活動的互相依賴中，這樣的關係才會再次完全顯現。圖 2-1 會幫助我們更深入瞭解這種關係。

　　一開始，胎兒完全待在母親的身體裡，身體和心理都是如此。當母親把胎兒未來的心理組織懷在腹中的時候，嬰兒就透過和母親組織中意識和無意識部分的深層次交流，滲入她的內部空間。

　　出生使心身相伴的關係（Winnicott, 1971）得以實現。出生的時候，子宮內身體的共生讓步於身體上的伴侶關係，因為出生的一刻是兩個人共同經歷的強烈身體體驗。在絕大多數的情況中，母親都提供著手臂環繞的扶持性環境，這不僅僅是指身體的動作，而且是指她對於嬰兒即將到來所做的悉心準備。在雙親家庭中，父親通常會發揮穩固扶持住母親的作用，並在嬰兒來到之前，就為扶持住這種母嬰關係提供必備的保護。

　　在最初幾個月，這種心身相伴關係主要表現在身體的交流上。不可否認地，嬰兒經常昏昏欲睡，但是當他們醒來的時候，大部分時間都受到直接的照顧，如被餵奶、被抱著、被換尿布、被妥善放好、被輕輕搖動和洗澡。在這段期間，也有一些其他伴侶關係的成分，不是那麼明顯基於身體上的迫切，如互動地凝視

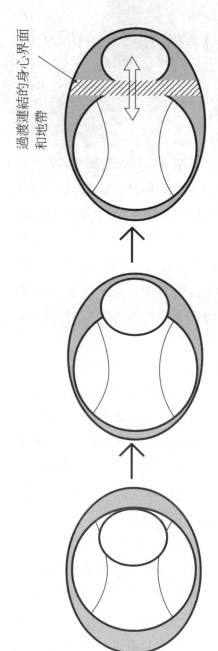

過渡連結的身心界面和地帶

1. 母親孕育著胎兒，胎兒在身體和心理上都滲透在她的內部空間中。手臂環繞的扶持（holding）已經存在。

2. 出生是在扶持性環境中建立心身相伴關係的一刻。

3. 在扶持性環境中，於過渡連結的地帶裡，母親和嬰兒形成了心身相伴的關係。母親扶持的能力，為過渡現象地帶（zone of transitional phenomena）提供了支持。

圖 2-1

從出生前的身體相伴關係，到出生時建立的心身相伴關係。母親手臂環繞的扶持提供並支持了過渡空間，即心身相伴關係發生的地方。

和發音。但是這些連結的早期形式，用嬰兒生理決定的特性解釋起來還比較容易，而非用我們所認為情感上明確的意義。

　　圖 2-2 展現了母嬰關係的發展路徑。在早期，母親發展了嬰兒的內部組織，透過所有與嬰兒的身體互動、互相注視和發音的對話，她對於嬰兒正在飛速形成的精神組織，提供了素材資料。這發生在所有的身體互動中，但是最初會存在於一個非身體的地帶，也就是被稱為過渡現象的地帶（Winnicott, 1951, 1971）。在這個地帶，嬰兒正發現著一些新的東西，包括在母親身上的一些新發現，而這是母親故意讓嬰兒發現的。父母會認為這是嬰兒自己的發明，並認為這是孩子身上的一部分。嬰兒發現他（她）的自體及其帶給世界的影響。斯特恩（1985）詳細描述過這個過程。

　　母嬰關係的身體層面隨著歲月的遞增而迅速遞減。我們也許會注意到，在母親和初學走路的孩子之間，仍然存在大量的身體接觸，但是相較於最初的階段，這樣的接觸逐漸減少。甚至是在六或八個月之前，嬰兒小心地花大量時間環顧著更為廣闊的周遭世界，並越過母親來勘察發現。在這段時期，心身相伴的關係更傾向於心理層面的合作與交換，嬰兒的內部繼續被這些互動所組織。過渡連結地帶的範圍變得更大，更多是在嬰兒的控制下，而更少明確與母親相關。但是我們應該理解的是，從起源上說，過渡地帶與母親提供的扶持相關：過渡連結地帶之所以貫穿人的整個生命，正是因為扶持的品質與成人或孩子對於扶持的需求之間，永遠存在著重要的連結。當有一個安全可靠的扶持環境，令人滿意的關係就會在過渡地帶建立起有安全感的內部客體。相反地，在有缺陷的扶持環境中，遭遇過多的壞客體關係經驗會增加

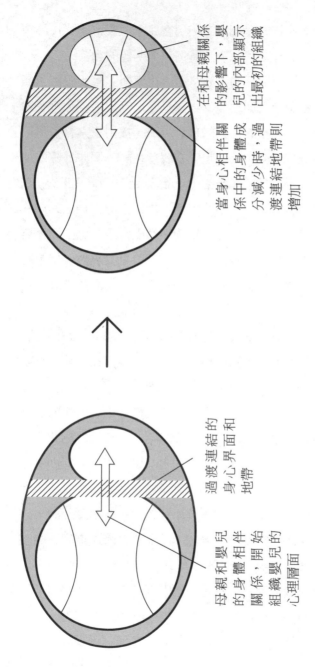

當身心相伴關
係中的身體成
分減少時，過
渡連結地帶則
增加

在和母親關係
的影響下，嬰
兒的內部顯示
出最初的組織

過渡連結的
身心界面和
地帶

母親和嬰兒
相伴的身體
關係，開始
組織嬰兒的
心理層面

**圖 2-2　母親和嬰兒最早的心身相伴關係**

這是嬰兒精神組織的開始，也是母親進入母親角色的開始。隨著這段關係中的身體成分逐漸減少，過渡連結地帶和過渡現象變得更為突出，它繼承了心身相伴關係中的核心，並且仍舊和手臂環繞的扶持功能緊密相關。

孩子對於扶持的需求，而這會在當下的關係中顯露出來。

## 性和心身相伴關係

心身相伴的關係孕育了所有形式的連結，也包括成人的性關係。然而，成人的性關係是除了母嬰關係以外，唯一一種成熟而令人愉悅的心身相伴關係，就像母嬰關係一樣，它是身體和心靈上親密感的結合。所以，它具有早期遺留下來的特性，而這種特性經由身體在性愛中所感受到的強烈刺激而加強。

青春期的性愛，儘管也被認為是身心層面上愉悅的，但是在人們做出完整的成人承諾之前，總需要有一段可以適當學習的時期。青春期應該是一段練習的時期，是通向成人長久關係道路上的驛站，是沒有承諾關係之前的試驗階段。

身體上的性對於情感的承諾很重要。如果它進行得順利，性的結合會重新喚起那些在心身相伴關係中所繼承下來的力量，並和作為內部客體的父母身上那些有愛而滋潤的一面共振。但是如果性受挫，就會出現放大的分裂和壓抑的客體群，這和對於興奮客體未被滿足的渴望以及拒絕客體未受安撫的憤怒和挫敗有關。足夠的性調節在求愛階段有助於愛的成長，日後則會加強婚姻的結合，修補日常生活的磨損，幫助夫妻緩解緊張和壓力。但是拒絕或脅迫的性關係，則會攻擊人的信任感和安全感，腐蝕愛和關懷的情感，並且無法對婚姻的結合提供任何支持。

性，是結合過程中的基礎部分，在關係的成型和成熟階段會深化承諾。正因為如此，當性受挫或者在關係中停止的時候，同樣會增加拒絕、失望和憤怒的機會。性生活的品質和在婚姻中互

45

相扶持的品質息息相關。良好的性關係依賴於安全的相互扶持關係，也同時具有支持婚姻雙方相互扶持的功能。在這種具有安全感而相互扶持的環境中，處在中心位置的扶持會出現，在這種扶持中，相互投射認同在彼此間的貫通，會形成內部客體關係更深刻的無意識溝通。

在求愛或是羅曼史的早期，男女雙方強調關係中令人興奮的一面，而性生活會受此影響。如果戀愛繼續，那麼令人興奮的客體必須要超過那些拒絕客體而被放大，以使核心自體功能充滿興奮，這是形成一段新的主要聯繫正常的一部分。在邁向婚姻的途徑中，性是被普遍要求的結合形式。這並不是說男女雙方一定要有身體關係，但情感的性欲化必然存在著，不管有沒有完成。這種偏移的心理生活會壓抑那些正常存在的拒絕客體群，要不就是把它們埋在興奮客體活動和理想化的覆蓋下，或是在其影響下，把它們投射到兩個人之外更大的世界中。於是乎，羅密歐與茱麗葉緊緊抓住對彼此興奮的理想化，而外部充滿敵意的世界，恰恰是他們投射出去而又否認的危險衝動形成的。

婚姻起始的那一刻，或者是當其他類似的承諾形式出現，對於兩個人來說，拒絕客體的問題再也不能置之不理了。一旦這種關係被確認為永久的主要關係（常發生在婚姻起始的那一刻，但並非必然），每個伴侶的所有人格面都會強烈要求得到認可和接受。

當伴侶中其中一人或雙方有相當脆弱的興奮客體，此刻拒絕客體和自體就會把興奮和性的結合全部淹沒。也就是這個原因，我們經常看到在結婚或許下承諾時，有的人會對性明顯失去興趣。男人或女人感到被性所威脅，不管是有意識還是無意識地，

都是因為性和令人恐懼的客體關係相連。他們都清楚記得在求愛和結合階段中性的快感和興奮，只是沒有想到一旦這種結合看來有了保障，那些感覺就都消失了。

　　婚姻生活中所有的發展時期都需要夫妻兩個人承受：頭一個或者後面孩子的出生、職業的轉換、不同階段的挑戰、如伊底帕斯時期或青春期、成人發展的新階段，如中年危機或者衰老。這些生命的轉折都帶來成對出現的兩種可能：成長和再生，或者是威脅和退縮。而這些轉折具有威脅的一面，都會破壞夫妻之間的性關係。

　　性不僅能表達伴侶關係中相愛的一面，即兩個人都把活力和興奮投入到有創造性的伴侶關係中，也同時表達了來自於伴侶共有的拒絕性客體系統的問題。夠好的性生活會支持伴侶間整體的關係，當兩個人面對家庭事務的張力時，性生活能為其提供安慰和支持，並且為伴侶之間愛的結合提供令人愉快的再生資源。缺少了性則會產生完全相反的結果，加劇生活對於愛的磨損，也加劇挫敗和拒絕感，並且破壞兩個人的繼續結合。正是這個原因，我們可以理解伴侶間的性問題會造成多麼大的影響了。對於那些由於關係的影響而使得性生活品質下降的伴侶來說，性障礙是次要的困難；但是如果出現情境性的性焦慮，缺乏對性功能的瞭解或者身體受損時，性障礙就成了主要的困難。受過良好訓練的心理動力治療師對於後面提到的這些情況不夠重視，雖然這些情況用相關的病理學來理解一點也不難。但是受過性障礙治療訓練而非心理動力學訓練的治療師，則可能會低估客體關係的重要作用，而這些作用和很多性障礙問題的起源有關。這本書會談到關於這兩方面原因的案例。然而，我們認為，一段糟糕的性關係通

常是客體關係問題的產物，而令人不滿意的性，又會對伴侶關係造成進一步的傷害。

## 婚姻中性障礙的治療

在臨床上，伴侶的婚姻治療比直接治療他們的性問題要早很多。從心理動力學的觀點來看，最初對於治療婚姻問題的嘗試，很大程度上是根據對個體的理解，這源自於佛魯格（Flugel, 1921）想要把精神分析應用於婚姻的努力。其他著述，如帕奧尼諾和麥瑞迪（Paolino and McReady, 1978）編輯的卷宗，繼續論述個體精神分析理論和技術，並將之拓展應用在伴侶身上。

迪克斯（1967）和他在塔維斯杜克人類關係研究所──婚姻研究所（Institute of Marital Studies of the Tavistock Institute of Human Relations）的同事們（Pincus, 1960, Bannister & Pincus, 1965）的創見，首次將客體關係理論作為分析語言，應用於婚姻治療中。在當時直接研究夫妻間互動的工作還沒有任何參考，對於在伴侶婚姻裡性的角色也沒有清晰的認識。

這並不讓人驚奇。馬斯特和強生（Masters and Johnson）的第一本著作《人類性反應》（*Human Sexual Response*）出版於 1966 年，當時性功能的直接治療工作仍舊是零散的，沒有任何有系統的理論和方法。隨著《人類的性問題》（*Human Sexual Inadequacy*）出版，這方面的工作在 1970 年突飛猛進。馬斯特和強生以教育和行為的理論與形式來工作；因為他們對於心理動力學的理論和詮釋所知甚少，於是避而不談，而且特別強調潛在原因的詮釋是完全不相關的。但是他們指出在夫妻的互動焦慮中，性障礙

的很多原因都和意識緊密相關。

　　舉例來說，馬斯特和強生描述了「旁觀」（spectatoring）這個概念，代表一個男人站在自身之外，來看自己的勃起困難。他擔心自己不能勃起，而正因為這種焦慮，失敗就會迅速發生。旁觀這個概念的重要貢獻，在於幫助人們理解對情境的憂慮（獨立而自有其生命）將如何導致性的失敗。馬斯特和強生對於性生理學和性反應週期的詳細描述，使我們能夠理解事物表面，進而理解內部和表面之間的互動，這是前所未有的。我們不再局限於佛洛伊德從深度分析中得到的結論，即成熟女性的性是以陰道高潮為特徵。現在我們可以把高潮的機制作為生理學的機制，而內部的客體生活有時會影響這種機制，有時不會。在我們的實務經驗中，我們發現體驗高潮並不能決定情感的成熟度。臨床試驗傾向於確認卡普蘭（Kaplan, 1974）的論述，即大多數女人無法透過陰莖的刺激獲得高潮。費許（Fish, 1972）發現在他的高潮研究中，僅有 20%的女人確實透過性交就能得到高潮，而不需要其他的人為協助。在海蒂報告（Hite, 1976）所採訪的三千名婦女當中，只有 30%的人在性交的過程中，只經由陰莖刺激就能達到高潮，其餘 70%的婦女則需要人為的陰蒂刺激才能有高潮。

　　海倫・辛格・卡普蘭（Helen Singer Kaplan）的《新性治療》（*New Sex Therapy*, 1974）整合了伴侶治療所採用的分析和行為的方法，並提供了第一個跨範疇的聯合婚姻治療工作案例。她的案例研究了個體關係的起源，但是所有案例都奠基於性功能生理學的基礎。大致來說，她認識到每個伴侶和從前生活裡主要人物的互動，會在當下的關係中重現，而她研究並講授這些會如何在性的僵局中呈現出來。

卡普蘭的早期工作並沒有深入研究更早期和更具普遍性的性困擾根源，而這些根源來自於性格和長期的失功能情感模式。但是，當進一步接觸了一些性反應衰退的案例之後，海倫在對於性欲望障礙的描述中，逐步向這個領域靠攏。馬斯特和強生提出了性反應的四階段模型：喚起、平台期、高潮和消褪期。在這之上，海倫（1977, 1979）增加了初始性欲望期（preliminary Desire Phase），並且提及最常見的性問題，即性欲偏低。她認為源自於這個階段的性障礙是最難治療的，也因此最可能需要對伴侶之一進行心理動力為主的長期心理治療。然而她也提到，短期的性治療也能治癒其中的一些人。

性欲減退是最常見的障礙之一，經常出現在性和婚姻問題的交界處。它可能在伴侶的任何一方身上出現，在丈夫和妻子身上發生的頻率幾乎一樣高。在發展的過程中，性欲和它的消減，代表了對拒絕客體之關係的分隔或涵容。在這些案例中，一個人有可能終其一生都禁止性欲，也有可能在青春期及求愛階段充分表現對性的興趣，然而在對關係和婚姻做出承諾之後，才很快出現性欲衰退的問題。這些長期存在且根深柢固的問題，通常需要高強度的心理治療或精神分析。但是也有一些案例，正如海倫最初提到的，他們雖然表現得和上述案例一樣，但是對其進行伴侶治療卻更為有效。本書的最後一個示範案例，T 博士和 T 女士的案例即屬這種情況。在這個案例中，雖然最初丈夫和妻子都呈現了深刻的性壓抑，但是短期的性治療卻獲得很好的效果。雖然性治療無法完全治癒性欲不足的障礙，但是努力證明性欲不足的過程卻是有效的：它指明了性欲偏低的個體所具有的問題，以及伴侶是如何無意識地忍受那些問題。

在另一方面，伴侶的性欲望由於下列情況而減少：彼此間的衝突、重覆的爭吵，或者是來自於生活中的壓力——例如令人精疲力竭的工作，或者剛出生的嬰兒。在這些情境的例子中，婚姻的品質和性生活的情況會隨著整體情況的改善而好轉；但是那些張力所引起的衝突和怨恨，也會殘留下來，繼續對婚姻和性造成傷害。也或者性方面的勉強，會作為壓力的遺留物存在，而伴侶之間卻再也無法像從前那樣調適了。

如果性欲減退的背後是更深刻的怨恨和衝突，我們不認為只靠時間的流逝，問題就會迎刃而解。這些曾經享受過性愛的伴侶，通常不太需要特殊的性治療。而性欲或在兩性互動中的問題，通常是由生活中那些更普遍的衝突造成的，這些衝突既存在於伴侶日常的互動中，也和很多其他因素有關，像是源於伴侶個人發展中經歷的事情、無意識的客體關係，以及共有的投射認同。也就是說，即使不靠特定性治療的行為框架，客體關係的婚姻治療通常也能發揮作用。

然而，很多伴侶——也許是大多數伴侶的問題，都呈現出混合的狀況。他們婚姻的不幸是多種因素的混合物：伴侶雙方的客體關係發展問題、生命發展危機帶來的張力，以及婚姻的衝突。性的問題確實源於內部客體問題，但是這些問題又被婚姻的張力所強化。對很多伴侶來說，他們無法準確描述每種問題帶給他們的具體影響，因此我們也無法判斷。而我們所設計的治療介入總是強調潛在的起因，所以我們被迫做出有根據的推測，然後看我們能走多遠，如果碰壁，就換另外一條路。這種轉換可能是從婚姻治療到性治療、從性治療回到婚姻治療，或者走到其中一人或雙方的個別治療上。有的時候，為了瞭解整個家庭的問題如何深

刻地影響伴侶，所採用的最有效轉換，是從伴侶治療轉到家族治療。相反地，在家族治療中，我們研究夫妻間的問題如何影響孩子，而這種研究會又反過來幫我們更瞭解這對夫妻的問題。第十一章會提到此種情況的大量案例。格蘭樂（Graller, 1981）發現把精神分析為導向的婚姻治療作為精神分析的輔助療法，會相當有效。而桑德（Sander, 1989）曾經提到把伴侶治療當成個別治療的準備工作，可以為個人的治療鋪路，並且呈現個別工作的有效性。但是治療其實可以往任何一個方向移動——從個別治療到伴侶治療的移動，就像從伴侶治療到個別治療一樣容易，而且可以包括性治療的特殊階段，這個階段對於整個治療也許是有用的，但獨自使用時卻不一定有效。

以下案例表現的就是在這些因素中所產生的諸多關係。

克洛伊・強森（Chloe Johnson）來找我做個別諮商，她的性欲減退，而且在性方面也沒什麼反應。她認為她的先生山姆是一個理想的丈夫，他將克洛伊從家庭困境中解救出來。後來我們才知道，克洛伊的繼父有精神病傾向，曾性脅迫她，而她的母親則易怒而濫交。克洛伊很容易將山姆理想化，他在校園裡才智出眾，而且又照顧她。當她還在讀大學的時候他們就結了婚，之後她繼續學業直到畢業。山姆輕而易舉地在設計師事務找到一份好工作，但是克洛伊卻沒那麼容易在製圖領域找到滿意的工作。她在結婚之後立刻懷孕，山姆對此不太高興，但也不是非常介意，因為克洛伊同意把孩子送到托兒所去。克洛伊第二次懷孕時，讓山姆更為苦惱，但是這次克洛伊更想要和孩子們一起待在家裡。

怨恨就在這個時候開始滋生，但同時又悄聲無息。克洛

伊感覺到工作的壓力，認為自己不像山姆做得那麼好。此時山姆在事業上遙遙領先，身上擔著數不清的重要工作。克洛伊也感覺到與孩子之間的拔河，感覺到她忽略了孩子，就好像是對於自己和母親之間溝通方式的某種呼應。當她還小的時候，她的母親很快連續生下兩個孩子。克洛伊出生的時候，她的母親才十七歲且未婚，所以把克洛伊托給外婆撫養，直到兩年後結了婚才接回她。克洛伊的外婆個性脆弱且常有怨氣，但是克洛伊和外婆很親近，外婆認為她完美無缺，並且由衷地愛她。然而，這並不是一段令人舒服的關係，因為克洛伊很快就意識到外婆對身邊每一個人的憤怒。在克洛伊的童年裡，她的母親和外婆都把她當成衝突的客體。她們有時會為了爭奪她而大動干戈，並且當著她的面數落對方的不是。而當她們自己的生活遭遇打擊而自顧不暇時，就乾脆把克洛伊推給對方。

克洛伊現在很恐懼在生命早期所經歷的這種怨恨氛圍會捲土重來。藉由對山姆的理想化，她下意識地把恐懼和不滿經由性的反應分裂開來，以至於性的反應開始衰退。這並不表示之前他們擁有完全成熟和整合的性功能。在他們青春期的初戀階段，克洛伊很喜歡身體上的親近，享受擁抱，而且對於性交和插入沒有任何障礙。但是她沒有性高潮，而且對自己的身體採取疏離的態度。在之後進行的個別治療中，我們才得以逐漸瞭解到其中的緣由。從一開始克洛伊就知道她的繼父經常做很多與性有關的事情，令她心生恐懼。有一次她走進家裡的暗房，繼父的陰莖勃起，直直地對著她。那時除了她沒有其他人在場，她感到非常噁心，跑出房間吐了出

來。之後她離開了家，和外婆住了一年。

當我建議夫妻進行評估面談的時候，我對於這些都還瞭解不多。我可以看得出他們婚姻的緊張狀況。由於克洛伊不再願意做愛，讓山姆產生被剝奪感。但克洛伊卻覺得山姆堅持要求規律的性生活，對她來說是一種與日俱增的負擔，並且讓她覺得被拋棄。

從山姆的角度而言，克洛伊拒絕做愛就好像是殘忍的攻擊。無論從哪個角度看，山姆的生活都令人羨慕。身為受寵愛的獨子，他被理想化，而且有求必應。在他眼中，父母的婚姻是不錯的，只是他保持著一些距離，就好像某人透過太陽眼鏡看出去，太陽永遠發光一樣。山姆曾經很享受在初戀階段時克洛伊對他的理想化，而現在他很想念那種感覺，因為孩子們的需求牽絆著克洛伊。而她逐漸消失的性欲望是所有行為中最傷害他的，因為就算他可以藉由專注於工作成就，忽略克洛伊在其他方面所壓抑的不滿，但是性的困擾卻讓他立刻就感覺到被拒絕。當山姆想到這些，他會大發雷霆或者生悶氣，但是這些又加劇了克洛伊的不滿和小心，特別是當她性欲消退的時候。

在最初的評估階段，我可以理解山姆被拒絕的感覺，和克洛伊受到脅迫後的後退這兩者之間的互動。山姆感覺被拒絕，而威脅到了他的自尊心，在那之前，他從來沒有意識到他的自尊其實並不可靠。而克洛伊有一個易怒、惱人而且經常不照顧她的母親，這造成了她和山姆之間出現警覺感，特別是她越來越感覺孩子的牽絆，為自己可能忽略孩子們而感到內疚，就像母親忽略自己一般。這些是可以理解的，正如

費爾貝恩（1954）曾經提到，性的問題呈現了內部的壞客
體。壞客體深藏於克洛伊的性器官問題裡，而被理想化的興
奮性客體則由山姆來體現。在這對夫妻中，克洛伊變成了那
個拒絕者，因為他們無法溝通性和性的張力所呈現的問題。
由於克洛伊堅持在無意識層面將山姆理想化，她責備自己，
並且在剛開始時獨自來做治療；而當山姆被邀請加入治療之
後，他也加入對克洛伊的責備。

　　我推薦山姆和克洛伊從性治療開始，因為他們都對性的
問題認識最多。雖然他們都同意優先處理克洛伊的個人問
題，並對她進行個別治療，但是如果不從性治療開始，山姆
的緊迫感將不得安寧。於是我把這對夫妻轉介給大衛・夏夫
做性治療。

　　從某種程度上來說，性治療是成功的。它教會了這對夫
妻如何為彼此的關係增加安全感，並且減少了每次做愛時，
由於山姆的強烈要求和克洛伊的後退而造成的緊迫感。在最
初與生殖器無關的愉悅練習中，山姆急迫的要求和隱藏的被
拒絕焦慮有關，這種焦慮是他的母親對他焦慮的過度關注和
理想化造成的。克洛伊學會幫助山姆瞭解她受到威脅的感
受，對於山姆的慢下來和不再那麼強烈堅持，她充滿感激和
欣慰，這使她可以逐漸向他靠近，並且自由呼吸。當克洛伊
對山姆表現得像一個越來越不勉強的母親時，山姆就會表現
得越來越不像那個在克洛伊不聽話的時候，轉身就離開的母
親和威脅的繼父。

　　這對夫妻的工作進入性治療的下一個階段，山姆學會如
何更親近、溫柔，而克洛伊則學會克制自己對於插入的焦

慮。克洛伊害怕山姆的陰莖會侵害、攻擊自己，但是她也同樣恐懼自己帶給山姆危害，就像她說的：「並不僅僅是害怕他會傷害我，雖然我確實害怕。有時候我的腦海會出現一個飛速閃過的畫面，就是他的陰莖正把我撕成兩半。但是我也開始覺得自己可能會傷害他，這時他也不夠安全。我幾乎是透過遠離他來保護他，有的時候我甚至想退回到孩子那邊，來保護山姆不被我傷害。」

性治療教會了這對夫妻如何彼此連繫，這種方式讓他們共有的安全感逐漸增加，但是無法讓克洛伊從容地接受性。在性治療階段，一開始山姆的陰莖在克洛伊的陰道中沒有任何大的動作，而是慢慢隨著動作增加，才小心地逐漸抽動起來。即便如此，克洛伊仍舊反覆感覺處在焦慮邊緣，雖然山姆開始展現的耐心，其實就是克洛伊要求的一切。性治療為他們的性愛帶來了新的局面，但是也要求克洛伊能夠不斷超越自身的焦慮和對被侵犯的恐懼。克洛伊之前對於性的逃避，現在很明確地被理解為與被插入、被侵犯的恐懼有關，而這些最終是源自於她和父母的經歷，導致她終生缺乏安全感。現在她感覺這些問題不再是山姆的錯誤，她要求透過個別治療來處理這些問題。而山姆對她的焦慮，也可以用一種新的方式來支持和表達耐心。在克洛伊透過密集的心理治療來治療自身壓抑的同時，這對伴侶開始能享受部分被限制的性生活。

克洛伊和山姆的例子描述了一種性的問題，它主要源於伴侶之一方在早期生命經歷的困境，然而由於他們雙方都有一些問

題，才會造成共有的困難。在這個案例中，有一方對於創傷產生
反應而形成問題，這個問題又經由另外一個人的內部客體影響而
惡化加劇。一開始時，性障礙可以用克洛伊和山姆之間一般的潛
在張力來解釋：克洛伊害怕被她的主要客體虐待和遺棄，而山姆
則有一個過度憂慮和理想化自己的母親，這讓他在不受嬌慣縱容
時，對拒絕感到脆弱無助和焦慮。但是，當他們的婚姻中缺少性
的時候，這又對他們的婚姻產生了次一級的影響，因為這讓他們
又一次體驗到被拒絕、被傷害，以至於更為焦慮。

## 對於婚姻內性功能的評估

在一段關係中，我們應該將性功能的品質作為標準婚姻評估
的一部分，就好比對於婚外情的討論一樣。有一些夫妻把性關係
當成是他們之間問題的前緣，認為性就是困擾他們的全部問題。
其他夫妻則用更為有洞察力的方式，立刻告訴我們，他們在性方
面的困擾呈現了關係中處理不好的那個部分。對他們來說，性分
離是一種象徵廣泛困難的方式。最後，還有一些夫妻是為一般的
婚姻問題而來，並未指出在關係緣起和維持過程中性困難的角
色。

### 評估的框架

我們可以把性的困難，看作是起源於婚姻關係的以下四個領
域之一。雖然在很多案例身上，都有著混合的起源，但是定位最
重要的領域是很有用的。

## 個人內心衝突

首先，這些困難可能起源於一方或雙方的內心問題。用客體關係的詞彙來說，婚姻關係被一個或者兩個個體衝突的內部客體關係所包圍。

## 有問題的交互投射認同

在中間地帶的，是關係的困難，這是隨著問題性的交互投射認同而出現的。這個領域不完全是任一個體的問題，任何一方都有可能和其他人或在其他情境裡，對性和婚姻做出更好的調整。但是這對伴侶之間的衝突，卻引發或放大了他們內部世界的客體關係問題。

## 發展的壓力

另外一個在中間地帶的，是伴隨著生活壓力而出現的性困難，個人發展、生活環境或者是疾病都會加大生活的壓力。（我們並不是在談器官方面的性困難，而是疾病所帶來直接且無可避免的後果。）這些情境都會造成壓力，但是它們也經常和伴侶的內部客體關係共振，而影響性的功能。之後性的困難又對婚姻造成了額外的次級傷害。

## 個人生理的限制

居於連續光譜另一端，是學習的困難和身體的障礙，這些造成了生理上的性問題，而這往往和客體關係相關。然而，這些性關係中生理層面的問題，導致雙方情感結合的不足，並破壞情感的結合，因而對它產生直接的影響。在這些情況下往往伴隨著引

發衝突的情緒，如不滿、受挫、喪失和失望，次級的影響[1]會自然而然地增加。

下面的幾個案例將說明病因學的不同，如何決定療法的選擇。

## 伴侶一方的內心問題

塔瑪拉和湯姆・桑茲（Tamara and Tom Sands）來找我〔吉兒・夏夫〕做評估，因為塔瑪拉失去性欲。這是塔瑪拉的第二次婚姻，卻是湯姆的第一次。在結婚之前，他們的性生活規律而狀態良好，雖然那時為時尚早，塔瑪拉甚至不確定是否能完全信任湯姆。某一次他們去拜訪塔瑪拉的父母，經歷了極大的困難，然而湯姆最終堅持和塔瑪拉一起度過，從而贏得了她的信任，讓她感到放心並準備好要嫁給他。但是，塔瑪拉立刻對性交失去了興趣，甚至變得有些厭惡。然而她努力克服了這樣的反應，當他們結婚六個月以後，湯姆對此還一無所知。之後塔瑪拉很快就懷孕了，她照顧兒子，並在一年內很快再次懷孕。在這段日子裡，她抱怨身體條件的改變使自己不再對性感興趣。既然她也親自照顧第二個兒子，她可以不斷地以「合情合理的藉口」解釋自己的性欲低落。直到他們結婚快四年的時候，那時，幾乎是進入婚姻以來，她第一次既不懷孕，也不再餵養孩子。

當她不再為養育孩子的身體需求所牽絆的幾個月之內，

---

1. 譯註：次一級的影響是指性的缺失帶給婚姻的影響。

湯姆堅持認為他們應該對塔瑪拉的性欲低落和性厭惡做點什麼。她安靜地表示同意。

當這對夫妻前來的時候，塔瑪拉透露了在她上一段婚姻也有相似的模式。在那段婚姻中，她同樣在一開始對性保持興趣，直到她對前夫做出情感的承諾。當時，甚至沒有懷孕和養育孩子的藉口，她同樣在婚姻中喪失性欲，直到她的丈夫和她最好的朋友有了婚外情，那段婚姻最後宣告破裂。

這對夫妻沒有源於身體方面的性障礙，而且他們的婚姻關係令人滿意。湯姆也沒有明顯的病理問題，他相當支持塔瑪拉，只是不再容忍性的困難。鑒於以上原因，推薦以個別治療來處理塔瑪拉的性欲低落是明智的選擇。由於塔瑪拉的問題導致了她失去第一段婚姻，她不再否認自己的問題，並且要求進行最徹底的治療，以避免她再次失去婚姻。她同意接受精神分析，在分析的過程中，生活材料最終浮現，並解釋了她的性壓抑。湯姆成了某種移情的角色，塔瑪拉把他當成是難以親近和令人困擾的母親，一個信仰宗教並向她傳遞性壓抑訊息的女人。塔瑪拉曾假設她的母親「性冷淡」，但她後來做了一個夢，這引發了她把父母當作是性伙伴的好奇心，並由此恢復了一段記憶。在記憶中，她發現放在母親床邊的體溫計，這對她來說，意味著母親用體溫避孕法，也就說明她的父母是有性生活的。

現在塔瑪拉可以看到母親不僅僅代表著性的壓抑，而且也代表著和父親交歡時挑逗的一面。她無意識地性化並怨恨父母這對配偶，對他們的嫉妒同時也表達她渴望身處像他們一樣的關係之中，或者和他們一起，或者取代他們其中之

一。而當她對自己的婚姻做出承諾的時候，那些她所壓抑的憤怒和嫉妒往往帶來很多破壞。她開始意識到因為嫉妒丈夫，她也在壓抑自己的性感覺。這種嫉妒並不是因為丈夫有自己沒有但想要的陰莖，也不是因為他有性欲而自己沒有，而是因為她繼續為他付出，好像他代表了她曾渴望成為其中之一，但又感到不應與其有性交涉的那對夫妻。當塔瑪拉能夠藉由個別的分析工作，應用這些洞察來看待自己的婚姻時，湯姆也就不再老是製造麻煩了。這大大地改善了他們的性關係。

## 伴侶雙方的內心問題

薇莉亞和拉斯・辛普森（Velia and Lars Simpson）因為性困難來找我尋求幫助。簡單說，他們前來是因為薇莉亞討厭性，而拉斯在性交的一到三分鐘之內就會早洩。

關於這對夫妻的治療細節會在第十章中陳述，該章亦會描述性障礙的治療，並且展示孩子如何內化父母的客體關係，特別是和性有關的內容。第十一章則舉例說明他們的家族治療。以下我們將以最初評估階段收集的資料，大體勾勒出來自每對伴侶內部客體世界的一些因素，其導致了伴侶的聯合問題。

薇莉亞在心理層面思路清晰。在簡短的評估中，她向我〔大衛・夏夫〕透露，她成長於一個充滿恐懼和衝突的家庭。她的父親是一個酒鬼，常對孩子們動怒、辱罵，有時還毆打、虐待她的母親。母親只是被動地承受這一切，而且無

法保護孩子們，對此薇莉亞心懷怨恨。在孤獨中，她轉向自己的兄弟們尋求情感。在他們還年輕時，她和他們玩過一些性的遊戲，包括撫摸、檢查她的身體以及假扮醫生。有一次，她觸摸兄弟的陰莖，而在其他遊戲中，另外一個兄弟觸摸了她的乳房。作為一個還未完全進入青春期的少女，她幻想著那些聽過的性和羅曼史。她會找到它們嗎？

拉斯是薇莉亞第一個正式的男朋友。她急迫地和他擁抱，在追求的六週時間，她便體驗到了性的覺醒。然而新婚之夜的性生活卻令人失望，因為拉斯無法進入她的身體。經過求助於婦科和手術，他們終於能夠做愛了，但是拉斯現在卻得了早洩的毛病，從不自慰的薇莉亞也就無法享受高潮。她發現性被喚醒又不能被滿足，讓她非常挫敗。但是她好像在挫敗感增加之前，就從這段經歷中退縮了。她很快開始避免性生活，雖然有時她可以透過磨牙來處理性的衝動。

拉斯厭惡自己傷害薇莉亞，而且想用硝酸鉀（saltpeter）來壓抑自己的性欲。看起來他也壓抑了其他的男性特徵，並且非常被動。拉斯對心理層面不太感興趣，無法回憶起童年的事情。他認為自己父母的婚姻不錯，直到他十六或十七歲時，有一天他得知父親因為在男洗手間裡進行同性戀賣淫被抓。之後父親被關進監獄，父母很快離了婚。雖然拉斯和父親保持聯繫，但是他說父親和一個男人有長期的關係並且同居。此外，父親對自己的同性戀傾向態度非常防衛，所以拉斯和父親並不親近。他和母親則保持緊密的聯繫，但對她的描述也不多。

拉斯心理層面的不透明性和壓抑的密度，使人無法確定

他內部世界的問題，這些問題導致了他的早洩和強烈保護薇莉亞免受傷害的願望，而且他感覺自己的陰莖會傷害薇莉亞。但是我們可以從懷疑中推測，在他早期的生活中有一些被壓抑且不為人知的問題，他也吸收了一些關於性威脅的議題，這些問題一定呈現在父親的同性戀傾向和母親也許未被察覺的容忍中。關於父親因為同性戀被捕的濃縮記憶，必然把陰莖描繪成對家庭是有迫害性的。但是現在，我想拉斯認為性可能帶來傷害的無意識觀點，還有待進一步瞭解。而且透過某種方式，他的這種觀點是薇莉亞性恐懼的補充。

薇莉亞的情況更容易理解。她的父親是一個帶有威迫性的角色，而且母親過著一種沒有防護的生活，沒能夠保護她自己和孩子。對於愛的渴望把薇莉亞帶到了性的道路上，但她又因為痛苦的欲望和內疚而壓抑。這種結合導致了她對於性的恐懼，恐懼超過了她的渴望，並且引起欲望的喪失。無論是和拉斯做愛還是透過自慰，她從來沒有經歷過高潮。

另外一條支持這種思考的訊息，是薇莉亞的欲望埋藏得並不深。當她因為第二個孩子的出生而感到非常憂鬱時，她曾經接受心理治療。有一段時間她體驗到強烈的性欲，雖然她仍舊無法達到高潮。心理治療持續了九個月，最後由於拉斯換工作而結束。當治療結束的時候，她的欲望也消退了。然而那段時間和她青少年時期對於性覺醒和性激情的渴望遙相呼應，並且為被壓抑卻又急切的渴望提供了支持。

這個案例代表了在光譜左邊的情境：性障礙非常可能是伴侶自身內部客體群的結果，並且透過交互的投射認同在個別和彼此

身上維持。薇莉亞把自己內部世界保護和喚醒的部分都投射給拉斯，而拉斯則犧牲了自己對於性的願望，來保護自己身上受迫害的那個部分，而這個部分是他投射給薇莉亞的。在這個案例中，雖然（我們）也推薦了伴侶的家庭工作，但治療開始於薇莉亞的個人分析。在第十章和第十一章中，我們將描述他們在伴侶和家族治療中針對交互投射認同所進行的工作。

## 在婚姻衝突中的性困難

對於治療性障礙的婚姻治療師來說，婚姻衝突中的性困難司空見慣。當婚姻中的張力增高，性關係就開始衰退，這是非常普遍的。然而，有時伴侶其中一方會尋求性方面的協助，而非婚姻上的幫助。此時任何特殊的性問題處理方法都不會太有效，除非伴侶之間一些更普遍的問題得到了澄清，或者在某種程度上獲得解決。既然性關係的品質經常涉及一般婚姻關係的品質，那麼如果婚姻嚴重走下坡，性的品質也就會惡化。以下這個簡短的案例將會說明這種普遍的情況。

芭芭拉和羅伊斯‧艾倫（Barbara and Royce Allen）來到我這裡，因為芭芭拉無法容忍羅伊斯在性上面疏遠她。然而，當他們進到我的辦公室還不到五分鐘，羅伊斯就開始沒完沒了地講起芭芭拉讓他遭受的委屈。她總是不斷批評，經常大呼小叫，並且無法持續照顧孩子。他的確對芭芭拉失去了做愛的興致，而且無法解釋，只說他經常對她感到很生氣，以至於性愛好像也沒什麼意思了。

從芭芭拉的角度來講，她對羅伊斯充滿憤怒，認為羅伊

斯過於投入工作，並且造成孩子們也和她作對。但是在焦慮不斷提昇的婚姻中，她靠性來維持脆弱的安全感。她想像和羅伊斯的成功性愛，能驅逐懷疑羅伊斯不再愛她的念頭，以及她的婚姻已經如履薄冰。她對於性的這種強烈渴望，導致她對性抱持著過高的要求，而這些要求源自於她的絕望，但這卻把羅伊斯推得更遠，因為羅伊斯覺得當自己已經很生氣時，若再把自己捲入進去，這實在太危險了。這種情形可以追溯到芭芭拉和羅伊斯之間更深障礙的起因，但是性的困難並非源於他們任何一方的內部客體世界，而是源於他們之間那些腐蝕掉關係的問題。

## 當疾病威脅的時候

有很多生活上的危機可能威脅婚姻關係，伴侶們有時不會意識到某些危機的後果。他們也許會努力補償生活裡的張力，但是卻未能把情境中的張力和隨之而來的性困難做聯想。這樣的困難可能會出現在那些曾經成功處理相似問題的夫妻。如果未被認識到，這種困難會因為逐漸增長的次級焦慮（即性缺陷帶來的焦慮），而成為慢性問題。

　　皮特和芮秋・羅思坦（Pete and Rachel Rothstein）較晚婚，這是芮秋的第一次婚姻，皮特則是再婚。他們來尋求幫助的一年半以前，性生活都還算滿意。就在皮特得了輕度的冠心病後，他變得非常焦慮。在他康復之後不久，皮特和芮秋都考慮到當皮特施力，可能會帶來危險，特別是對於性活動。就在這段時期，皮特第一次出現勃起困難。然而，勃起

困難彷彿自有主張，即便當皮特從冠狀動脈血栓發作所帶來
的嚴重損傷中康復之後，他仍舊擔心自己會性無能。

對於芮秋來說，她並不認為皮特最初的勃起困難是什麼
大問題，她曾認為那是因為皮特太過擔心自己的健康而造成
的。雖然她也很擔心皮特的生命安全，但她急切地做好了準
備，要耐心陪伴他度過早期的焦慮。然而她無法理解，為什
麼皮特雖然看似對康復越來愈有信心，卻仍舊有勃起困難。
現在她不只感覺受挫，而且也很苦惱，她不知道在他們的關
係中有什麼東西出了什麼差錯。

在這裡，對於性困難的起源，治療師要追溯到和冠狀動
脈血栓發作有關的原發性死亡焦慮，並指出後繼對於性表現
的焦慮。治療師的這種能力，可以幫助伴侶重新回到原有的
性連結。在這個案例中，簡短的治療就足以奏效。

## 當軀體的殘疾成為原因時

有時身體上的殘疾成為性障礙的起因：伴侶從一開始就心存
疑慮，接著尋求關於生理因素方面的幫助。這更常見於四十歲以
上有勃起困難的男性（Kaplan, 1983；Levine, 1988），這些男人中
有一半以上，或者年紀更大的男性中有更高比例者，都深受勃起
機制中的器官性損傷之苦。若他們的伴侶得知這樣的情況並予以
接納的話，對於他們整體關係的次級傷害通常不會發生。但是如
果他們的關係經過妥協之後再重新開始，或是器官性的起因沒有
被意識到，那麼伴侶關係和共享的安全感往往會受到次級侵害的
影響。

　　如果伴侶先前出現過心因性的問題，之後又發生了器官因素導致的問題，那麼額外的併發症就會發生，要不是出現在他們整體的關係中，就是在性關係中。以下描述的案例即屬這種情況：

　　布萊爾和喬‧艾倫‧佛洛伊（Blair and Jo Ellen Foley）大概五十五歲左右，婚齡三十五年。布萊爾告訴我〔大衛‧夏夫〕：他們婚姻中的大部分時間都很幸福，並且兩個人是對方唯一的愛人。早在十幾歲的青少年時期，他們就是對方的小情人。在剛升高中的時候，兩個人第一次做愛，當時布萊爾無法勃起，然後就早洩了。之後，他在二十多歲時接受了不少的精神分析治療。他描述當時感到內疚，這樣的內疚可以稱為他早期性行為的特點。回首往事，讓他覺得難怪那個時候他有麻煩。然而布萊爾從來沒有真正克服不正常的性狀態，一直經歷嚴重的勃起困難。雖然這對夫妻有五個孩子，他們卻很少享有成功的性生活。布萊爾通常無法堅硬勃起，而且就算他可以插入，三十秒之內就會達到高潮。

　　很自然地，喬‧艾倫從未在性生活中體驗滿足。她記得青春期時充滿激情的性覺醒，但是她很早就學會不去期待太多。她已經停止了對性的渴望，而且發現性治療的經歷令人痛苦。

　　「醫生，為什麼我要承受這些，就為了再次失望？」她問：「布萊爾一直希望解決他的毛病，這不是他第一次嘗試。他試過精神分析，而且我們以前也嘗試過性治療。有人告訴我們，您也許會有一些不同的東西。但是如果我再一次抱著希望而來，失望而去，我不知道我是否還能承受。」

　　布萊爾堅信他的問題是心理層面的，畢竟，他有這個毛

病已經快一輩子了，而且他知道自己極度的焦慮，就好像是個青少年一樣。事實是，他認為這和自己無法按照父親的形象和標準過生活有關係，而且指出自己在職場上的失敗作為證據。在職場上，他同樣覺得自己也是陽痿的。布萊爾確實認為自己真的有器質性的障礙──但據他回憶，不是陰莖！

我判斷布萊爾的勃起困難很可能有生理因素，但是我並沒有注意到導致他記憶喪失的器質性品質。不過，我對他勃起問題的猜測似乎有誤。一個知名的實驗室對布萊爾做了夜間陰莖勃起的試驗，結果顯現他有正常勃起的能力。布萊爾願意進行夜間陰莖勃起試驗，卻拒絕測試他的記憶，這讓我感到很吃驚。

這對夫妻的性治療大致上進行順利。在會面時，布萊爾和喬‧艾倫學習向對方表達溫柔的新方式，而且艾倫學到了性喚醒和共享高潮的能力。接著他們帶來了夢。他們針對那些造成彼此潛在張力的問題工作，包括關於工作不滿的許多問題。但是當性治療到了「涵容」陰莖在陰道中，並且調查和因應布萊爾的勃起焦慮時，治療就不再有效果了。雖然我感覺布萊爾做了所有我要求他做的事情，而且他帶著洞察和充滿激情的動力，這在我遇過的案主中是最突出的，但是，他的勃起仍舊失敗了。

基於這次的經歷，我逐漸確信布萊爾的確有器官性的陽痿，這比他自己或夜間陰莖勃起試驗所推測的更可信。我們考慮將布萊爾轉介做最新的測驗，評估他是否患有動脈血管不足，以及可能的外科手術介入，還有罌粟鹼（papaverine）的注射治療。泌尿科醫師也認為布萊爾的既往病史意味著心

理層面的起源，但是既然心理治療達不到效果，他開了注射罌粟鹼的藥方。罌粟鹼能引發並刺激勃起，然而對於大多數具有心理起源問題的伴侶，若拒絕性治療，從一開始就選擇注射，罌粟鹼並不能改變太多，因為這種方法很快就會廢而不用（Levine and Agle, 1978）。但是這對夫妻卻樂意接受罌粟鹼的治療，自漫長的婚姻以來，他們第一次享受了令人放心的性愛。喬‧艾倫花了很長的時間，讓自己承認性的重要，但是她立刻感覺到布萊爾陽痿狀況的減輕，為她帶來極大的快樂。

布萊爾則非常興奮：「長期渴望的事情，現在終於得到了，你不會明白那種感覺！」他說：「它改變了我的生活，並且讓我對其他事情也感覺好多了。我們的婚姻仍然很精彩，而且我仍舊深愛著艾倫，現在我感覺更完整了。我多希望我很早以前就有這樣的改變，但是至少現在有了，這真讓人激動！」

性和婚姻或愛情之間的關係通常很複雜。在各種不同的情況下，很重要的是盡可能有區別地對待、理解它們之間的關係。這種理解可以幫助治療師採用最有效的混合方法進行治療，並幫助伴侶隨著事情的逐漸開展，可以更進一步地深入探索和治療。

# 【第三章】客體關係理論和婚姻中的
# 投射認同

　　客體關係理論是一種個體心理學，它把人的個性視為在環境
中和重要他人互動、由部分所組成的系統。客體關係理論是一些
獨立英國思想學家的理論結晶：包括費爾貝恩、岡崔普、巴林特
（Balint）和溫尼考特等。雖然這些學者的理論通常被認為受到克
萊恩的影響，然而他們在英國自成一個團體，和那些圍繞在克萊
恩身邊的理論學家有所區隔。在美國，我們不太去考究這樣的界
限，所以傾向於把克萊恩歸為客體關係理論家。在上述學者中，
只有費爾貝恩有系統地發展出清晰的人格學說，足以挑戰佛洛伊
德的本能和結構理論，所以我們會大量地援引費爾貝恩（1944,
1952, 1954, 1963）的理論，並以溫尼考特（1958, 1960b, 1968,
1971）的一些理論作為補充。克萊恩（Klein, 1946）的投射認同
概念為延展客體關係理論的個人心理學到人際間的情境，提供了
必需的銜接概念。我們也會談到迪克斯（1976）在婚姻治療中應
用客體關係理論、比昂（Bion, 1961）對於小團體的應用理論，以
及津納和夏彼洛對於婚姻互動和家庭動力的延伸理論（Zinner,
1976; Zinner & Shapiro, 1972）。

# 客體關係理論的背景

## 費爾貝恩：基於客體關係之上的個人心理學

　　費爾貝恩（1952, 1963）認為嬰兒是「尋求客體」的，即一定要和母親建立關係，來滿足他們依戀和被養育的最基本需求。在生命之初，嬰兒完全依賴於父母和年長的手足，之後依賴才相對減少；就是在這種依賴中，嬰兒發展了和父母以及手足的關係。嬰兒個性的形成，來自於對現實家庭經歷的感知。需要或者受挫的感覺，影響和改變了嬰兒對於現實事件的評價。經歷、情緒、認知和錯誤認知，不僅影響著孩子的經驗和對事件的記憶，更重要的是，它決定了孩子的內心結構。這種結構被認為是由一個意識和無意識的客體關係系統組成的，這個系統具體化了嬰兒真實關係的體驗。總結來說，就像伯納斯（Bollas, 1987）所說的，「自我結構是一種關係的痕跡」。

　　這種內在精神情況（endopsychic situation），會根據未來的體驗被加強或者修改，認知的能力隨之成熟。而在各種發展階段，主要關係的品質也會隨之變化發展。不僅是佛洛伊德（1905b）所描述，作為個體的孩子所經歷的心理性欲發展（psychosexual）的經典階段，家庭也經歷著生命的周期，也許是處理上一代重要成員的死亡或疾病，也許是一次搬遷，或者是在生活方式或經濟環境上的改變，也可能是另一個孩子的出生。

　　個人的性格由包含部分的系統組成，有些是有意識的，有些是無意識的，和家庭系統及其部分、個體成員與他們的性格部分

都保持動力的關係。除了數量固定的全部人際關係，那些永遠處於變化的部分對部分的關係，其數量是無限的，並且被延展為孩子成長的文化媒介。作為結果的人格是複雜的，反映出多重認同和伴隨著對於他者之部分的反認同（counteridentification），並活躍在人格的意識和無意識區。有意識的那些部分保持著靈活可變的開放系統，並且可以和他者自由地互動。無意識的那些部分則分裂成一個閉合的系統，在壓抑的力量下僵化而無法改變，而且不能和他者互動，也不能在意識層面上學習和改變（Sutherland, 1963）。費爾貝恩的一個主要貢獻，在於指出這些系統和它們的意識及無意識部分，都在內部彼此不斷地進行著動力的互動。需求、挫折、渴望、愛和仇恨都在自體內部被重新體驗。這些情緒呈現了被內化的興奮客體和拒絕客體的關係，它們持續在整體人格內部做動力的互動。這些內部關係不停地被壓抑，並同樣積極地尋求回到意識中來。

## 比昂：涵容、集體假設和價

透過研究集體溝通、思考過程和母－嬰動力，比昂（1962, 1967, 1970）假定在一種稱為「幻想」（reverie）的特殊狀態中，母親能夠承受嬰兒的焦慮和挫敗，孩子因此感覺被涵容。透過指認母親作為涵容者，孩子發展出能夠思考的安全自體。這種類型的認同是**內攝認同**的範例，這個概念是由克萊恩（Klein, 1946）提出，並且經西格爾（Segal, 1964）定義為：「當客體被內攝進自我，然後指認出它自己的一些或全部特點，因而產生的結果。」（p. 105）而比昂的涵容者（container）與被涵容（contained）的概念所描述的情境是：在不對母親造成危害的情況下，

嬰兒的投射過程可以發生，而且內攝認同是良性而支持成長的。這不同於溫尼考特（1960a）對於**扶持環境**的描述，扶持環境是指母親和嬰兒之間同理的**心身相伴**關係，這種關係支持著生理和心理經驗的管理，而非比昂所指的，可以在「思」領域創造心理空間的母親認知功能。涵容也不同於溫尼考特對於母嬰間過渡空間的描述，在此空間中嬰兒以一個客體來代表母親，但它仍在嬰兒的控制之下。

溫尼考特（1971）的扶持性環境和過渡空間是指人際間的過程，表達的是母親已經改造過且嬰兒重新工作的內容，而涵容是指母親在幻想中內攝認同和投射認同的能力。

作為伴侶和家族治療師，我們會用兩種術語──涵容者和扶持性環境──來指稱正常環境中家庭和伴侶的情況，而在這樣的環境中，家庭成員之間會發生同步的變化和交互的投射認同。

在小團體過程的研究中，比昂（1961）注意到成員傾向於以小團體的形式結合在一起，這表達並滿足了一些無法經由領導而滿足的無意識需要。小團體的形成，是以成員所共享的無意識假設為基礎，那些假設包括如何使依賴的願望得以實現，如何透過戰鬥或逃跑來表達侵略，以及如何配對製造一個救世主來拯救處於危難中的團隊。個體如何挑選其中一個主題做出反應？比昂提出了「價」（valency）的概念：「一種即時而自然的聯合能力，即一個個體和另外一個個體分享，並且按照一個基本的假設行動。」「它是立即發生、不可避免而本能的。」（p. 153）在陷入愛河的伴侶身上，價表現得最為明顯，它也在婚姻伴侶和家庭成員之間發生作用，並決定未來的人格發展。之後我們將會討論「價」如何能幫助我們理解投射認同。

## 迪克斯：投射認同被引進婚姻研究

　　英國另一位理論家迪克斯（1967）抓住了費爾貝恩個體心理學的價值，以其來理解婚姻關係。迪克斯研究了特定的一群夫妻。他把每個人的人格概念化，用費爾貝恩的話來說，每個人的人格都包括意識和無意識的客體關係系統。基於迪克斯對於配偶的平行個體心理治療研究，伴侶中每個人都看到一個分裂但又合作的治療師。迪克斯注意到在這些系統及其意識與無意識層面的部分之間，這些配偶間存在一定程度的相配。他提出婚姻的選擇很明顯是基於意識因素，但同時也由無意識客體關係之間的一致程度決定。他把這種對於相配的需求稱為「無意識的互補」（unconscious complementariness）。對配偶的認識，「就好像另一個人是自己的一部分，然後按照如何評價自己的這個部分來對待伴侶：寵愛和珍視的，或者是被詆毀和被迫害的。」（p. 69）當婚姻往下發展，這種無意識的適配仍舊會堅持存在，而同時發生的是自體和他者的界線逐漸模糊，直到夫妻發展出一種「婚姻的聯合人格」（marital joint personality）。「這種聯合的人格或者結合另一半所重新發現在主要客體關係中喪失的那些方面，之前已經被他們分裂出去或壓抑掉，而在他們和伴侶的連結中，透過投射認同而重新體驗到了那些方面。」（p. 69）

　　為了說明他的發現，迪克斯調用了克萊恩（1964）投射認同的概念。費爾貝恩所描述客體部分之間的動力關係，現在可以被概念化為發生在系統之間，而牽涉到參與婚姻的兩種人格的不同部分。投射認同提供了迪克斯所需要的解釋連結，將費爾貝恩在客體關係理論中提出的個人內在精神結構，應用在婚姻的互動

中。但是，投射認同究竟是什麼？

## 關於投射認同這個概念混亂的來源

雖然迪克斯經常談及投射認同，並提出很多理論描述和臨床案例，但是他並沒有正式地定義這個概念。就像克萊恩，她傾向於在行動中展示這個概念——把這個概念應用於婚姻，並且假設她的讀者們已經瞭解了這個基本概念。在治療工作中熟悉這個詞的人，傾向於認為已經很瞭解它，而且常討論它，所以不會意識到：有一些人把投射認同當作內心或**一個－身體的現象**（one-body phenomenon），而另一些人則把它當作是人際間或者是**兩個－身體的現象**（two-body phenomenon, Meissner, 1987）。從一方面來說，這種情況指出了這個概念顯著的靈活性和適應性；從另外一方面來說，它也表明了欠缺理論上的澄清。

我們假設在某種程度上，這種混亂是投射認同過程的含糊性所造成無可避免的後果。有很多因素都造成了這種混亂：不同作者的寫作中，對這個詞的定義都不一樣，而這些差別並未得到承認。由於複雜性帶來的困難和思想本身的模糊性，雖然西格爾（1964）提出了雙重意義，但是（人們）只選擇跟隨其中一個方面，而忽略另外一個。關於在認同的過程中，認同自身所處何地，是在自體或者他者中，還是在自我或客體中，或者在內部客體或外部客體中，大家意見不一。在投射認同這個課題上，我們的觀點傾向於內心或者人際間的緯度，認為投射認同受到生命最早幾個月裡個體所經歷自體和他者的關係影響。換句話說，即解決克萊恩稱為偏執－類分裂心理位置（paranoid-schizoid posi-

tion）的時候，在此時，投射認同作為最主要的防禦手段。最後，
理論澄清上的缺失源自於克萊恩散漫的寫作風格。

## 克萊恩的投射認同概念

　　在克萊恩關於類分裂機制的論文中（Klein, 1946），她藉由
說明在生命的頭幾個月內的偏執－類分裂心理位置所發生的投射
認同，帶出了投射認同的概念。克萊恩並沒有正式定義它，她認
為嬰兒在和母親及她的乳房的最早關係中呈現出焦慮，當嬰兒掙
扎於焦慮所引發的仇恨時，嬰兒會處理對於客體關係的幻想，而
克萊恩就把這種處理機制稱為投射認同。於是在仇恨中，焦慮的
嬰兒努力讓自己從破壞的自體部分中擺脫，他要把它們嘔吐掉，
或者在幻想中，透過尿液或糞便把它們排泄出來。他把破壞的自
體部分投射到一種敵意的流注（hostile stream）裡，然後再投射
到住在母親身體內部的客體上。接著嬰兒體驗到這個部分的自
己，就好像是母親在攻擊嬰兒一樣。嬰兒指認出迫害的母親客
體，這又進一步為偏執－類分裂心理位置提供了燃料。

　　克萊恩又進一步說明了投射認同這個概念，她提醒我們：自
體好的那些部分也可以被投射。透過去認同所投射的那些自體好
的部分，嬰兒人格可以經歷好的客體關係，這對自我的整合很重
要。她繼續說，在生之本能和死之本能的影響下，投射認同在愛
和恨中都會發生。分裂、投射、投射認同和內攝，是生命頭幾個
月在偏執－類分裂心理位置時，客體關係投射和內攝過程的重要
特徵。

　　西格爾（1964）對克萊恩的理論做了最詳細的說明，她寫

道：**投射認同**「是把自體的部分投射到一個客體上的結果，造成客體被看作獲得了自體部分所投射出去的特徵，但也可能是自體認同了它所投射的客體」（p. 105）。所以西格爾給了這個詞雙重的涵義，它可以意味著客體被誤解，就好像是它和自體一樣；並且／或者是，自體變得和被誤解的客體一樣。西格爾把這種一個－個體的觀點，擴展為兩個－個體的觀點，描述在另一個人身上投射的效果：「被投射的部分占有、控制和認同外部客體」（p. 14）。內攝認同的概念提供了這兩種觀點的連接，指「客體被內攝進自我，然後和自我的一些或者是全部的特徵相認同所造成的結果」（p. 105）。西格爾認為，這些過程只在焦慮影響下的偏執－類分裂心理位置發生，而正常的發展中，投射沒有變化地返回來，並再一次整個進入自體。對克萊恩做評註者，如史坦納（Steiner）、威廉斯（Williams）和西格爾經討論後一致同意，目前認為在投射認同中，外部客體受到被投射的內容的影響。在投射認同中，自體的思想狀態在另外一個人內部被激發（Williams, 1981）。

## 其他貢獻者

在投射認同這個題目上的文獻回顧（Scharff [in progress], Jaffe 1968），揭示出很多作者都把投射這個詞當做是投射認同的近義詞來應用，而其他的人則花費許多精力討論這兩個詞的區別。比如馬林和格羅特斯汀（Malin & Grotstein, 1966）表示，投射這個詞應該被保留用於置換的本能驅力之投射，然而自體部分的投射無法單獨存在，當客體接收到被投射並被拋棄的自體部分時，

自體部分的投射總是伴隨著投射認同一起發生，「然後這種新的合金——外部客體再加上被投射的新部分——被引進來完成這個循環」（p. 26）。麥斯納（Meissner）不滿足於這樣的混亂，他闡述了以下著名的觀點：

> 在投射中，「被投射的內容被經驗為屬於、來自於，或是客體的屬性或特性」。
>
> 在投射認同中，「被投射的內容在同一時間就被認同，並被當作是自體的部分來經歷」。（p. 55）

接著麥斯納宣稱，既然投射認同牽扯到自我界限的喪失，且把客體當做自體的部分，投射認同其實是某種固有的精神病機制，這種觀點和克萊恩對投射認同的認識相牴觸。克萊恩把投射認同視為一種正常的發展過程，認為只有當死之本能引發的焦慮太強烈而無法承受時，投射認同才會成為病態的問題。佛洛伊德（1894）認為投射是存在於妄想中的非正常機制，而麥斯納對此持有不同意見，他認為投射是正常的機制，但肯伯格（Kernberg）則認為投射是正常或神經質的機制。他同意麥斯納的觀點，即投射認同是最原始而無可避免的精神病防禦運作，但同時它又在精神病和邊緣的情況中最明顯。肯伯格（1987）將投射認同定義如下：

> 臨床經驗引導我將投射認同定義為一種原始的防禦機制，它包括㈠將內心經驗中無法忍受的方面投射到一個物體上去；㈡對投射的內容保持同理；㈢作為防禦力的某種延

續，試圖控制客體來抵制不能忍受的內心經驗；㈣無意識地在客體中引導和客體的實際互動中所投射的內容。（p. 94）

麥斯納也出於「某種時尚」，著手在家庭動力中應用此概念。他認為複雜的投射－內攝過程會發生，但是投射認同卻不一定會發生。麥斯納同意津納和夏彼洛（1972）的觀點，認為確實是當「主體認識客體，**就好像**是客體包含了主體的人格」時，投射認同這個詞才真正適用。但是他聲明，這只適用於精神病的互動中，在其他情況中卻有可能不同。津納和夏彼洛認為在非精神病的互動中，投射認同也會發生，麥斯納並沒有提供臨床或研究的證據來反駁他們的結論，然而津納和夏彼洛的觀點卻基於他們證據充分的臨床研究。

近期以來，奧格登（Ogden, 1982）為這一團混亂帶來了一些秩序，他試圖按照臨床經驗，來定義投射認同的觀念。他也在投射和投射認同中做了區分：

在**投射**中，「……在幻想中自體被驅逐的方面，被否定並被加於接受者」。

在**投射認同**中，「投射者主觀地體驗到一種和接受者成為一體（oneness）的感覺，是關於被驅逐的感覺、想法或者自體表現」。（p. 34）

在這裡，奧格登詳細描述了認同，認為它是一種一體的感覺。他也詳細說明了被投射的內容：不僅僅是自體的一部分，它也可能是一種感覺或是一個觀點。之後在他的文本中，他總結地

提出投射認同是在內心面向的「一組幻想，並伴隨客體關係」（p. 36）。這些在奧格登所勾勒的人際互動三階段中起作用，並源自馬林和格羅特斯汀（1966）的論述（見表 3-1）。

### 表 3-1 奧格登的投射認同階段

一、把自體的部分驅逐到別人身上，這個部分留在那裡。
二、強迫另外一個人去體驗它。
三、把它從另一個人那裡拿回來。

這種投射、強迫然後收回的模式產生了互動的順序。從投射者（進行投射的人）的內心角度，奧格登進一步詢問：為什麼投射者會經過所有這些階段？什麼是投射認同於內在和人際間的獲益？他發現了投射認同的四種目的，如表 3-2 中所總結。

### 表 3-2. 奧格登所提出投射認同的四個功能

一、防禦——把自己和不想要的部分拉開距離，或者讓它在其他人身上繼續保留。
二、溝通——藉由強迫接受者體驗一整套和自己一樣的感覺，使自己能被理解。
三、客觀——連結性（relatedness）——和接受者互動，要足夠分離到可以接受到投射，但又要足夠未分化，可以允許一些錯覺，並培養一體感。
四、心理變化的途徑——在接受者被改造之後，通過再一次內攝投射而被改變，就像在母嬰關係、婚姻關係，或案主－諮商師的關係中發生的一樣。

　　奧格登關於投射認同的最初陳述：「這個概念整合了不同的觀點，像是無意識幻想、人際壓力、分裂的人格系統對一整套所形成感覺的反應。投射認同有一部分是關於人際互動（一個人在壓力下服從另一個人的投射幻想），也有另一部分是關於表達個別的心理活動（投射幻想、內攝幻想、心理過程）。然而，從最基本的角度講，它是『關於內在和人際這兩者間動力互相影響的表達』（p. 3）。」奧格登主要是一位個別治療為主的治療師，所以沒有提到迪克斯在婚姻上的研究。但有意思的是，他研究了案主與諮商師的關係，以及這種關係如何喚醒嬰兒的原始過程。基於這些研究，他提出了前述的投射認同概念，這個概念源自迪克斯的理論模式，而且肯定可以用來理解婚姻動力。

　　在之後的寫作中，奧格登（1986）談到了如何解釋當投射被母親代謝變化，並以一種更加有用和可控制的形式返回到嬰兒之後，嬰兒的經歷在品質上的變化。奧登格提出「在創造涉及投射認同的情感連結過程中」，在嬰兒身上發生了實際的改變，因為涉及投射認同的「同步發生的一體性和二重性（母親和嬰兒的結合和分離）」，「創造了一種可能性，以形成比個人心理狀態的總和更有生產力的經驗形式」（p. 36）。

　　奧格登認為，嬰兒和母親、案主和諮商師、投射者和被投射者都積極地參與到這個過程中，而且投射的過程改變了嬰兒、案主和投射者。奧格登把諮商師對於被投射內容的理解包括進來，發展了兩個－身體（two-body）的投射認同系統。我們贊成他的這種擴展，而其他人卻不同意，比如肯伯格（1987）就對這種「沒有根據」的概念擴展持反對態度（p. 93）。奧格登強調的內容超越了克萊恩的觀點，他強調了投射認同中人際面向和環境的

重要性，而這些內容在克萊恩的工作裡只是被略為提及。奧格登吸收了比昂（1962）的觀點，討論了出現在被涵容的嬰兒身上的效果，（或者是「母－嬰」，因為他更喜歡以成對的母－嬰形式來稱呼嬰兒），還有母親的涵容功能，而非母親內部被改變的精神結構。因此，他又帶我們回到了人際間投射認同過程的內在緯度上來。

奧格登所描述投射認同中的互動順序階段，和桑德勒（Sandler, 1987）的理論建構過程有相呼應的地方。奧格登解釋這個概念經歷了三個階段：㈠一種真實客體沒有被幻想影響的內在過程；㈡一種客體受到幻想所影響的人際間過程（就像在反移情中發生的一樣）；㈢一種人際間的過程，在此過程中，當被投射部分被涵容的母親的思想或幻想（Bion, 1967）改造時，客體會影響幻想（桑德勒對這第三階段概念的正確性保持懷疑）。

## 來自於家庭研究的貢獻

津納和夏彼洛（1972）把他們對於投射認同內在過程的理解，應用在家庭生活的人際情境中。津納（1976）則在美國把這個概念應用於婚姻治療。他強調投射認同是一種帶有防禦性和恢復性的**無意識**過程。津納對於無意識的強調相當有幫助；而其他作者用非常明確的詞彙來描述投射認同，認為它好像是有意識且有時甚至是蓄意的。津納這樣寫道：

> 「投射認同是自我改造客體的一種方式，並且用一種互相作用的方式，改變自體的形象。」他又補充道，「透過投

射認同，個人可能不把客體置於自體當中，而好像它存在於
關係中另一半的內部」。（Zinner, 1972 in J.S, Scharff, 1989,
p .156）

對於津納來說，投射認同是一種無意識的內心過程，透過這
個過程，衝突會被涵容在自體中，或者被投射到一段關係裡。如
同迪克斯，津納宣稱投射認同發生在婚姻中，這個過程不僅僅改
變了自體如何看待客體，而且在事實上喚起了客體中共謀性（col-
lusive）的反應。但是津納和迪克斯一樣，進一步提出配偶雙方都
參與在投射認同的過程中。我們可以用現代的語言說，配偶雙方
同樣既是投射者，又是被投射者。於是津納把婚姻描述為「一種
相互滿足的共謀系統」（Zinner, 1976 in J.S. Shapiro, 1989, p.
156），在這裡，投射認同是一種互相的過程。在津納的觀點中，
婚姻治療的目標便是幫助配偶再一次內化這些被投射的衝突。

津納也有另外一個有幫助的觀點，他認為投射認同同時是健
康和不健康的過程。根據投射認同的使用程度，婚姻關係的本質
可能位於連續光譜的任何一處，從正常同理到明顯的幻想。

　　沿著這個連續光譜，特定關係的位置是由內化核心客體
關係的品質和發展程度決定的，是配偶雙方體驗對方是分
離、有差異的個體的能力決定的，也是由防禦需求的強烈程
度決定的。當配偶較少把投射模式當做外化衝突的方式，而
當做一種靠近共享經歷的工具時，婚姻關係就接近這個連續
光譜的健康一端。（Zinner in J.S. Scharff, p. 159）

　　投射認同作為一個概念，現在被認為能在個人心理學和人際心理學之間提供一種概念上的橋樑。我們看待婚姻的選擇，是「被一種尋找到可以補充和加強無意識幻想的欲望所激勵」（Dicks, 1967），所以成人的發展繼續受到投射認同強烈地影響。津納和夏彼洛（1972）所做的家庭研究，進一步展示了投射認同在個體發展上的影響。他們寫道：「投射認同在投射的**接受者**內部引起了真實而持久的結構變化。此種現象最主要的例子，是家庭互動在孩子人格發展上的作用」（Zinner & Shapiro, 1972, in J.S. Scharff, 1989, p. 110）。

　　對比於津納在家庭互動中投射認同的文章，他在討論中聲稱，他現在認為投射認同完全是一種內在過程，它發生於自體部分和投射者的內部客體之間。對於津納來說，它是一種「一個－身體」的現象。相似的內心過程會在重要他人身上發生，但津納認為投射到另外一個人裡面的觀點，或一個人投射到自己身上，對他來講實在太過神祕。雖然在寫作中，津納曾經強調人際背景，然而現在於他的教授中，他聚焦於內心緯度和在個人內部發生的事情。如果投射認同完全是一種內心過程，津納要如何說明他曾經描述且現今仍然贊同的交互投射認同過程？他如何解釋客體的作用？津納認為缺少的一環是人際間的行為，他聲稱妻子投射認同的內心運作，影響她對於伴侶的認識，導致了她對於丈夫行為上的變化，然後她的丈夫用自己投射認同的內心過程與相對應的相關行動來反應。津納不認為這種聲明是自己觀點的轉變，而是澄清投射認同究竟在何處發生。

　　結合家庭療法的研究和我們作為家族治療師的臨床經驗，我們的結論是，受共享的無意識家庭生活假設所支配，多重的個人

過程（multiple individual processes）最終會導致認同個人內部的
家庭部分。與此同時，內在精神情境被投射到家庭內部的集體無
意識上。一個人被選擇作為投射的主體或客體，投射的內容是家
庭中央自體不歡迎或否認的部分。在健康的情形中，主體角色在
家庭成員中轉換，但是當投射認同聚焦於或固定在一個成員身
上，就出現了病態的情況。指標患者保留著其他家庭成員所否認
的部分，並且代表著一個家庭集體問題，而將在家庭無意識中不
受歡迎的方面新陳代謝掉。

## 來自於性治療的貢獻

在婚姻伴侶中，投射引起了外部客體的思維狀態。我們傾向
認為這是經由與所收到的投射相關的活躍行為、思想或感覺來實
現的。但是在性的情境裡，就像在嬰兒時期一樣，身體傾向於成
為媒介。投射者並不是投射到被投射者的精神裡，而是投射到被
投射者的軀體中，而在互動的投射認同中，反之亦然。有時為了
保護對方，投射者直接投射到其身體裡，或者間接地透過返回的
投射進行內攝認同。在這兩種情況裡，投射的客體都位於自體的
內部。自體的任何身體部位，都可以認同於被拒絕的投射，然而
性欲區特別有可能成為目標。衝突以濃縮的形式在生殖器的身體
屏幕上被投射。夏夫（1982）認為陰莖、陰道和女人的乳房，成
為被壓抑的拒絕和興奮客體系統的身體中心。在婚姻狀態裡，被
壓抑的客體透過增加或干預肉體上的愛而直接返回。

# 其他有用處的概念

## 價

在小團體研究中，比昂（1961）在無意識的集體主題中，提到了人格的投入。為了說明它，他提出了「價」的概念：一種本能的、可以即刻而自然地將個體人格與其他人相聯合的能力。比昂只是簡單地說「價」是「個體人格中的一種社交品質，一種自發而無意識的功能」（p. 136）。但是這不足以讓我們理解它是如何發生的。於是我們轉向拉克爾（Racker）的工作。

## 一致性的互補認同

拉克爾（Racker,1968）認為反移情是治療師對於案主的反應，以在治療師身上無意識發生的投射認同為表現形式。這樣的認同可能是以下兩種類型：

> 在一致認同（concordant identification）中，治療師認同於案主自體中被投射的部分。
> 在互補認同（complementary identification）中，治療師認同於案主客體中被投射的部分。

我們已經把這些觀點應用在家族治療師認同於家庭集體投射的經驗（Scharff and Scharff, 1987）。我們也可以採用拉克爾的表述，暫時不管其在治療上的背景，而把這種表述應用到婚姻關係

中，它將幫助我們理解比昂「價」的概念，和迪克斯的無意識互補性。簡單來說，妻子的自體（或其中的一部分）被當作丈夫的客體或者自體的一部分，可能是完全地，也可能是交替地，還有可能是同時地。這造成了在伴侶和家庭間不斷成長的無意識客體關係控制系統內，自體和客體部分的交互投射和認同快速地發展。

## 提取內攝

我們也同樣發現柏納斯的提取內攝理論（extractive introjection）有幫助：「一種主體間的過程……在這個過程中，一個人侵入另一個人的思維中，侵吞了特定的精神生活元素。」這導致了受害者「暴露了自體的部分」（p. 163）。這種精神的竊取可能是思想、感覺、精神結構，如超我和自體的部分。比如說，當一個妻子由於某些似乎不公平的理由，在一次考試中被當，但發現丈夫比她更沮喪，那麼她憤怒的權利就被剝奪了。在極端的情境裡，提取可能會造成「精神結構的蒸發」（p. 164）。在其他情境中，伯納斯敘述道：「當一個人從另一個人的精神中拿走一些東西的時候，他就在那個地方留下了一個缺口，或一個空間。在那裡他放置了絕望或者空虛，代替那些被他偷走的東西。「於是，每一個提取內攝都伴隨著一些相對應投射認同的發生」（p. 164）。

現在我們可以說，投射認同是伴隨著內攝認同而發生的，而且在更激烈的例子中，它和提取內攝聯合在一起。這些相互鎖定的過程是「價」的基礎。我們發現夫妻通過「價」而連結，達成一致或者互補認同，這決定了迪克斯（Dicks, 1967, p. 69）所描述的「無意識互補性」的適配。「價」的相配使得兩個墜入愛河的

人立即連結起來。投射和內攝過程的平衡，是由每個人格的客體
關係本質，以及個人自體部分和內部客體與伴侶的適配程度決定
的。無論是在健康還是惡化的情況下，「價」都是在當下的生活
關係中，由尋找表達、重覆和痊癒的內部客體關係決定的。

## 進一步討論和發展

　　依據前述的文獻，我們作為分析師、伴侶治療師及家族治療
師的經驗，和之前對於這個概念的闡述，我們提出自己的投射和
投射認同概念（J. Scharff 投稿中）。

　　在投射中，自體的一部分——不管是自我的一部分或者它的
內部客體，或是一種最初源於自體或客體，但是現在卻分裂出來
的一種感覺或念頭——從內心的區域中被驅逐出來，並在無意識
的精神過程中被外部客體所置換。進行投射的人（投射者）並不
知道投射到了另外一個人（被投射者）身上，所以對占有被驅逐
自體部分的外部客體產生一種分離感。客體被認為授予了一些它
並不具備的品質，只有當承認客體的特質時，才會發生認同，而
投射並不一定要有這些特點。這個過程可能是妄想症中的一種幻
想、神經症中的一種錯誤認識，或是再內攝之前一種正常的瞬間
排除。

　　在投射認同中有一些步驟。第一步往往是一種投射，而它是
否保留為一種投射，或者成為投射認同，端視於第二步驟對於客
體的影響是否發生。如果唯一受到影響的客體是內部客體，此過
程則保留為內心的。當投射的外部客體參與到過程中來，無論是
被動還是主動的，投射認同就會進入人際向度。然後客體可能會

在交互的投射認同過程中，同時將自已的部分投射到主體內部。如果這些步驟都完成了，投射認同的過程就會超越它作為「一個－身體」或「兩個－身體」的描述，而成為一種多重的部分和客體的現象，這樣的描述公平考慮了在家庭生活無意識溝通裡，參與此過程的一個、兩個或更多的人格具有的任何自體和客體部分。

## 投射認同的步驟

以下步驟描述了婚姻中的投射認同：

一、**投射**。作為投射者的配偶驅逐出一部分自體，並認同被投射的配偶的外部客體，就好像它具備了那些在事實上不屬於它而屬於自體的品質。（這是原發性投射。認同只發生於為一種特質命名，或承認此特質。）

二、**客體感應**（object induction）。作為投射者的配偶非常確定地認同外部客體中的部分自體，於是和部分自體相對應的情感狀態，在被投射的配偶中被喚起。

三、**客體的內攝認同**。此時，被投射的配偶和作為投射者的配偶，其投射透過在無意識層的內攝認同而被認同。

四、**被客體轉化**。既然被投射的配偶有自己的個性，投射者被投射的部分自體，和被投射者認同的部分並不一樣，因為那個部分仍舊存在於投射者的內心舞台上。這個部分在配偶精神裡暫時的寄宿處被轉化，它的好處和惡劣之處都被確認、誇大或縮小。

五、**客體的「價」去接受一個投射**。當被投射的配偶對一定的

投射有一種「價」，那麼被投射者就會傾向於接受那個
投射，並且認同於另一配偶自體的那個部分。這個
「價」的部分並非被動地被感應，而是積極地尋找另外
一個人的部分來認同，甚至通過一種稱為「提取認同」
的過程，來竊取另一個人思想的一部分（Bollas, 1987,
p. 5）。

六、**客體的互補和一致認同**。然而，被投射的部分自體可能
會成為自我的一部分（自體表現的部分），或者是客體
的一部分，所以被投射的配偶會被促使去表現與投射者
身上的客體有關的自我，或者表現與投射者自我有關的
客體。這不僅是由實際被投射的部分自體所決定，而且
也由投射者在回應上的價所決定，包括認同於投射者投
射的自體部分，或者以自己與投射部分相關的非投射部
分回應。換句話說，被投射伴侶的內攝認同可能會——
用拉克爾（Racker, 1968）的詞彙來說——與投射者的自
體或客體相協調或者互補。

七、**自體的內攝認同**。自體認同於再次被內化、確認和改造
的自體部分，或使它自己變得與其相同，接著精神結構
被「接合」（cemented）或被輕微改變。如果被準確接
收的投射也被外部客體準確地歸還，接合就會是一個健
康的過程；但是如果不允許變化，過程就會是不健康
的。如果改造是輕微的，而且是基於被投射欣賞伴侶不
同之處的無意識能力，以及在沒有重大扭曲下，讓投射
者配偶被投射的部分暫時停歇然後返還，那麼在回應的
範圍、彈性或可接收性上的改變便可以支持成長。

八、**交互投射認同**（mutual projective identification）。投射到
　　被投射者裡的投射者，同時也在接收著被投射者的投
　　射。投射者／被投射者婚姻配偶在價的基礎上無意識地
　　配對，以認同對方的投射。所以投射認同是一個交互的
　　過程：丈夫和妻子根據客體關係的無意識互補相連結。
　　同樣地，夫妻和治療師透過移情和反移情來彼此連結。

## 結論

　　在沒有減少其概念的多功能性，或使其變得更複雜的情況
下，我們希望盡量減少在這個主題上的混亂和錯誤傳達。在混亂
的背後，是投射認同難以琢磨的過程。我們一定要記住，這個無
意識過程是源於生命最早幾個月裡一種原始和首要的溝通形式，
遠遠發生在我們具有詞彙和思想前。所以問題在於為繼續存在的
經驗找到詞語，這些經驗不是觀點或記憶，而是精神的結構。此
結構就是我們在理解投射認同這個概念上需要運用的，而且透過
投射認同，此結構的形成不斷被改造。

　　我們提議把投射認同視為一個總括詞彙，包含了在內在和人
際面向的連續光譜上，不同完整程度的過程。這給了我們理論的
基礎，去描述發生在個體配偶間的無意識衝突，並在其婚姻互動
中展現出來。

# 【第四章】治療的模式

　　在本章中，我們將會特別針對婚姻工作的移情和反移情類型，嘗試提出一個伴侶治療的理論模式。這些移情類型和個別心理治療與家族治療中的移情－反移情向度不同，各自的不同之處形成了一道連續光譜，而這些各式各樣的治療模式就位於這道光譜上。

## 家庭和婚姻移情的起源

　　在治療的過程中，有兩種類型的移情關係。雖然這兩種相關類型的移情同時發生，但是卻可以根據它們在母－嬰關係中截然不同的兩處起源來區分。我們把這兩者分別稱為背景移情（contextual transference）和聚焦移情（focused transference）（Scharff and Scharff, 1987）。

## 背景移情的起源

　　當母親把嬰兒抱在懷裡，保護自己和嬰兒的環境的時候，母－嬰連結的第一個面向就出現了。此時，在丈夫的支持下，她滿足嬰兒的需求並創造出一個安全環境，確保她的孩子乾淨而且被安置得舒適，被餵得飽飽的、心滿意足，而且注意到適當的睡

眠、遊戲以及其他活著的必需機能。在供給這些的時候，她提供了我們簡稱為「手臂－環繞」的關係；她在為母嬰關係提供背景。之後作為回報，嬰兒對此種關係的興趣和對母親的反應，給了嬰兒一種被扶持的感覺。但是提供這種扶持的重要責任在母親身上，我們稱之為背景扶持的能力。

## 聚焦移情的起源

當母親和嬰兒看著對方的眼睛，透過聲音和凝視來交流，在他們互相響應的身體位置傳遞細微改變來呼應對方時，早期關係的第二個面向就出現了，這就是聚焦關係，它集中並穿透嬰兒和母親的核心，確認身分並構造精神結構。聚焦關係依賴於關係中身體、心理基調和個人品質的互相滲透。我們強調對母親和嬰兒來說，此種關係具有主觀特質，我們把它圖解為「眼睛－到－眼睛」和「我－到－我」的關係。聚焦關係是經由一種親密型的扶持培育出來的，這種扶持被我們稱為核心扶持，就是透過這種扶持，母親可以在心理上進入嬰兒的內部世界，看到他並且領會其意義。在這種扶持的手臂環繞情境裡，嬰兒在母親的懷抱裡發現自己。在聚焦的我－到－我情境中，嬰兒發現了他者。

## 在個別治療中的背景移情和聚焦移情

個別案主對於治療師的移情，源於上述兩種關係面向之一。首先，基於其他人在關係中提供手臂環繞之扶持能力的先前經驗，案主產生了期望。之前的經驗開始於父母，然後延展到在家

庭和愛情關係中主要客體的擴大世界裡，延展到社會的框架裡，如年幼孩子的老師，延展到青少年同儕，之後到性和婚姻關係中的伴侶。當案主前來治療的時候，這些期望和對於扶持落空的恐懼，都會參與到**背景移情**中。

案主也會基於聚焦連結的經驗帶來期望和幻想，它們都被記錄於案主內部世界不連續的結構。此時，興奮客體和拒絕客體的出現，和它們的關係中的自體部分，以及在其中被喚起的所有感覺，為更加不連續的移情提供了素材，這樣的移情被稱為聚焦移情。就像我們之前所討論的，它包括這些透過投射認同而進入治療師的內部客體關係投射。

在個別心理治療中，背景移情在工作的早期階段是顯著的，為推動之後聚焦移情的工作發展，一定要對它給予關注。不瞭解這種早期和後期移情的區別，會導致無法準確理解移情在個別心理治療中扮演的角色，以及它在精神分析及婚姻、家族治療中的角色都不同。更重要的是，這種混亂會降低移情在婚姻和家庭心理治療中的應用，有時在極端情況下，甚至認為移情與聯合治療無關。

在精神分析的工作中，移情是核心的焦點，移情是指案主對於代表案主自己內部客體的分析師，所產生的感覺和打交道的方式。在移情神經症（transference neurosis）中，它以一種最有組織和有力的方式發生，案主雖然完全可以體驗事實，卻用一種好像被內部客體控制住的方式來對待治療師。對已完全組織化的移情神經症來說，即使工作進行得很順利，也需要以每週四次或五次的頻率，為期至少一年或兩年的精神分析才能解決問題。

## 背景移情和同盟

有關於連結性的各方面描述，出現在移情神經症的描述之前。格林森（Greenson, 1965）曾描述工作同盟（working alliance），齊策（Zetzel, 1958）則描述過治療同盟（therapeutic alliance）。這些被認為是關係中的非移情面向，也是「真實關係」的一部分，不受移情的影響。齊策特別提出，支持案主建立治療關係的要素，源自於早期和母親互動中先於語言的部分。其他作者對早期浮現的移情深感興趣，有時移情甚至早到分析剛開始時就出現。吉爾和穆斯林（Gill and Muslin, 1976）描述了在開始階段就浮現的負向移情，這些方面一定要被很快加以詮釋，以確保案主和分析師間的工作關係。

我們認為建立治療或工作同盟的能力，奠基於背景移情上，而且是基於之前主要照顧者所提供的背景扶持經驗，就好像聚焦移情是奠基於核心扶持一樣。更明確地說，背景移情來自於受溫尼考特（1963）所說的「環境母親」（environment mother）所影響的嬰兒經驗，「環境母親」提供手臂環繞的扶持，而聚焦移情來自於母親的養育，也就是溫尼考特稱為「客體母親」（object mother）的部分。就像溫尼考特，我們不界定母親的概念為實際的母親，而是指所有養育者的合成，包括母親、父親以及其他主要照顧者。手足和其他一些經常輪替的照顧者當然也會影響早期的扶持經驗。

在任何治療的早期，包括個別心理治療、精神分析和聯合治療，浮現的移情對治療來說就像是背景扶持環境。早期的移情並非是根據在治療後期可能會看到的不連續客體和自體形象上，而

是依循著被扶持或不被扶持的更全面內化經驗上。

## 早期的聚焦移情現象

　　這些早期的移情問題，與那種順利進行精神分析或個別心理治療一年或更久之後出現的移情問題有所不同。我們會看到在後期出現的移情，是奠基於不連續的自體和客體結構，並且貫穿於整個移情的投射認同過程中。當個別治療或分析在早期出現這種聚焦移情現象時，治療師被案主以一種不成熟的方式，當作是一個歪曲、誤解的角色。這發生在佛洛伊德早期的幾個案例上，在朵拉（Dora）的案例中最明顯，佛洛伊德（1905a）在這個案例中頭一次指出移情不僅僅是障礙。我們經常在戲劇性或邊緣病理性的案主身上發生這種早期的歪曲。

　　未成熟的聚焦移情會代替背景移情，出現在早期的色情化移情中，案主會嘗試把治療師當作性客體來認同，以彌補他們對於扶持關係不足的恐懼。比如，在幾個月之後，一名被分析的案主開門見山地說：「難道你不想和我做愛嗎？每個人都有興趣，我不相信你會拒絕我！」在這種情況裡，該言論並沒有包含多少引誘。事實上它傳達了案主剛覺醒的一種認識，即她在早期對他人的性吸引力這次卻沒有發揮作用。這種性的吸引力是案主用來讓別人在軀體上緊密擁抱她，從而彌補在情感扶持上的不足。它成為一個信號，說明背景移情的早期性化已經減弱。在這種情境下，案主暫時移近一個信任稍增的情境，能夠停留在一種不會變成性關係的扶持關係中。這名案主上述的言論，被治療師當作是她在背景移情中自信心增長的小跡象。

# 在伴侶和家族治療中的背景移情和聚焦移情

　　背景移情和聚焦移情都牽涉案主與提供扶持環境的父母的早期經驗。兩種類型的移情，事實上都在最早就開始，在心理結構的史前領域有著先於語言的起源，而心理結構是要在隨後的語言時代才精密發展出來的。背景移情和聚焦移情都會在伴侶和家族治療中出現，也會在個別精神分析治療中出現。然而，以我們在不同治療模式的經驗來看，這兩種連結的方式體驗起來是完全不同的。

　　每個家庭成員或配偶都會帶來自己的聚焦移情——即他們的投射認同——到聯合治療中，這些移情早已運作於配偶彼此間的關係。但是伴侶或者家庭也帶給治療師共享的移情，這種移情是建立在他們對於治療師共同的希望和恐懼上，他們希冀並擔心治療師是否有足夠能力提供具治療性的扶持，因為他們為自己提供扶持的能力不足。這種共享的移情源於伴侶或家庭感覺到他們為自己提供扶持的能力不足——既然他們來尋求我們的幫助，我們是可以這樣假設的。

　　那些代表著伴侶在扶持情境中遇到困難而堆積起來的移情，構成了伴侶共享的背景移情。我們著重在來談的伴侶或家庭團體為其成員提供扶持能力的不足，因為如果家庭能夠透過治療發揮更好的扶持工作，往往就為它的個體成員提供發展上及建立核心連結的所需。所以，在客體關係取向的伴侶和家族治療中，透過從家庭共享的移情中獲得的信息，治療師可以非常輕易而有效地組織起對家庭的理解。這個層面的理解，至少需要認識到小團體

中那些被分享的無意識過程。相比於只有伴侶兩個人，在家庭這個更大的團體中，情況會複雜得多。

## 在個別、伴侶和家族治療中的反移情

在家族和伴侶治療中的反移情，和在個別治療中的反移情一樣，是指治療師在加入家庭或伴侶時所經歷的情感體驗。案主的個別和集合移情進入到治療師內部，產生了豐富但同時充滿問題的響應。這種共振也許只是單純和治療師之前未被發掘的生活領域有關，或更具問題的，是有關於不安甚至是病理的領域。

在我們的觀點中，反移情是指當伴侶或家庭製造出一種衝擊，穿透了治療師有意識和相對符合情理的理解能力，並超越了中心自我時，治療師情感反應的全部內容。當這些發生的時候，家庭或伴侶的客體關係系統到達了治療師的無意識區域，在那裡，它和治療師自己被壓抑的內部客體關係產生共振。培訓和個人治療為治療師的精神空間成為肥沃的土壤做了準備，在這片土壤上，這些內部經驗能夠開始發揮影響，耕耘著在不確定中萌發的意義，因而在成熟的反移情當中獲得對於家庭密切的理解。以這種方式，治療師使自己成為嶄新理解的底層土壤，之後治療師會在詮釋中把新顯現的理解反饋給伴侶或家庭。

兩種形式的反移情和兩種形式的移情相對應。**背景反移情**是被伴侶和家庭對於治療師提供背景扶持能力的希望和投射所激起的，這種反移情需要根據治療師的內部議題做校正，包括作為扶持的提供者以及伴侶或家庭成長的家長。個別家庭成員的聚焦移情，在治療師內部激發了不同版本的**聚焦反移情**，依治療師的客

體關係結構而定。

　　如果在進行家族治療時，聚焦移情和反移情成為主導，我們認為這種情況是傾斜的經驗，即當家庭嘗試用個別經歷來取代他們的共享經歷——即把一個成員當成是團體共享的背景移情的發言人，因為團體不相信治療師可以在精神上支持整個團體。這種情況相似於我們之前描述過的戲劇性或邊緣人格案主所呈現的聚焦移情之未成熟替代。

　　比如說，如果我們在家族治療中，發現自己被一個青春期男孩攻擊，這可能是我們體驗到家庭團體被他欺負時的感覺。家庭透過這個少年的行為和他們處理這件事的方式在說話，而家庭對此行為的態度形成了它的意義，即表達了家庭的背景移情。想像一下，父母在沒有表明支持或不同意的情況下，讓治療師來處理憤怒，那將讓人留下一種印象，即生氣的男孩或許正在為他們必須來這裡接受治療的怒氣說話。看起來家中的三個人都有不滿和不信任的共享背景移情，而對此全部的怒氣皆發洩在和這名年輕男性處在節點的治療師身上。

　　現在想像另外一個版本：父母表達了對於孩子反抗治療的挫敗感，並遺憾無法幫助他。家庭團體的態度是沮喪的來源之一，表明關注性的扶持不夠，因此治療師不會感覺被一個完全不信任的團體所孤立；相反地，治療師可能會感覺這個任務有同盟者。在此時，反移情更容易會同理於對憤怒男孩感到挫敗的父母。

　　綜合上述，我們對單獨發言人之聚焦移情的反移情，會受到我們對於整個團體所釋放之背景移情信息的反移情支持、修改甚至抵觸。

## 移情、反移情和治療的任務

在個別、家族和伴侶治療的個別情境裡，基於和治療模式相關的移情－反移情維度，治療的任務將有所不同。

### 在個別治療中

在與個別案主工作的時候，治療師和案主分別檢查案主內部世界和它對當下關係的影響，包括由案主所描述的關係，或和治療者的關係。為了進行此工作，一開始他們依靠案主對於治療中扶持環境的經驗。治療師對於提供這種經驗負擔主要責任，但是案主也參與其中，就像嬰兒也參與到整體的扶持中，而母親則對這種扶持承擔主要責任一樣。案主對治療環境的背景移情和治療師相對應的反移情，傾向於主宰這個階段的個別治療；到了稍後密集而長期的心理治療或精神分析時，移情才會變成聚焦移情。在聚焦移情中，不連續的內部客體和自體的部分被放置到治療師身上，透過涵容和詮釋而新陳代謝，然後以改造的形式重新整合（見圖 4-1）。對於治療師如此任務的整合陳述，即改造治療師所接收到的案主的投射認同，這和比昂（1962）的概念是一致的：作為涵容者的母親接收原始投射，並透過她的幻想來涵容、承受及改變原始投射，再以解毒的形式重新哺育給嬰兒。它也呼應了洛瓦德（Loewald, 1960）強調母親責任的理論，即在精神上支持孩子的潛在成熟，並透過她的遠見推動發展的成熟。

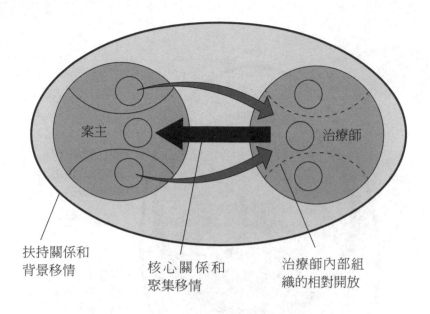

案主　　　　　　　　　　　　　　治療師

扶持關係和　　　　核心關係和　　　　治療師內部組
背景移情　　　　　聚集移情　　　　　織的相對開放

**圖 4-1　個別治療**

在扶持關係的框架內，案主和治療師檢查案主的內部客體關係及其
對於關係的影響。在聚焦移情中，這些被投射進治療師內部，而治
療師的分裂和壓抑的內部客體關係相對地沒有那麼僵化，它們便會
在與治療師的內部客體關係互動中被改造，然後以改造過的形式重
新哺育給案主。關係本身就是變化的媒介。

## 在家族治療中

　　圖 4-2 總結了在家族治療中的情境。每個家庭成員都彼此有
著核心關係，這些關係以不連續的交互投射認同為特徵。這發生
在核心扶持（centered holding）的領域，在此領域中，人們互為
對方的首要客體，長久深入地觸碰到對方的內部，並在核心扶持
對方。

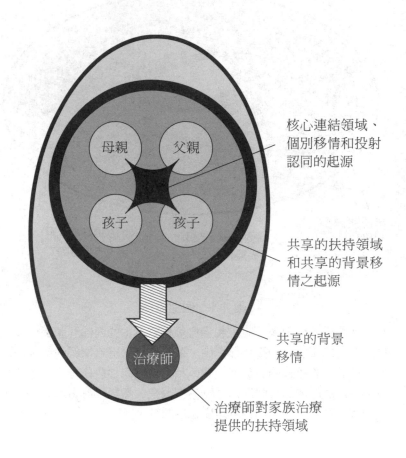

核心連結領域、
個別移情和投射
認同的起源

共享的扶持領域
和共享的背景移
情之起源

共享的背景
移情

治療師對家族治療
提供的扶持領域

**圖 4-2　家族治療**

在家族治療中，治療師存在於家庭的圈子之外。每個家庭成員都對
其他人有核心關係。圍繞這個領域的是他們的背景扶持的框架，每
個家庭成員都貢獻了其中一部分。共享的背景移情也就是從這個領
域而來。透過提供治療空間，治療師對家庭提供了一個心理扶持的
領域。家庭成員經由他們共享的背景移情，對治療師所提供的這個
領域發生反應。

　　這一切的維持是透過每個個體集合的背景扶持，但組成的結果卻比在家庭中扶持關係的總合還要大。無數來自於核心扶持之個體區域的二元投射認同，在家庭會談中無法都被徹底地跟隨理解。取而代之地，我們聚集在他們在背景扶持領域中的連鎖，聚焦在那些力量的結果上，這結果會形成整體的家庭客體關係組，其證據為他們如何與我們連結。此家庭客體關係組引起了共享的意識和無意識家庭假設（Shapiro, 1979），我們可以在家庭－治療師的重覆互動模式中覺察這種假設。一旦理解了共享的家庭假設，就可以理解每個個體組成關係的部分，但那並不是家族治療的首要任務。

　　在家族治療中，我們不會來透過剖析背景移情來發現個人的參與。我們把經由家庭對治療師的態度所顯示的背景移情，概念化為家庭在扶持能力上不足的表現，也正是這種不足，把他們帶到治療師這裡。治療師的移情代表治療師接收了背景移情，並和他們的內部結構發生共振，而這種內部結構源於治療師在原生家庭的經歷。我們內心都有很多重疊的家庭模型：好的和壞的家庭、攻擊型和相愛型的家庭、強而有力的和軟弱的家庭、理想的和有污點的家庭，這些模型組成了我們的內部家庭。而這些輪流交替的模型在我們內部共同存在，當我們參與到一個家庭之間時，某個特定的模型會被激發。對於每個獨特家庭團體的特定反應，反移情是無意識家庭互動治療的最可靠嚮導。

## 在伴侶治療中

　　伴侶治療的情形是居中的。治療師只和兩個人一起工作，可以在最大程度上跟隨並瞭解個別和互不相連的移情如何發展。然

而，聚焦於把伴侶視為兩個人的團體是很重要的，其代表著一種
組織，這和把他們當做是兩個個體的觀點著實不同。

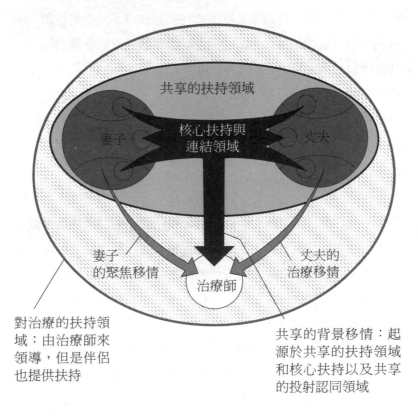

圖 4-3　伴侶治療

伴侶擁有被強化的兩人團體組成的系統，聚焦的投射認同或移情存
在於核心扶持領域，而伴侶兩人都參與其中的共享背景扶持領域也
存在於此。在伴侶治療中，主要引導的移情源於背景扶持領域。而
在核心扶持領域，共享的移情也會由共享的內部客體投射認同中發
展而來。每個配偶都能（也經常發生）發展出對治療師個別的聚焦
移情。

　　伴侶治療情境的元素如圖 4-3 所示，它在概念上的複雜程度超過個別或者家族治療，因為它均等地採用了背景移情和聚焦移情，並在這兩者之間快速擺動。

　　伴侶是兩個人的團體，也是最小的團體。要突破這二元組並不容易，因為這兩個人的團體被設計唯擁有一種緊密的扶持模式，以支持親密關係。我們可以說，這是因為在此的共享環境扶持是由把對方作為奉獻客體的丈夫和妻子提供的，而這種扶持相似於母親提供給嬰兒的環境扶持。此外，他們的承諾受到性結合的強大快感強化，核心連結的領域由此快感而更接近於共享的環境扶持。伴侶的環境扶持容易受到他們交互的投射認同所影響。

　　對治療師的移情源於聚焦連結和背景連結這兩個領域。雖然家族治療中對治療師的移情也同樣發生，但在伴侶治療中發生的方式更為動態和迅速。而且伴侶治療的工作經常是要去理解投射認同是如何攻擊或腐蝕掉安全扶持的感覺，而這種感覺正是伴侶們希望從治療師身上獲得的，也是婚姻中伴侶想從對方身上得到和需要的。

　　最後，每對伴侶都可能發展出對治療師的個別移情。經常可以聽到伴侶之一對治療師發展出色欲的感覺，或由於移情的種種原因而對治療師暴跳如雷。這些表現可以被理解成個別移情取代了從扶持的共享領域而來的移情，出於複雜的原因，此移情無意識地被扭曲，以保護伴侶的完整性。在婚姻治療晚期，在整體接納的氛圍內，有可能直接針對聚焦移情進行工作，而這必須透過一種經由正向的共享背景移情渲染出來的良好扶持環境。

　　在伴侶治療中，反移情可以被認為是把伴侶看作一對的反應，就像在家族治療中，反移情被理解成把家庭當作是團體的反

應一樣。因為只有另外兩個個體在治療室中，治療師將會更常發現自己隔絕其中一個伴侶。但這是一種用來抵抗從伴侶系統中被排斥的防禦方式。伴侶和治療師內部世界的基本共振，應該不是發生於伴侶和治療師的不相連內部客體，而是對於治療師的內部伴侶。圖 4-4 總結了伴侶和治療師內部客體關係之間的情況。

與伴侶的經歷和治療師的伴侶生命體驗產生共振，特別是那些在早期和當下生活裡的首要伴侶們，包括父母、青春期和成人期的伙伴、前一次婚姻的伴侶、從前治療關係中的伙伴，以及當下關係中的配偶或相愛的人。

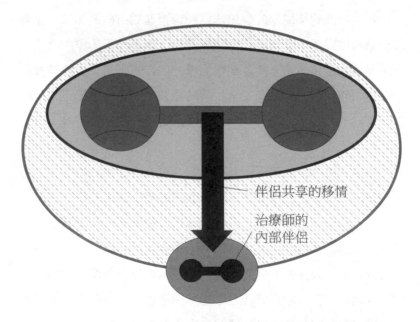

伴侶共享的移情

治療師的
內部伴侶

**圖 4-4　伴侶治療中的反移情**

響應每個配偶，治療師的個別內部客體與其共振；響應伴侶雙方，治療師特殊的內部伴侶群與他們一起共振——反移情由此而來。

　　每個人在內心都有很多不同版本的伴侶，就像我們有很多版本的家庭一樣。這些版本表達了憤怒的伴侶、熱愛的伴侶和理想化與令人恐懼的伴侶。在移情的不同點上，治療師會在反移情當中感覺到內部伴侶群和相對應的影響。這種內部關係被激起的最直接線索，就是表現出來的一組情緒。這些情緒引發了伴侶對於治療師的背景移情，以及這種移情與他們的共享投射認同或對彼此移情的之間的共振。

## 拒絕的伴侶反移情

　　在伴侶治療中經常發生的情形是：伴侶加強他們所共享的扶持，彷彿一道磚牆般把治療師擋在外面。這是他們試圖把彼此的關係作為一個封閉系統，這種情況相似於個別案主努力想要把內部世界維持為一個閉合系統，並向治療師施壓，要他（她）也來支持這種絕望的防禦（Fairbairn, 1958）相類似。在這種情況下，治療師會因為無法在治療工作中取得進展而受挫，感覺到完全被排斥，彷彿是一個孩子從臥室裡被趕出來一樣，在性心理層面將伴侶體驗為興奮和拒絕客體。這使得治療師在這個部分增加渴望和挫折，隨後留下憤怒和孤獨。上述情況表達於圖 4-5 中。

　　有時候這種排斥並不表現為公開的消極行為，而是顯現為沒有感情和遲鈍。例如一對伴侶在談論他們的關係是如何形成的時候，兩個人共享一種其他人很膚淺而沒有價值的感覺，他們花時間享受這種共享的態度，即其他人不值得花費心思。雖然他們並沒有公然地拒絕，治療師仍覺得自己被隔離於他們的情感生活之外。治療師會發現伴侶極端無趣和遲鈍，讓他（她）的感覺枯萎。他們就讓這種關係一直持續，因為當欲望被喚醒時，所出現

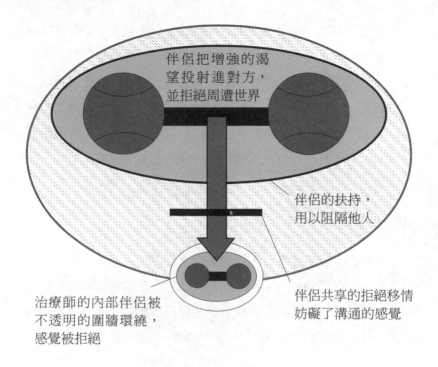

伴侶把增強的渴
望投射進對方，
並拒絕周遭世界

伴侶的扶持，
用以阻隔他人

治療師的內部伴侶被
不透明的圍牆環繞，
感覺被拒絕

伴侶共享的拒絕移情
妨礙了溝通的感覺

**圖 4-5　拒絕的伴侶反移情**

為了聯合起來壓抑拒絕性客體群，一對伴侶可能會透過把擴大的興
奮客體投射進對方，從而緊密地結合在一起。拒絕客體被聯合擋在
關係之外。然後，伴侶會把他們共享的扶持變成阻擋外部世界的厚
重圍牆，治療師感覺被這樣的伴侶排除在外，他們自己的內部伴侶
就會感覺被拒絕，也加大了治療師對回應客體的渴望。

更真實生動的連結是如此令人恐懼。治療師感覺到渴望生命力和
連結的驅力受到壓抑，以及被拒絕的痛苦。

　　其他的配偶積極地尋求我們的幫助，但無意識地擔心我們會
介入他們中間。雖然這往往代表著他們的結合很脆弱，所以才會
恐懼，但他們還是會去實現和鞏固排斥他者的約定，即便這種約

定是無意識的。遲早有一天，他們共享但受到壓抑的渴望會由於
治療工作開展而浮現。

## 興奮的伴侶反移情

　　圖 4-6 中所顯示的另外一種情況，形成與共享的拒絕背景移
情互補的相反面，而這一面是較少被認識或討論的。

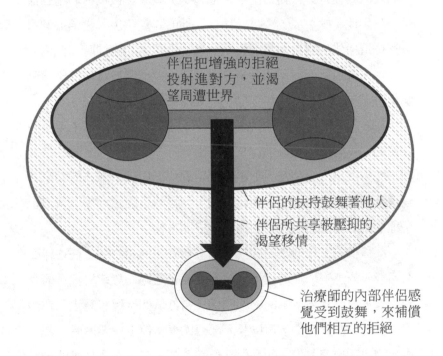

**圖 4-6　興奮的伴侶反移情**

在這種情況中，治療師把被強化的興奮的背景移情，體驗為一種對
召喚的客體的渴望。在伴侶共享的移情中，他們把渴望投射到關係
之外的世界，也就壓抑了拒絕客體，而興奮的背景移情就由伴侶保
存拒絕客體而出現。

　　在興奮的伴侶移情中，強烈的欲望在反移情中得到體驗。它也許是以色情化的形式被感知，但有另外一種更微妙的形式，也許是更重要的。治療師可能感覺到非常喜歡這對伴侶，而這對伴侶卻奇怪地感到他們彼此是隔離的，但是對其他人卻充滿魅力。在此種情況下，治療師會發現自己停滯在不斷要求這對伴侶去強化關係，而不顧他們對這種關係的強烈恐懼。一段時間之後，治療師意識到在背景反移情當中，他（她）吸收了被投射的增強渴望，這讓他（她）成為令這對伴侶恐懼的興奮角色。當治療師可以解釋這對伴侶對於興奮客體所共享卻否認的的恐懼時，他們就能開始面對自己如何用他者來表達渴望，並恐懼把這種渴望帶到關係中了。

　　在這裡我們希望澄清的是，伴侶治療的焦點並不是主要針對伴侶的聚焦內部客體群進行工作，而是針對他們所共享的扶持能力和能力不足。這些能力不足是從這對伴侶提供給對方的共享背景扶持和核心扶持而來。由此可知，反移情是經由治療師與自己各種形式的內部伴侶之間的關係組織而來。

　　反移情的工作通常開始於一種被增強的情緒體驗，往往伴隨著不舒服的感覺。從過程上來說，有時會透過幻想或思維，而有意識地去瞭解逐漸清晰的內部關係，當然這個過程有時也不會發生。但是，在實務中，可以說大部分的反移情工作開展時，都不會伴隨這種覺察。覺察的發生是伴隨著朝某個方向帶情感的輕輕碰撞，然後再一次碰撞，逐漸把治療師帶到伴侶的不舒服中，然後他們才能夠一起找到擺脫這種不適的方法。在之後的章節中，將談到很多應用反移情來說明伴侶治療中聚焦移情和背景移情的實例。

　　這個移情和反移情在個體、家族和伴侶治療中的情境模式，旨在幫助治療師在每種情境中定位自己的任務。這三種類型的工作彼此兼容，它們之中的兩種，有時甚至是三種可能同時發生。但當這種情況出現時，瞭解在每種治療模式裡的任務焦點就很重要。

# 第二部

# 婚姻問題的評估和治療

# 【第五章】評估過程

在本章中，我們將定義並列舉應用於評估的客體關係伴侶治療方法。基本上，所採用的技術與在一般治療中相同，只是特別強調建立治療的架構，而且並不試圖徹底解決。雖然我們的目的是達成理解，但是主要的目標是在必要時幫助伴侶進入治療。換句話說，我們不急著去弄清楚事情的全部，或者創造神奇的詮釋，我們只是想保護治療的空間，提供伴侶清楚的示範，並在此範例之上，構建關於治療的決定。

**建立治療框架**。我們建立一個治療框架，在其中開創出可靠的工作空間。任何對於此框架的反應都用背景移情來理解，包括保護框架免於受到無意識的扭曲，和發現伴侶扶持能力之瑕疵的本質。框架可以在最初階段建立，或者當諮詢開展時，根據需求而浮現。通常我們需要五次會面的時間，才能準備好案例整合陳述（case formulation）或者治療建議。其中一次或兩次的伴侶會面，為配偶個別進行的一次或多次會面，還有一次的伴侶會面來談論案例整合陳述和建議。

為保持專業界限，我們以案主的姓稱呼他們，並自稱為夏夫醫生。在密集伴侶治療的親密情境中，配偶用名字來稱呼對方，我們也這樣做，但是在會面之外則恢復為正式的稱謂，例如當伴侶致電來更改時間時。在寫作本書的時候，出於多樣性的考慮，我們選擇展現使用姓或名字的情況。

創造心理空間。我們創造一個伴侶們可以進入的心理空間，這麼做是根據對處理伴侶關係的預期，而非處理構成關係的個人。而透過傾聽、允許情感表達、體驗這些和我們相連結的情感，以及詮釋我們的體驗，伴侶認同了我們的涵容功能，於是發展出理解的能力。

傾聽無意識。我們用一種放鬆的方式傾聽，既專心又非緊密關注。我們並非只單獨傾聽個體，而是把伴侶作為一個和我們相關的系統來傾聽他們的溝通。我們允許主題從語言中浮現，注意到沉默的意義，整合對非口語、口語和沉默的觀察，並對幻想和夢的材料進行工作。我們也會注意到在性功能的生理面向所表達出的無意識溝通。

允許情緒體現。我們對情緒的瞬間深感興趣，因為那些瞬間提供了進入無意識領域的通路，而情感正是從無意識領域而來。這些瞬間把我們帶到了起源於家庭中的鮮活關係歷史裡。這比從正式途徑得來的社會歷史或家系圖更直接、有用。

負性能力（negative capability）。我們應用負性能力，它是一種傾聽的精煉和延伸。這個名稱引自濟慈（Keats），他用這個詞來描述莎士比亞的詩歌特質。他把負性能力定義成「一種在不確定而神祕的懷疑中，不急於謀求事實和原因的能力」（Murray, 1955）。我們努力掙脫得到訊息和理解事情的需求，傾聽的時候，我們讓自己的感覺受到衝擊，並在內部保留住體驗，然後允許意義在其中浮現。

移情和反移情。創造空間、傾聽、負性能力及跟隨情緒，這些一起出現在反移情的節點上，而在反移情當中，我們接收到來自於伴侶和個體的移情。有時，反移情保持著無意識的狀態，並

和移情同調，支持了治療工作。在另外一些時刻，它卻令人困擾，表現為一種讓人不適的感覺、一種幻想或一個夢，我們要保留住它，繼續工作。經由容忍並分析自身的反移情，我們便能於內在體驗到伴侶基於無意識客體關係的移情。

**對防衛的詮釋**。從我們自己的經驗來說，我們會去詮釋伴侶的移情模式。我們也許認識到一種發揮防禦作用的重複互動模式，而伴侶們也可能同樣意識到這種模式。但是在我們的經驗中，當我們的介入建立在反移情經驗的基礎上時，會是最有效的。只有當我們能夠指出這種模式，以及我們如何被捲入其中，才能夠瞭解他們和我們所努力防禦對抗的是什麼。

**面質基本焦慮**。最後我們對那些基本焦慮進行工作，基本焦慮在意識層面似乎無法被忍受。它們被命名、面對和調整的時候，伴侶便能前行到生命周期的下一個發展階段。在評估中，我們的工作只是指認一些出現在防禦模式裡的基本焦慮，而不會嘗試徹底探索。

下面的例子說明了一對伴侶的評估過程，這對伴侶難以發展性關係、成熟婚姻和共享的生活方式。它也說明了在反移情當中幻想的早期應用，傾聽揭露出這對伴侶所居住的房子在無意識中的重要性。我們解決了令人蒙羞的祕密困境，並以此與其他的幻想和夢獲取通往無意識的通路。之所以選擇這個例子，主要是因為它說明了關係中性和婚姻層面是如何交錯，並需要用整合的方式來評估和治療。

西爾瑪和伊維斯・漢密爾（Thelma and Yves Hamilton）結婚六年了，婚前他們一起在倫敦生活了八年。他們來看我〔吉兒・夏夫〕，是為瞭解決他們的性困難。西爾瑪在倫敦

的猶太人街區長大，她個子很高，是個運動型的女人，穿著
款式偏長的寬鬆黑色衣服，和她暗淡的金色頭髮型成某種奇
怪的對比。她坐在長椅上，挨著伊維斯。伊維斯的個子比西
爾瑪略矮，留著深色的頭髮和鬍鬚，而深上的短袖衫和短褲
襯托出他曬後的健康膚色。對伊維斯，我有一閃即逝的幻
想：他穿得像一個正在表演的女人，而這個幻想和他實際的
外表非常不協調。然而，我並沒有立刻驅走這個幻想，而把
它當作是到那一刻為止尚未清晰的重要信息。

　　我問：「有什麼問題嗎？」他們回答得很一致：「我們
沒有性生活。」他們已經有長達五年的時間都沒做愛了，直
到最近才開始討論這個問題。

　　「我們就像兩個相處融洽的室友。」伊維斯說：「或者
是在玩結婚遊戲的兄弟姊妹。」他補充說。

　　「沒錯！」西爾瑪說：「對我們來說，住在一起就好像
是在玩扮家家酒──但是在我們的小公寓裡。然而我別無所
求，我愛伊斯維，我依賴他，還有一些我不想失去的東西。
我從他那裡得到的關懷比我一生中得到的還多。更為成人的
關係將意味著改變。」

　　「但是我們兩個人都不需要房子，那不是我想要的東
西。」伊斯維繼續解釋給我說：「她想要明亮的光線和一個
花園。」

　　我對於他們居住空間的討論深感興趣。在意識層面，他
們在處理渴望上的差別。在無意識層面，有很多我只能去猜
測的意義。我等待他們進一步的說明。

西爾瑪繼續說：「我們確實有一個花園，但其實是一片叢林，我得費很大力氣打理。我想要一棟讓我覺得舒服的房子，明亮並且整潔。我討厭失序的狀態，我們的公寓非常小，亂七八糟。廚房已經是我最滿意的地方了，但是連那裡我都不想待著。」

「西爾瑪，」伊斯維很溫和地抗議道：「有了房子也不會讓事情更好，只會有更多的空間需要照顧。我不介意妳的混亂，而是妳的胡思亂想。」

現在我有了一個念頭：西爾瑪想要一個房子來遠離她自己和她的病理性。房子對她來說，代表著更加成熟的自我，她儘管恐懼，但是很渴望擁有它；而伊斯維卻因恐懼而撤退。正當我想要對房子和他們私人問題的連結提問時，伊斯維自動做了連結。

「我認為我們的關係和我們的個性有密切關係。我們兩個都非常缺乏自信和自尊，這顯現在我們的工作、性生活和其他所有事情上。雖然西爾瑪的收入沒什麼保障，但至少她在做喜歡的公共利益法的工作。我努力學習宗教，但感到很厭煩，就學了建築學，然後開始賣房子。我討厭我的工作，商業房地產就是狗咬狗，所以我堅持做家庭類房地產的銷售和租賃，這就是我打發時間的方式。我不想要自己的房子，那會把你扔到外面的世界去，讓你非得做些事情不可。」

依我看來，房子對伊維斯來說有某種生殖器的重要意

義，而他的下一個聯想會確認這個想法。他繼續談到昨天工作很順利，他感覺好很多。

「所以我感覺快樂了些。我回到家，看到西爾瑪正穿著比基尼在修理她參加全國滑雪賽的雪橇。」

西爾瑪打斷他，解釋說：「我很熱，所以穿了比基尼──事實上我常那樣子做鍛鍊。」

伊維斯繼續說：「我變得很興奮！之前我總是興奮不起來。」伊維斯下結論說。

現在房子好像代表一種空間，在這個空間中有成人的關係：性可以經由要求而得到，並且在充滿光線的空間中開花綻放。我很想知道，他們在性的成效上面是否也有問題，但是我並沒有問他們對於孩子的觀點。他們仍舊在談論他們的性。

「什麼讓你這麼興奮？」西爾瑪問。「你已經看過我那個樣子成千上百次了。」

「妳看起來很甜美。」他笑了一下。

「甜美！那就是我想到你的樣子！」西爾瑪說道。然後對我說：「我很高興他願意和我做愛，雖然我們不能做愛，這讓人難過，因為殺精劑已過期兩年了。但是，我很高興那樣做。然而我興奮不起來，除非伊維斯刺激我的陰蒂。對於一直都是這樣，我感覺很糟──就好像我是機械人。我記得想著法式接吻可以讓我興奮，但是卻沒作用……」

「對我也沒作用。」伊維斯就像在安慰她。

「我知道。」她可憐兮兮地回答。「他如果親吻我的陰蒂，會讓我興奮，這是我討厭的一個性幻想。我感覺很羞愧。」

「伊維斯知道這件事嗎？」我問。

「不，我會感到更糟糕。我在這件事上已經治療了很多年了，但是從來沒有變化。自從三歲的時候我就會這麼想了，我努力停止，但是如果我停止了這個想法，就完全感覺不到興奮了。」

我對此感到迷惑。這裡是一個核心自慰幻想、一個強烈個人而隱私的精神生活領域，而這個領域沒有對個別的干涉讓步。我不想侵犯西爾瑪的隱私或侵入她的個別治療，雖然這涉及她的性愉悅和這對夫妻的性體驗。我該做什麼？先前提到我認為西爾瑪為了避免這個幻想而躲避性。我建議她在性交過程中允許這個想像發生。然後在伴侶治療中，他們就會在性體驗中有可以工作的地方。我不得不承認，我仍舊想要把性幻想的細節留給她自己和她的個別治療師，但是我知道這個規矩到目前都沒有發揮作用。一個不能被分享的祕密將會隨著時間流逝而膨脹，然後成為一個表達分裂客體關係的主要無意識力量。在反移情當中，我認同她的羞愧。對於沒有問她更多的問題，我也感覺受到控制。就像伊維斯一樣，我還沒準備好去處理這些，甚至是現在要把它寫下來，我都感到不情願。

伊維斯說：「我感覺一半是生氣，一半是迷惑。我已經忘了這個幻想了。但是我知道有些事情在困擾她，因為我們不能同床，她一定要有自己的房間。她需要睡在枕頭圍成的巢穴裡，而且整晚翻來倒去。所以回到性上面——為什麼我會感到有點生氣？我很氣一定要親吻她的陰蒂，她才能達到高潮，雖然我喜歡那麼做。但是如果緊張感能夠消失，她可以自在地做愛，那該有多好。」

西爾瑪補充道：「我也不喜歡那個模式。我並不覺得自己是個被動的人，所以我討厭做愛時那麼被動。但是如果我沒有達到高潮，那性交會令我很痛苦。伊維斯在性交時很愉快，雖然他經常沒有高潮。」

「我有高潮。」他糾正她。「只不過不一定都會射精。」

插入對西爾瑪來說是令人恐懼的，也許是由於幻想。而伊維斯出於自己的原因，也在性交中體驗到一些焦慮。在第一次會面結束以前，我難以得出結論，還需要延長的諮詢，以評估他們對於行為性治療和伴侶治療的需求。我解釋了延長諮詢的形式：兩次伴侶會談，一次個人的會談，還有另外一次伴侶會面，屆時我將會提出整合陳述和建議。我還各自給了他們一份關於性行為和態度的問卷（LoPiccolo & Steger, 1974），讓他們在問卷中提出在性生活裡想要的和不喜歡的東西，以及認為對方想要的和不喜歡的。我要求他們不要合作完成這些問題，而是單獨把問卷還給我。我說在提出建議的那次會談中，我也會提供他們在這份問卷上的比較結果。

在下一次見面以前，我自己對於那個幻想的反移情進行
了工作。我記得當我出於學習互動的目的，而提議對第一次
面談進行錄音時，他們拒絕了。西爾瑪說：「不要，那會讓
我感覺還有另外一個人在場。」我想這個幻想一定和另外一
個人有關，而我一定不能和那個人有相同的行徑，那個人進
入了某個禁忌區。我也想到，幻想發生的方式就好像是婚外
情一樣，在婚外情中，一個配偶在第三者身上的投資，令婚
姻中的性能量和衝突枯竭。

在第二次會面中，伊維斯報告了一個精彩的夢。「這是
關於在巴黎的前女友，她離開了丈夫來找我。我到處走，背
著她，這樣做感覺真好。我不得不摘下我的眼鏡，但是我又
找到了它。那種深深團聚的感覺真是太棒了。」他認為夢符
號化了他的感覺，也就是他可以更接近地體驗對於西爾瑪的
性感覺了。

當我寫下這些陳述的時候，我對於他措辭的順序深感興
趣，也就是他感覺更接近那些感覺，而不是那些感覺更接近
他。這談到了他的人格本質，而非他的感覺。然而，他對於
回到那種感覺充滿感激，並因此覺得更像一個人了。

他愉悅輕鬆地喊著：「我還沒有告訴妳這個，但是我在
商店聽到一首很蠢的情歌，關於一個男人欣賞一個女孩，以
及他在性方面多麼地渴望她。一下子就搭對的弦，啊哈，我
知道他想說什麼。」伊維斯一邊喊一邊笑，他說：「總算鬆

了一口氣啊，西爾瑪。一個和妳做愛並在心裡享受做愛渴望的人。我已經很久沒有感受到對妳的那種渴望了。」

西爾瑪也同樣感覺到她的性渴望靜止了，被她的幻想所綑綁住。但是那一週，她也湧現了性的感覺。她繼續談到他們最近的做愛。「我們做愛，」她告訴我：「他認為我漂亮而且性感，但我從來不這麼覺得，也從不認為他之前這麼感覺過。我很感動。伊維斯很靈活，但是我卻經常感到很笨拙，就像身體不是我的。親吻可以讓我興奮，但是我常認為親吻讓他噁心。現在他享受被親吻！我以為他不會喜歡的。」

「我們想法完全一致。」伊維斯贊成地說：「我曾經像瘋了般地逃避性。多麼大的改變啊！」

「當伊維斯插入的時候，我覺得疼。」西爾瑪說：「這是第一次我這麼告訴他。他找到了一個可以留在我身體裡而又不弄疼我的方法，我感覺放鬆了。」然後她對伊維斯說：「雖然你親吻我的陰蒂兩次，而我也有兩次性高潮，但我還是不能放鬆。」

我說感覺的強烈程度並不令人恐懼，可是插入卻令人恐懼。

西爾瑪說在她小時候，曾被一個朋友的弱智親戚性騷擾過，那個人把手放在她的內褲下。而在她的性禁忌中更有影響力的，卻是和母親關係的記憶，這些記憶被性化，雖然據西爾瑪說，從技術上並沒有發生性虐待。她的英國父母以一種不表露情感的方式撫養孩子，但形成對比的是，西爾瑪的母親會熱情地親吻她的嘴唇，彷彿和自己的女兒分不開一

樣。她的父母對彼此充滿敵意和失望，從來不表達任何愛意。西爾瑪和父母同睡，直到她十三歲。她的父親在睡眠中會翻來覆去，她總是害怕被壓碎。西爾瑪解釋這就是為什麼她不能和伊維斯睡在同一張床上的緣故，雖然她很希望可以和他同床。

我想到她渴望和父母一起躺在床上，而在無意識中用枕頭代表他們的身體。但是這個想法消失了，取而代之的是，我把她在床上被伊維斯安全抱住的渴望，和伊維斯那個抱住失而復得的女友的精彩夢境連結在一起。我忽略了抗拒的來源，而被渴望的興奮感吸引住。

這對伴侶相當令人興奮。他們對我稱讚有加，曾聽伊維斯的一位教牧諮商師朋友稱讚我最新的一本書。他們真的非常想和我一起工作，並很好奇我在自己的書中會怎麼描寫他們。而且他們對僅僅一次的面談都有明顯的反應。在治療開始之後，女人逐漸習慣談論親密的事情，而男人則有了不尋常的情感表達。我感覺自己被假定為一個連結的興奮客體，把他們連結起來，進而滿足他們並提供養分給他們。同樣地，我將會扮演那個對他們來說禁止的性幻想。我仍舊對那個幻想感到迷惑，也許它包括了西爾瑪和她母親性化的關係，這種關係替代了相愛父母的性伴侶關係。我意識到猜測並寄望於治療會在其他地方奏效，並不能幫助他們。這讓我解決了自己對於隱私和保密的問題，決定讓這對伴侶和我一起找到進入那個幻想的通路，繼續治療的任務。然而，我並不需要堅持，我想因為我現在已經準備好在祕密出現時，面

對被壓抑內容的復返，並針對此進行工作。

在第三次伴侶會談中，西爾瑪用講述一個關於諮詢的夢
來開始。

「我和伊維斯來看妳，但是妳正忙著和一個小男孩在做
謎題，好像是智力測驗那種。然後在我們的會面中有第三個
人，一個屬於我們這邊的男人。妳說，『別擔心，我會有完
整的四十五分鐘。』之後我告訴妳，我沒有回答問卷上的所
有問題，因為那些問題讓我很難過。」她聯想到那個夢：
「那第三個人和我們性幻想有關。在我的性幻想中，我的名
字叫希拉（Sheila）……」

我擔心西爾瑪將要開始個別會面，這將和她的個別治療
相競爭，而且轉移她在伴侶會面中的注意力。

就在那時，她說：「實際上，我擔心會說得太多。」
伊維斯立刻恢復了生氣。「今天我坐在這裡，緊挨著西
爾瑪，因為上週我坐在那裡聽她講了那麼多，我覺得很抑
鬱。當妳覺得西爾瑪是更有意思的客戶，而我就坐在她旁
邊，那妳也會同時看著我。」

我把他的發言當成是對於西爾瑪和我有用的面質。我感
覺到的，就像他所感覺的一樣，西爾瑪會占用所有的時間。
她具備這對伴侶的很多特質——自作主張、挫敗、語言的能
力還有治療的知識。她好像站在前面，比伴侶雙方還要大，

需求不滿而臃腫，就像一個被刺激但得不到放鬆的性器官。我假設這是對於伊維斯的一種替代，因為他很恐懼站在前面。所以我歡迎他為自己發聲。

我說：「這個夢表現了妳對於和我開始治療的恐懼和勉強。我是不是會對一個小男孩或者小女孩更感興趣？我會不會更關心心理測驗，而非妳的幻想？我也注意到夢中妳作為第三者的性幻想，我不知道這是否意味著妳已經準備好談論那個幻想，以及伊維斯是否也準備好對此提供空間，或者會讓他感到西爾瑪用掉了所有的時間？」

「兩者都有。」伊維斯說。

「我很難過伊維斯感到很抑鬱，他縮了回去，而且不想再努力做愛了。」西爾瑪說。

伊維斯解釋說，他的抑鬱主要是因為自己的工作沒有希望，而且他不善於向同事學習。「賣房子給鄉下人、統計學的課程……」他呻吟道：「我在做這些事情，但是人不在這。」

「那你在哪裡？」我問。

「哪兒都不在，我可以整個夏天讀赫曼・赫塞（Herman Hesse），聽音樂，他媽的！如果我在課堂上覺得難堪，我就被逮住了。只有當我透過傾聽來教我自己的時候，我才能夠學東西。」當他這麼說的時候，西爾瑪很安靜地坐著。她抓住他的手，並努力鼓勵他記住自己的才能。我想也許她正在給伊維斯一段長一些的時間和我談話。我說伊維斯對我的問題的反應，也許意味著他還沒有準備好給西爾瑪空間。或者

他那自我挫敗而不被接受的部分所說的話，實際上是和幻想的本質相關的。

「哦，是的。」西爾瑪說：「我感覺很失敗，不是在工作上，而是在性上面，我感覺很恥辱。好吧，也許我可以講一個幻想的版本。十五歲的希拉在寄宿學校就讀。老師們告訴她，她一定要知道她們的名字，這個女士、那個女士，如果她說得不對，她們就會對她做一些事情。」西爾瑪停了一下：「比如脫掉她的衣服。她記不得她們的名字，但是無論她們想要她做什麼，她都會去做。所以她就讓她們脫掉了她的部分衣服——比如她的內衣。」

西爾瑪看起來深深沉浸在幻想中，處在某種游離的狀態。她直直地看著前方，手很僵硬地放在前面，就好像是在用右手支撐著一個嬰兒的頭，而左手正放在胸口上休息一樣。之後她的左手換了一個位置，就好像是她握著勃起的陰莖。

這個幻想的講述一點都不色情。當「她」逐漸消失的時候，我聽到她的聲音變得非常微小，這讓我感到困擾。我覺得她是一個受性的希望或虐待支配的孩子，被嚇壞了。

西爾瑪繼續說：「之後更多老師出現了，其中一個被稱為房子媽媽。她讓希拉在睡夢中走進洗手間，然後讓她穿上尿布。當她把自己弄濕之後，她們告訴她要對她做其他的事情，比如讓她去請求她的媽媽來舔她。我只能講這些了。她們喚醒她的性欲，然後讓她祈求媽媽為她做那些事情。」

　　當時已經接近會面結束，我要求西爾瑪從游離的狀態回到生活中來，這樣我們才能在結束之前一起講話。伊維斯開始哭泣，他說：「哦，西爾瑪，這讓人很痛苦。它和我自己的事情有關，但是最主要的是穿著尿布。哦！哦！那對妳太殘酷了。」

## 伊維斯的個別會面

　　伊維斯談的大部分內容都是他工作上的壓抑。他非常聰明，口頭表達和學習能力都很強，在語言和文學上有天賦。他上一所出色的大學，並在那裡得了 A⁺ 的好成績，進而跳級。他覺得身受其苦然後失去了興趣，儘管他並不認真，可是畢業的時候，他法語課的成績平均是 B。他嘗試了其他一些知識領域，包括宗教，但是他對什麼都提不起興趣。就像他說的：「我有一個學者的大腦，我喜歡閱讀好的東西，並不是說我會用它，我就只是喜歡和那些東西在一起。有些事情讓我有興趣，但之後它們就不再讓我覺得有趣——更不用說和現實的世界接觸並找到一份工作。在其他人面前表現的時候，我就完了。一個人的時候，我會令人難以置信地堅持、精確、善於解決問題，但是我不喜歡在其他人面前這麼做，或者為了某個人或按照進度這麼做。」他在描述一種基於焦慮的學習能力低下和表現焦慮，還有當承受壓力時無法施展技能的問題。

　　他繼續說：「所以我並不認真看待工作，我是個小丑，也許我是個當喜劇演員的料。我不知道什麼樣的職業會適合

我，我在等待一個職業從天掉下來，就像嗎哪 [1] 一樣。或者等著一個人指著我說，『你可以當我的司機，或是我的終生伴侶，我們可以永遠一起看書和聽音樂。』

　　我說：「這聽起來好像一個期待靠好的婚姻來被解救的女人。」

　　「我媽媽把我當成個女孩一樣養！」他回答，這令我很驚訝，也讓他自己吃了一驚。「她不是真的那樣做，但是那個想法剛剛出現在我的腦子裡，所以我才說了。」他有些沮喪的想法證實了我最初對他的幻想，即他穿得像一個女人。他繼續解釋：「我父母的第一個孩子是男孩，而我一直認為他們想要的是一個女孩。我曾經很想知道自己到底是正常的，還是同性戀，這個想法沒完沒了地出現。我在情感上和男人接近，有一次我和一個男人親近到差點發生性關係。但是我突發奇想：也許我是個同性戀，而他不是個適合和我探索這方面的人。那是十五年前的事了。我想我主要還是個異性戀者，對於像健美先生那種體格的人，我會覺得興奮，但是我從來沒想過對著男人的相片自慰。」

　　我問到了他的父母。「我媽媽是個態度冷淡的人，按照她認為正確的方式生活，非常保守。她從法國移民過來，嫁給我爸爸，我爸爸在公司的巴黎分部待過。我是母親最喜歡的孩子，因為我在學校表現很好，很守規矩。我的爸爸是個很溫和的人，友好、幽默、健談且親切。他在我心中有種誇

---

1. 譯註：嗎哪（Manna）是《聖經》故事中，古以色列人經過荒野時所得到從天而賜的食物。

大的形象，這種形象控制了我對他的憤怒，因為他從未給我
任何引導。他是一間大型公司的稅務律師，有很多西海岸的
客戶，而且經常旅行。」伊維斯繼續談到想拿到一份以神學
生身份在歐洲學習的兵役緩召草案：「如果我去從軍，肯定
已經殺了人。我不願意戴帽子或者朝某人敬禮，也不把事情
當真──不論是對職業或是對我自己。我只會攫取那些消逝
熱情的星星點點。」這讓我想到伊維斯對他的父母充滿危險
的憤怒，他把這些怒氣都轉向自己。他之前接受的個別、團
體和精神（宗教）治療都沒有觸動這個點。我問他對於密集
的個別治療感覺如何。

　　「像精神分析？是啊，很沉重。有什麼好處呢？我永遠
得不到幫助。看看西爾瑪──她就崇拜著自己的治療，我可
受不了。有什麼改變？我猜我不是一個充滿希望的人。」

## 西爾瑪的個別會面

　　會面剛開始，西爾瑪告訴我她感覺多麼需要幫助，自己
是多麼貪婪，但是她認為伊維斯也在吵著從我這裡獲得些什
麼。不管怎麼說，現在她獨自在這裡了，她想告訴我關於她
的更多事情，但又害怕告訴我太多東西，而我將會被淹沒
掉。她帶來了幾樣東西──一張家庭照：她的父母正愉快地
分享野餐，而她的兩個兄弟在一旁的池塘邊興高采烈地釣著
魚。我注意到西爾瑪的母親比她身型小巧，也圓潤很多。在
單獨的油畫像中，年輕時的母親看起來悲傷而疏離，而西爾
瑪的面部表情和處在同年紀的母親表情類似，同樣不快樂。

當我看這些東西的時候，西爾瑪告訴我，她的母親是個戲劇化的女人，自我貶低而且自我毀滅。她的父親也有自殺傾向，曾經帶著槍把自己鎖在閣樓裡。他不可靠且失敗。她的父母好像憎恨彼此，經常發生可怕的爭吵、打架，有時到非常危險的程度。當西爾瑪還是孩子的時候，她有一次把警察叫來。在警察來之前，她的父母已經停止了爭吵，並且說是西爾瑪搞錯了。她從來沒見過自己的父母像照片上那樣開心。對於那母親和她自己的畫作，她說：「我覺得受母親擺布。我照鏡子時彷彿看到了她的臉，她纖細的金髮。我不喜歡我看起來的樣子，我的臉好像不是我自己的，而且我覺得自己太高了。」

她曾經由於自己是母親不得不活著的理由而遭到責備。西爾瑪認同了母親的自殺毀滅，也認同了她要活著的需求。但是經由治療，她可以從經常心事重重和試著從不要老想著自殺中解脫出來。

然後西爾瑪給我看了一張玩具熊的照片，玩具熊穿著帆布圍裙，戴著廚師帽子，看起來一點也不像個整潔而愜意的動物。它很怪異地僵硬，只有一隻恐怖的眼睛，墊子一樣的皮毛，骯髒的填充物從裂開的縫線處鼓了出來。她把它打壞了。西爾瑪說：「從另一方面看，我會說這是我自己的代表——凌亂不堪。」我說：「如果不是從另外的角度看，妳會怎麼說？」

她說：「我會說，它覺得很僵硬，很冷，而且不被關心。我覺得很僵硬，而且自己察覺得到。在這，我寫了這段音樂。」

我開始覺得，就像她預測的，我被淹沒了。我說：「妳想給我的太多了，太多東西，我認為這些是為了防止我不想要妳，所以用來取代妳的。」

「我想要給妳一張我的照片。我母親就沒有，我的治療師有。妳談到了扶持的重要性。我幻想她和妳正在說話，融合成了妳，對我來說妳不是她，這很不和諧。」

這是一個幻想，希望西爾瑪的治療師和我能夠經歷發生在西爾瑪和她母親之間的事情。對於那個幻想更進一步的觀點：她的治療師和我將會延伸出共享的扶持能力，並由我們個別的不同來分別貢獻這種能力，就像父親和母親為了孩子提供一個共享的背景一樣。

## 伴侶會面

下一次伴侶會面中，我運用了西爾瑪渴望被抱持的這種感覺。西爾瑪提到一個夢，夢中的她在尋找一組積木，忘記那組積木在我的辦公室裡。我幫她回憶起在會面以前她的第一個夢，夢中我和小男孩一起玩謎語。我說：「妳希望在這裡做一個孩子。」她欣慰地哭了，覺得我理解並允許她那樣。

伊維斯也有一個夢。

我總是對那些把我們帶到更深層理解的夢充滿感激。但是在這裡有太多夢了，好像在伊維斯和西爾瑪之間有一些競爭的因素，兩個人想爭著帶來一些我將重視的東西。

伊維斯用現在式的語氣描述了他的夢：

「在我的夢中，我和爸爸都在。我看到他拿了一隻老虎鉗，躲在餐具室，想要用老虎鉗殺死他的女兒。我警告她不要進去，因為她會被殺死的。之後她成了一個女人，漂亮的圓臉，伊莉莎白式的高額頭，帶著好幾個包裹。」

**我在想，這個額頭很高的英國女人對我來講代表什麼。**

「我看到我的媽媽從小路中走來，我將要和她見面並且吃晚飯。我跑出去，在大街上和她碰面。我們要去一間餐館，現在有六個或者八個人。這是一間很好的餐館，有白色的桌布。突然我爸爸來了，我說：『爸爸，你在這做什麼？這是給媽媽的晚餐。』一個穿著內衣的服務生幫我們找了一個更大的桌子；我們試了一個，然後另一個，而且我提議增加一個活動桌面。然後他開了另外一桌。一個吉他手在彈吉他，而且講著外國話。這個夢裡沒有很多的感情色彩。我醒了，想了一會兒這個夢。」

伊維斯繼續聯想：「我喜歡悲劇元素，這讓我想到了哈姆雷特。還有其他一些傳說——是的！在杜斯妥耶夫斯基（Dostoevsky）的一本書裡，次子用棒槌殺了他的父親和一個僕人！在我的夢裡，是老虎鉗的謀殺！」

我對這對伴侶的夢進行工作時，想要聽到他們兩個對這個夢的聯想。我並沒有寄望可以像在個體精神分析或治療中，得到對個體內心情況的徹底理解。作為代替的是，我努

力把所揭示的內心世界與我面前的人際關係情形連結起來。
這一次，我沒有主動要求他們做聯想。

西爾瑪說：「第一次你說是一個小女孩，然後是個成
人。」

伊維斯回答說：「是的，是他的女兒，然後是個女人。
這個夢有內部／外部的維度，而且身分令人困惑，就像莎士
比亞戲劇中一樣。我上週看了《仲夏夜之夢》（*A Midsummer
Night's Dream*）。哦！我愛它的實質、複雜性、情感主義、
過度吹噓的浪漫主義、幽默和精采的寫作。」

我尋思著，「為什麼這個男人在賣房子？」

西爾瑪回到夢中有關家庭事務的部分，繼續說：「我剛
才在想，在桌子上多放一個活動桌面和我們的關係有關，而
且打開桌子聽起來有性的涵意，好像是分開我的腿。」

「嗯，」伊維斯說：「晚餐只是為了我和媽媽，當爸爸
進來時，我很驚訝，而且需要一張更大的桌子。」

西爾瑪繼續說：「我還是對那個將要被謀殺的小女孩和
女人不能釋懷。我曾經想過殺掉在我內心的那個小女孩，但
是你要殺掉我的小希拉，這讓人覺得很恐怖。」

「什麼？它對我來說不是希拉。」

「那麼它是誰？」

「我不知道。一個低一級角色的女人，在年輕男人和父
親之間的競爭者。」

「她是怎麼樣的一個競爭者呢？」我問，充滿迷惑。

「他們兩個為爭奪她的愛而競爭」他回答道。

我開始感覺到，這個夢中的女孩／女人對伊維斯和西爾瑪來說，有一個共享的意義，她代表著一個想要偷走母親的伊底帕斯孩子（oedipal child），由於這種內疚而應該被殺掉。對伊維斯來說，我認為這個女孩應該被老虎鉗所謀殺，所以這個男孩就不用被殺害或者被閹割，而是知道父親正被其他事情占據的情況下，和母親一起自由地逃走。

伊維斯繼續說，當西爾瑪插嘴說希拉在夢中被殺害的時候，他記得他有騷擾小女孩的幻想。他對一個可愛的、赤裸的兩歲小女孩感到性興奮。伊維斯和西爾瑪一致認為，他們共同著迷於無毛的女性陰戶。然後伊維斯驚慌失措並且變得僵硬。他很快地繼續談到「當面對著肛門的時候」，他有很危險的幻想。我想到他用這些危險的幻想來抵禦亂倫和其他不被接受的性幻想。

之後西爾瑪報告了一個夢，在夢中，我去醫院生另一個嬰兒，所以不在那裡。我的丈夫讓西爾瑪來照顧我們大一點的孩子，他則去醫院看我和新生兒。她對這個嬰兒被留給一個不認識的人感到難過，她也對留在我冰箱裡的一塊羊排感到難過，因為這羊排很貴，她就讓它腐爛掉了，並且它正在毒害、汙染我的冰箱。

西爾瑪講了比這些更多的細節，伊維斯並沒有解釋。西爾瑪現在也許快講完了。「在這個夢的最後部分，」西爾瑪

說：「我的挪威朋友布瑞特在那兒。我提到妳的名字，她說：『夏夫，也是個挪威人嗎？』」西爾瑪繼續聯想：「但是我知道那是德國人。這就是為什麼我叫妳而不是妳先生，因為我知道妳是蘇格蘭人。羊排，上帝的羔羊，逾越節裡羔羊的鮮血阻止天使們殺害頭胎的孩子，我是頭胎的孩子。我對大屠殺很瞭解，納粹是我夢境的很大一部分，而且——」

我冒險以移情的名義打斷她。「夏夫確實是一個德國名字。這和猶太人或者納粹哪一方有關呢？」

她毫不猶豫地回答：「和納粹的一方，蘇格蘭人保護了猶太人。有一年暑假，我們家在蘇格蘭的山裡徒步旅行。我愛蘇格蘭——那兒的花和人民，我在那兒感到安全。為了安全，我假裝我不是猶太人。我的頭髮是金色的，沒人猜得出。我從來沒交過任何猶太籍男友。伊維斯並不是猶太人。」

我問伊維斯他是否有什麼評價。「沒有，」他回答：「我在想工作的事。」回到此刻的互動，他說：「嗯，我覺得夏夫這個名字聽起來很銳利、聰明，就像個武器一樣。」

「我也有那樣的聯想。」西爾瑪同時說。

所以伊維斯對於西爾瑪的夢，並沒有像西爾瑪對他的夢那樣的注意。她很擔心那個被拋棄的嬰兒、有毒的食物和她自己的謀殺。我注意到她透過把我的「夏夫品質」（Scharffness）分裂進我的丈夫，而把我作為好的部分保留。而我、安全的蘇格蘭人和布瑞特，被認同是她的朋友和同胞，雖然我被他們兩個認為是可以用洞察力來穿透或者殺害他們的人。在伊維斯的夢中，他沒有被謀殺；取而代之的是，一些女孩要被殺死。在西爾瑪對於伊維

斯和她自己夢境的解讀中，這就是西爾瑪希望發生在她身上的。

## 整合陳述和推薦

也許伊維斯和西爾瑪分享了他們的問題，即和母親而非父親關係特殊，因為西爾瑪藉由長相和母親相似而滿足母親，而伊維斯則憑著學校的成功來取悅母親。他們兩個人的父親都被蔑視，西爾瑪的父親不可靠，且不太能供應家庭所需，而伊維斯的父親則是因過於和藹而失去權威。他們作為伊底帕斯情結的勝利者，出於對父親的愧疚，西爾瑪無法讓自己像女人般地生活，而對伊維斯而言，只有當一個女人成為他受害的代替品時，他才能夠生存。即使這樣，他如此認同受害者，所以無法在性生活或者職業上要求他的雄性氣概，而變得和父親一樣，一個和藹可親的工人，幾乎沒有一點個人的權威感。西爾瑪透過認為自己是被救贖的頭胎孩子，因而獲得存活，而這令她的女性氣質妥協。這種無意識的相配對他們來說曾經是完美的，但是在經歷了一段時期的個別治療之後，西爾瑪現在對自己有更多期望，這給伊維斯帶來壓力。當伊維斯以變得更加具有性特徵來回應時，他們兩個人都感到恐懼，但接著那透露出西爾瑪對插入的恐懼，以及伊維斯對於在她身體內的恐懼。他們無法在性交中創造出相愛的性伴侶關係，大概是由於所共享對父母的幻想——父母絕對不會是這樣的伴侶。

我用這些想法和問卷的結果作為我的整合陳述的基礎。我告訴他們，我認為有三個層次的問題。

## 性關係

在第一個層次，他們的關係受到自己和對方在性假設上的牽制，這種假設是有意識和無意識的。兩個人都對自己和伴侶的同性戀部分很清楚，這些都被原諒接受，但從未被強調過。他們兩個都用自慰作為性的釋放；西爾瑪的自慰讓她的幻想得以長久存在，然而伊維斯認為自己沒有幻想，雖然他用了色情的材料。他們兩個都對性的頻率有相似的期望，希望一週一次或兩次。伊維斯對於西爾瑪在性形式上的控制，有某種未被承認的不滿，這種不滿令他停止不再前行。她認為他不喜歡親吻或者擁抱，這種念頭阻止了她去探索更多激發性欲的方法。西爾瑪認為伊維斯不喜歡他的乳房受刺激，她是正確的，然而伊維斯認為西爾瑪不喜歡她的乳房受刺激，卻非屬實。

在性交過程中，他們互相避免刺激對方的乳房和西爾瑪的陰蒂，而這些動作和喚起階段相分離。更進一步的複雜假設是：伊維斯認為西爾瑪喜歡性交持續兩到三分鐘即可，然而她則認為十到二十分鐘會更好。我告訴他們對大多數女人來講，一到三分鐘是不夠的。他們兩個都樂於為了得到更長時間的性交而一起工作。

我說，他們把性關係作為主要問題，而我已經和他們聚焦在那上面。如果在我們結束最後一次諮詢會面時，他們仍舊認為性是主要的問題，那麼確實需要在專門的性治療中以行為的形式來強調的問題了。

之後我繼續談到第二個層次。

## 伴侶關係

我說：「我覺得你們帶著性的問題來尋求幫助，就好像你們帶著自己的夢或音樂一樣——就好像這是你們所能給出自己可以被接受的部分一樣。這需要被處理，而不是在伴侶關係中忽視這些問題。」他們都鬆了一口氣。西爾瑪說她很感激我注意到了。我說，「你們需要幫助，來交流願望和想法，以發展適合現階段生活的共享目標。我認為你們可以下定決心不要孩子，並把它作為一個令你們滿意的正面決定。從另外一方面來說，我期望處理你們的衝突，會使你們獲得自由，去考慮擁有房子和為人父母，都是可以經由深思熟慮而決定或否決的選擇，而不是可怕的、不能企及的可能。你們都拒絕從父母那裡繼承來的婚姻模式，而在阻礙你們超越父母的模式這方面，你們需要幫助。」我總結說，「為了避免焦慮和侵略，你們都在阻礙對方的發展。這在伴侶治療中會被強調，也會處理個體如何促成那共享的抑制，但也許不會達到伊維斯需要的程度。」

之後我繼續到第三個層次。

## 個體

我很清楚地認識到他們都有個別的問題，這些問題妨礙他們像解決現實和責任問題的成年人一樣去感受。西爾瑪在個別治療時已經強調了這些，而且在放棄自殺傾向上有了相當大的進步。然而，她的個別治療停滯不前，因為除非進行伴侶關係的治療，她無法把自己從亂倫的幻想中釋放出來。我強烈要求伊維斯考慮進行密集的個別治療，要不就從現在開始，要不就在之後當伴侶

治療無法充分觸及他個人的抑制時。我認為由於閹割焦慮和他自己男性認同的衰退，以及之前強度不高的治療沒能夠幫助他，他很可能需要密集的個別治療。

這對伴侶選擇繼續和我進行伴侶治療，包括討論他們的性問題。之後如果性困擾仍舊存在，我會轉介他們進行性治療，或我自己會和他們轉為行為的性治療形式，然後繼續伴侶治療。伊維斯同意再好好考慮個別治療的建議，而西爾瑪看起來驚奇而愉快，就好像是祕密的願望獲得了實現。

## 諮詢後的會面

作為開場白，西爾瑪說伊維斯自從上次會面之後，一直感到生氣和抑鬱。

「我一坐到車裡，就感覺到了。」他說：「我覺得非常難受，而且我開始用退縮來折磨她。我幾個小時都不講話。最後我對她說：「我就是不想讓妳好過。」之後我走開，開始哭泣，因為之前我感覺溫暖而且充滿愛意。她努力想和我談，我說：「我不會變的。他媽的！我要保持和現在一樣。如果妳試得太努力，我會傷害妳的。」

我說：「你在把這些東西發洩在她身上。但是我認為你對我發狂了，你感覺是我在要求你變化。」

「妳強迫我。」他反擊。

「而且我感覺你非常絕望地在要求我為你指明道路。」我回答。

他微笑著，承認了：「哈，哈，一旦我表達了憤怒，我

自己也那麼想。」之後他很生氣，「我就是恨自打耳光。我想，『哦，我們又重新來過。我不得不對付那些男人的東西』。」

他立刻變成那個有魅力的小丑，告訴我銀行如何拒絕承認他的身分。我指出他把憤怒變成了玩笑，而我情願聽他多講一些他所感覺到的憤怒。

「我生西爾瑪的氣。我想要拿圖釘釘進她的拇指裡，把她固定住。」帶著試圖那麼做的表情，伊維斯伸出拇指，清晰地表達了他的憤怒。「我覺得在我身體內部，有一個很冷的殺手——這是個幻想——當我性興奮的時候。我不想改變生活中大部分的事情。我有一個小小的保護圈，如果從裡面偏出一步，我就覺得不對勁。我不想要妳和西爾瑪想讓我改變。」他看起來極端憤怒、冷淡、吝嗇和固執。他主動而有力的表達方式，讓我感覺像受到挫敗，但我相當欣賞這種方式。在他和藹可親的小丑樣貌之後，這種情形的到來令人欣慰。」

西爾瑪在哭：「當你變成這個樣子的時候，我覺得沒有希望。我很想拿這本書打你。每次我說想要我們兩個一起變化，你就縮回去，這讓我非常氣憤而厭惡。我對這種情況很不高興。」她可以在表達憤怒上更加直接，這是我從前沒有看到的。「我已經等了，而且我並沒有強迫你。我覺得你根本就是一個乳臭未乾的小孩！」

他還擊：「去妳媽的，我沒有讓妳改變。這些期望是什

麼？我不會變的，這不是我他媽的本質。」

她一邊哭，一邊繼續：「當你這麼做的時候，我覺得自己被你拒於門外，而且我不相信你，我就是相信你被嚇壞了。我聽起來對你有那麼多要求，我不喜歡這樣。你想要我鼓勵你，你就是否認你也許想要改變。」

我說伊維斯正在把他內心關於變化的衝擊，轉移到我和他之間，以及他和西爾瑪之間。伊維斯回答道：「我就是想說『不』，但是我確實想談一下我們做愛的經歷。」

伊維斯很妥善地利用了伴侶治療來發洩他不想要治療的所有抗議。所以我想他主要是對離開那個圈子、獨自走出來而感到焦慮。自我獨立的恐懼會伴隨著固執和後退的連結方式，從他所處的相愛和給予狀態中退行，在那種狀態中，他是焦慮的。

當伊維斯和西爾瑪開始談論他們的性經歷時，我知道了伊維斯不能達到高潮，但是可以告訴西爾瑪他喜歡自己的陰莖如何被碰觸。她樂於這麼做，但是感覺漠然。之後，當想到可以持續二十分鐘的性交時，西爾瑪感覺到欲望，並幻想伊維斯的陰莖碰到自己的陰道，是一種持續的愉悅感受。伊維斯和西爾瑪都曾經焦慮，但是兩個人都可以透過陰莖而連結。在西爾瑪的情況中，被插入的幻想與被碰觸和被侮辱的幻想相比，是很大的轉化。但是西爾瑪的原發幻想仍舊控制著伊維斯。他說他的陰莖在西爾瑪的陰道裡，而他失去了信心。「這是一種心理上的阻礙，」他解釋說：「所以我停下來，親她一下。我想著：『我想做一個女人，而不是男人？』我開始親吻她，而不是和她做愛，這讓我放鬆。西爾

瑪，妳說我就像一個女人，因為當妳碰我的時候，我的腿是
分開的。」

「這讓我很苦惱，」西爾瑪說：「還有我曾經不把你當
男人一樣對待的這個念頭，也同樣令人難過。」

我說：「到現在為止，在你們把對方當成是不完全的男
性或女性的幻想，和你們如何生活的觀念之間有很好的適
配。但是現在事情發生變化了，你們擔心如果你們不一起變
化的話……」

西爾瑪接過了我的話。「我們將會分手。我不想讓它就
此結束，這就是我還沒有提出來的原因。我對此感到安全，
但卻又覺得太受限制了。」

既然這樣，這對伴侶對於治療的抗拒從伴侶治療中分離出
來，並且呈現為伊維斯對進行個別治療的勉強。當侵略性以憤
怒、金錢、野心和生活目標的形式突顯出來的時候，這種抗拒也
集中出現在他們所聚焦的性問題上。對於很多伴侶來說，對於治
療的抗拒會藉由勉強去處理性的素材而表現出來。伊維斯和西爾
瑪在治療如此早的時期就清楚表達出抗拒，這是不尋常的。然而
這種抗拒不僅僅是對其他材料的抗拒，也是他們急迫需要去處理
被干擾的性關係的證據。他們在持續的伴侶治療中，繼續帶著承
諾進行。幾個月以後，伊維斯和我的一個同事開始了精神分析心
理治療，並在那年的年底進入精神分析。

# 在後繼治療中間階段對整合陳述評估的確認和延展

在治療的幾個月裡，西爾瑪和伊維斯體驗了他們對於性和婚姻承諾的恐懼。這些恐懼在最尖銳時就以移情的形式出現，那時西爾瑪會恐懼我遲到、錯過或取消會面，而伊維斯則夢到因為多刺灌木叢擋住了車道，所以不能來我的辦公室。藉由個別的溝通，他們告訴我他們所分享的願望，即被我擁抱並進入我的身體，以及他們害怕我難以接近，或者完全是閹割的。致力於在移情中理解這些，讓他們可以更接近親密和性。在本章的結束，我們呈現一次中間階段的會談，在這次會談中，成功的性和愛相連接，至少有那麼一刻，驅散了那死亡的內部伴侶之抑制幻想。

這對伴侶談到他們共同經歷的美好一天。回家之後，他們很自然地做愛，雖然床上沒有床單，而性愛很美妙。

「我感覺到從未有過的激情，」西爾瑪充滿熱情地說。「伊維斯碰觸我的陰蒂，這讓我很興奮，但是興奮主要來自於親吻和碰觸他的陰莖。當他進入的時候，我像往常一樣很不舒服，但是當我要他慢下來時，他可以慢下來，然後我就感覺非常好。我非常享受那種激情，還有他停下來和開始的方式。」

「嗯，我需要記得慢下來，比慢還要再慢一些。沒問題，我也非常享受。之後我有一個有趣的體驗：我想要說：『我愛妳……』」

「你有嗎？」西爾瑪散發出光芒。「我不記得了。」

「是的，我想過的，但是我說不出來。哦，我第二天說

了──而且這就是我感覺到的──但是在那個時候我說不出來，就好像說出來的後果很可怕。」

我重複了伊維斯所有愛的感覺，以及被這種感覺所驚嚇。我問：「由於什麼樣的後果？」

伊維斯糾正我：「不是，我沒有那種感覺，我只是那樣想。我感覺少了某些東西，那個在腦中浮現的想法『我愛你』將會把那個空隙填滿。妳看，性和愛在我腦中並不是在一起的。」

我回答：「我相信你把它變成了一個想法，因為你害怕去感受它。第二天你確實想到了它、說了出來並感覺到它，當它沒有被身體的感覺放大時。所以，回到後果的問題上來。」

伊維斯立刻回答：「我會掉進陷阱。它有某種含意：愛、婚姻、家庭──要求、要求、要求。我忽然想到另外一個想法──我父親的建議。他的性談話是：『我假設你已經注意到男人和女人長得不一樣？』就是這樣！之後他說：『伊維斯，女人將會發現你有魅力，不要讓她們的鉤子把你鉤住。』」

「就在那一刻，**他**用自己的鉤子鉤住了你。」我用一種比我預計更有力的方式說。「自從那以後，你就遵循著那句話生活。」伊維斯看起來吃了一驚，西爾瑪則非常聚精會神。

「我的評論擊中了你，力量相當重」我說。

「是的，確實如此。」伊維斯說。「我一直被那個建議所控制。我想他感覺中了婚姻的圈套。」

「你一直都遵照著他的建議生活，或者你是代表他生活的。」我說。

「哦。」他嘆了一口氣，在很長的停頓之後，他說：「我真的被擊中了。代表他，不被圈套所困。有一個傳聞——不，我想說一段記憶——我媽說如果不是為了蘇茜那個錯誤，他們早就離婚了。這讓我想起了那個夢，夢裡面的女人抽著雪茄走開，說：『如果這個家庭破碎了，別責怪我。』」

我說：「如果蘇茜——在你之後的那個孩子——讓他們在一起，會不會讓你覺得焦慮，因為你會是讓他們分開的原因？」

「如果不是因為我是他們最喜歡的孩子，就會是那樣。」伊維斯重新加入到談話中來。突然他抱住了自己的頭。

「哦，多麼好的掩飾啊！」

西爾瑪補充說：「說到掩飾，我曾經想過，我想要結婚而且有一棟房子，但是伊維斯有八年的時間都不想和我結婚，而且仍舊不買房子，所以在這段關係中一定有適合我的地方。對我來說，婚姻意味著毀滅。我的父母在殺死對方。伊維斯父親的台詞是『不要讓她的鉤子鉤住你』，我母親的台詞則是『你不能靠著愛生活』。但是我感覺我真的結婚了。我永遠不會有外遇，我很希望我的婚姻對孩子來說是好的，但我就是無法那樣想像。」

西爾瑪和伊維斯都想要一個不同於父母的愛情關係。他們擔

心如果有了房子或孩子，他們將會重新創造出父母的婚姻。他們無法享受性，是因為性交帶來了重新創造出已經死亡的內部伴侶的幻想。西爾瑪擔心伊維斯將永遠不會給她渴望又恐懼的承諾，伊維斯則擔心女人將會用鉤子鉤住他，然後把他和她捆綁起來。在他的幻想中，鉤子存在於陰道裡，它們將會占有並且毀壞陰莖。伊維斯的幻想出現在移情中，也就是他對那些擋在我車道上帶刺的灌木叢產生恐懼。一旦對伊維斯的幻想工作，這對伴侶就可以帶著愉悅做愛。這提供了一種治癒的體驗，幫助他們從已死亡的內部伴侶的掌控中解脫出來。

# 【第六章】伴侶治療的技巧

　　客體關係伴侶治療是一種基於技巧原則的工作方式，這些技巧原則得自於客體關係理論、伴侶雙人組合的小團體過程和性心理發展。我們的焦點是在關係上，主要透過注意伴侶和我們打交道的方式來觀察，也會去注意配偶如何和對方互動。我們不僅關注他們關係的意識面向，而且也關注在伴侶的無意識中，透過交互投射認同過程而運作的內部客體關係。

　　為了保持這個焦點，我們的技巧使用非引導的傾聽，使無意識主題出現，繼而引導情緒出現。我們分析伴侶提供的夢和幻想等材料及聯想，並研究配偶個別的家庭歷史，因為這和當下的伴侶關係相關聯。我們指出傾向於重複發生的互動模式，並尋找驅動這些重複循環的無意識力量，逐漸對這些重複循環的防禦方面感到熟悉。我們一遍一遍這樣做，覆蓋相同的土地，攻入被防禦的領地，此處在伴侶的移情激發出反移情反應時會變得特別容易進入，此時，我們能夠意識到伴侶的脆弱性。當建立信任之後，我們能夠幫助伴侶們發現並面對在防禦背後的無名焦慮。我們的幫助以解釋抗拒、防禦和衝突的形式出現，這些抗拒、防禦和衝突被概念化為透過無意識的客體關係系統來運作，此系統會支持或破壞婚姻。在反移情的新陳代謝之後，我們才會提出這些詮釋。詮釋將引導出洞察力，而這種洞察則在伴侶的無意識客體系統中產生變化，或者導致對無意識衝突增加的抗拒。當我們修通

婚姻的防禦結構，過程中進步和退化會不斷循環，直到這些不再干擾伴侶，他們能夠把彼此當作生活的伙伴，相互愛對方，結合好和壞的兩面，並建立親密感和性關係，這樣的能力將在婚姻生命週期中不斷自由發展。

在實務中，這些意味著什麼？我們可以由這些技巧的組成部分詳加研究，如表 6-1 所總結。

### 表 6-1　客體關係伴侶治療的任務

一、建立治療架構
二、保持中立的位置和參與公平（involved impartiality）
三、創造心理空間
四、使用治療師的自體：負性能力
五、移情和反移情
六、解釋防禦、焦慮、幻想以及內部客體關係：原因子句
七、修通（work through）
八、結束

## 客體關係伴侶治療的任務

### 建立治療架構

我們的首要任務是建立治療架構（Langs, 1976）。治療架構提供了「一個安全和連續的環境，此高度敏感和隱私的感覺與幻想可以被表達和探索，而不會受到所恐懼的後果威脅」（Zinner, 1989, in J. Scharff, 1989, p. 321）。伴侶努力要衝破架構來實現無意識願望，但是他們的努力卻在堅持架構的治療師那裡受到挫

折。這種衝突將破壞婚姻的種種問題帶入治療中。

架構是如何首先被建立起來的呢？是透過明確安排和堅持所同意的治療形式。例如，我們提供伴侶某種建議或治療形式的選擇，然後透過雙方同意來確立一個計畫。之後我們向其解釋對這個計畫的堅持政策，除非未來的經歷指出轉變，而這種轉變也只有在深入討論和雙方同意的基礎上才會發生。所以架構是穩固的，但是保持靈活性。

之後我們勾勒出其他的政策，如費用、休假和付賬。付賬是在每個月的月底進行，我們要求在每個月的十號之前收到伴侶的支票，這是為了幫助我們記住開出賬單的時間，而且聚集於伴侶如何處理所承諾的財務事項。我們售出我們的時間，並不只是透過服務的項目，而是長期的承諾，所以我們期望伴侶們能依約前來。如果他們不得不缺席，在同一個星期以內，我們願意重新約時間，但是如果不能，我們就會堅持讓他們為時間負責。當我們和家庭工作，即使某個家庭成員缺席，我們仍會和其他家庭成員見面。然而在伴侶治療中，除非伴侶雙方都在場，否則我們不工作。突然與配偶之一進行個別治療，會對治療師的中立和幫助這對伴侶的能力造成威脅。當然，保持靈活的架構，可以按照計畫和雙方同意來訂定個別會面的時間，但是不能因為伴侶之一缺席，就以個別會談來填充。

在從評估轉向治療時，我們會給伴侶機會去接受治療架構，或者接受轉介到另一個條件更合適的治療師那裡。以下是此種情況的一個例子。

梅爾維爾先生（Mr. Melville）和太太兩個人都曾經進行過個別治療，他現在想要和我〔吉兒・夏夫〕進行婚姻治

療。梅爾維爾是一個成功的組織顧問，他熱愛工作、享受食物、運動和性，非常有自信，唯獨在婚姻中，他感覺自己不被愛。梅爾維爾太太是一個很好的家庭主婦，育有三個孩子，並經營著珠寶生意。她感覺筋疲力竭，一事無成，並且對性提不起興趣。夫妻兩人都有過度消費的傾向，因此常有短期資金短缺的問題，對婚姻和財務都帶來壓力。

　　我告訴他們我的收費，他們表示可以接受。他們對於我的付款時間表沒有異議，但是對於支付錯過的會談卻有不同意見。

　　「妳是說這也包括我因為要出差而錯過會談？」梅爾維爾先生問。

　　「如果是在那週以內且我的能力許可，我很樂意重新安排時間。」我答道：「但是當我不能那麼做的時候，找就不得不要你來為時間負責，如果我們都同意按照我建議的方式每週見面。」

　　「但是我非常守時，從來不會錯過任何一次約會。」他抗議說：「問我之前的治療師就知道，而且她從來不要求我付費，因為她知道我不是在抗拒。得去出差在我的控制之外。」

　　梅爾維爾夫人所關心的問題是不同的。「如果妳去休假了，我是不是也要休假呢？妳什麼時候離開呢？」她很想知道。我想她對於和我的計畫捆綁在一起感到不滿，但是我並沒有說出我的想法，而是回答了她的問題。

　　「我一般會在八月份休三個星期的假，有時在聖誕節一次，有時在三月底一次。」我回答道。

「哦，太好了！」她驚嘆道：「這也是我的做法，所以不是問題，對他來說，旅行比較是個問題。」

我說：「我注意到你們對我的規矩反應不同。你，梅爾維爾先生，感覺既然自己是負責任的好人，就不應該被要求付費，因為這對你來說感覺好像是受懲罰，而且是對你價值的否認。妳，梅爾維爾夫人，對被困在和我的關係中感到害怕。我假設在你們處理婚姻承諾時，這些感覺也會出現在你們之間。

「喔，是的。」梅爾維爾夫人接過我的話，急著回答：「我覺得困在婚姻中太深了。我需要自己的空間，特別是我自己的錢，但是他卻為此而感覺受懲罰。」

「我當然那麼感覺。」梅爾維爾先生說：「妳的第一任丈夫讓妳感到貧困，而我覺得受懲罰。我不是那樣的，因為我堅持和妳分享我的遺產，雖然妳堅持妳的遺產要直接給孩子們。」「那是真的。」她同意：「你對你的第一個妻子很公平，但你就是不懂，想到要把我們的帳戶合併，感覺有多怪異。我感覺正在失去自己。我再也不願意感覺財務上和情感上的缺乏，就像在的第一次婚姻破裂時所經歷的一樣。」

「我經歷過離婚，如果再次發生，我會把所有的東西都給她。我知道我還是可以再重新來過。」他說。

她說：「但是我很害怕，我不能。」

他說：「但是我不是妳的第一個丈夫。」

梅爾維爾夫人很安靜地說：「你就是不知道對於失去我自己，我是多麼害怕。」

在早期對於治療架構的移情反應中，梅爾維爾夫婦揭示出他

們的最根本問題。梅爾維爾先生的自我價值和他的收入能力連結在一起，而不是和被愛連結，因為前者比後者更可靠。他願意為妻子提供生活所需，但沒有減輕她的不安全感，因為這強調了他對於她的獨立和對愛的抵禦。怎麼可能會有人如此自信地瞭解她對於依賴的恐懼和對於走投無路的害怕呢？一個如此慷慨的人，怎麼會和一個將他的慷慨視之為無物的人結婚呢？答案一定存在於他們的交互投射認同中，包括將豐富、滋養、精力充沛的好乳房投射進入他（他們兩個都和父親有特殊的經歷，這是我後來得知的），以及將乾癟的、無法補給的乳房投射進入她（從他們對母親所共享的觀點中得來的形象）。作為期望收費的治療師，我是那個他們不得不合作補給的乳房，也是一種讓他們各自產生不同威脅感的預期，而對兩個人來說，則反映了他們的客體關係群。

## 傾聽無意識

在意識層面，我們傾聽伴侶說的話，哪一個配偶在說什麼，以什麼順序，並帶著什麼樣的情緒。我們努力地仔細傾聽沉默和身體姿態的非口語溝通。但是這種仔細傾聽並不像此處所描述那麼有意識的全神貫注。相反地，我們經歷的是一種思想的游離狀態，在某個程度上與案主互動，甚至提出問題，然後聆聽答案，在另一個程度上則不特別去聆聽任何事。佛洛伊德（1912b）把這種狀態描述為「平均分佈注意力」（evenly-suspended attention），治療師轉變「他自己的無意識，就像是一個接受器官，接受患者所傳輸的無意識」（pp. 111-115）。我們在最深的溝通層次上收聽伴侶向我們發射的無意識信號，它們是從聯想和沉默中浮現的主題，經由夢和幻想而放大，並以反移情體驗的形式在

治療師的無意識中共振。從這樣的體驗中，我們能夠分享並重構伴侶的無意識客體關係。

## 中立位置

我們保持中立，對伴侶中任一者、其生活方式或治療結果都沒有偏好。我們的注意力均勻地分布在雙方的心理面向、他們的人際過程，以及他們和我們的互動中。雖然我們重視婚姻制度，但對於婚姻的持續或離婚不存偏見。我們在成長和發展的可能性上與伴侶一起工作，但不投入在伴侶的成就上。我們堅持一種「參與公平」（Stierlin, 1977）的態度，任何在這種態度上的偏離，必是朝向對伴侶而言意義獨特的方向。從回顧施加在我們身上的特殊牽引力量，我們得以更加瞭解伴侶的無意識客體關係。

## 創造心理空間

個體與自身經歷工作的意願，展現出重視過程和回顧的態度。這提供給伴侶一種自體檢驗和個人分享的模式，並創造出伴侶可以移動進入的心理空間，而在那裡發展出成長的可能。

我們提供一種治療環境，在其中伴侶可以體驗他們與治療師的關係。我們的治療觀點來自於兩種概念的結合：比昂（1962）的涵容者－被涵容的概念，以及溫尼考特（1960a）扶持環境的概念，他們在觀點上的不同之處已在第三章有所闡述。在這裡，我們直接呈現我們對這兩種觀點的結合。與治療師的關係創造出一個過渡空間，在其中伴侶可以描繪、反映他們當下的運行方式，學習、改造他們的投射認同系統，並創造出一種新的存在方式。透過臨床經驗、培訓、督導和密集的個別心理治療或精神分析，

治療師發展出一種扶持的能力，透過涵容來承受無意識材料出現時的焦慮和情緒，並透過內部投射認同的過程來改造它。治療師把這種能力貢獻到過渡空間中，此空間因而被轉換成一個理解上的擴大心理空間，然後伴侶接受這個空間，並在彼此的關係中，獲得處理當下和未來焦慮的能力。一旦這些發生，實際的治療關係就可以終止，因為治療的功能已經被內化了。

## 自體的應用

很清楚地，應用治療師的自體是一種核心技術。學習這種應用自己的方式，必須具備一種從經驗中學習的開放態度，以及訓練和督導的滋養。要在臨床情境中完全使用自體，我們需要透過精神分析或密集的心理治療，包括伴侶或家族治療，以理解自己的家庭歷史和客體關係的私人經驗，即使我們的私人生活並不需要那些分析或治療。這些提供了治療師自我認知的必備基礎，來校準自體，使其成為一個診斷和治療的工具。其持續的精煉是治療師終生的任務，主要透過在臨床情境和與同事討論的過程與回顧，以及透過學習和寫作來完成。

## 負性能力

一旦治療師的自體清理好，可以作為一種接收的設備和容納伴侶經歷的空間，治療師就可以瞭解伴侶的無意識，而不需要主動去探尋瞭解。過於努力去探尋，將會扭曲此觀察領域。相反地，我們推薦一種無方向、不聚焦的接收態度，這種態度被恰如其分地描述成**負性能力**，這個詞彙為詩人濟慈所創，用來形容莎士比亞作為一個詩人，可以在「在不確定而神祕的懷疑中存在，

不急於謀求事實和原因」的能力（Murray, 1955, p. 261）。比昂（1970）延伸了濟慈的詞彙，要求治療師「在自己身上施加一種避開欲望或記憶的正面紀律」（p. 31），也就是說，放棄想要瞭解和加強意義的需求。然而，負性能力是一種理想狀態，我們不能性急地追求得到這種能力。相反地，它是一種需要投入的狀態，最佳的獲得方式是不干涉太多，允許理解從自己的經驗中發生。

## 移情和反移情

負性能力培養了我們應對伴侶移情的能力。移情引起了在我們的反移情中出現的意見、感覺或行為。就像海曼（Heimann, 1950）所指出的，「治療師的反移情是一種進入案主無意識的工具」（p. 81）。分析師一定要重視、研究自己的反移情，因為「在他內部被激發的情緒，比他的推理更接近事情的核心」（p. 82）。這種對於反移情的詳細闡釋，強調的是對於正常反移情及其偏離的理解，而非強調治療師反應的病理學涵義。

在精神分析、心理治療和伴侶與家族治療中，研究治療師對於無意識材料的反應，我們發現反移情經驗傾向於分成兩種，與兩種類型的移情有關聯，分別是背景移情和聚焦移情（Shcarff and Shcarff, 1987）。

**背景反移情**是指治療師對於案主的背景移情的反應，背景移情指的是案主對於治療環境的反應，表現於對治療架構的態度、一般的無意識抗拒、特殊的意識感覺，以及對治療師作為一個提供扶持情境的客體之態度。

**聚焦反移情**是對於聚焦移情的反應，聚焦移情即為案主把治療師當作是親密連結的客體，而轉移到治療師身上的感覺。背景

移情－反移情在個別治療的開始和結束階段，以及家族治療的整個過程中通常都占有支配地位。在伴侶治療中，快速的擺動經常出現在這兩極當中。

朗達‧克拉克夫人（Mrs. Rhonda Clark），一個個子很高、骨瘦如柴的女人，留著一頭勃艮第酒紅色的錐形短髮，在她的丈夫面前咆哮。她的丈夫，克拉克醫生，一個矮小、圓臉、相貌和氣的男人。雖然已經五十歲了，朗達卻穿著樣式很顯眼的黑皮短褲和綴滿飾釘的夾克，並把夾克扔到沙發上。克拉克醫生則溫順地放下自己的羊皮外衣，期待地看著她。他的眼鏡是那種有框的傳統眼鏡，但卻是出人意料的明亮紫色，我想，這對於一個外科醫生是很奇怪的選擇。朗達則充滿敵意，拒絕說話。

我問他們是否在等我開始。他說她今天差點不能來。

我說：「怎麼會呢？妳，克拉克夫人，是那個打電話跟我預約的人。」

「我今天對他氣瘋了，這個大人物，上帝醫生。你**不是**上帝！我想著『有什麼用呢？』他總是指責和輕視我，他的護士也不尊重我，他說那是胡說。她們看起來就是不尊重我，因為他不尊重我。」

「唉，妳在半個小時之內，打電話給外科中心三次，她們就變得很小心翼翼了。」他回答道。「我確實責備她這麼容易被激怒，讓我們的生活和我的辦公室一團糟。我所要的一切就是一個快樂的環境，有滿意的性生活並且沒有混亂。我的朋友認為我應該離開，但是我想要為了孩子們留下。我最小的那個孩子還要四年才能念完高中。」

「他就是自私。為什麼當他拒絕我的時候，我還要在性上面滿足他？我是一個好人，我有朋友。都是他不好，把那些狗屁都丟到我的身上，讓我聽起來像一個大傻瓜。」

我對克拉克夫人有點反感。她看起來或她的行為實在不像一個醫生的妻子，我對自己的念頭感到有些慚愧。我同情這個外表平靜、通情達理而且要求甚少的醫生。但是從經驗看來，這些想法並不是一種觀點，只是一個暫時的反應，並不針對她，而是把他們作為一對伴侶來看。當這對伴侶跨越界限進入到治療空間來的時候，由於某種原因，克拉克夫人看似專橫、令人困擾而且粗魯。

我說：「我看得出來，克拉克夫人，妳覺得治療不會有用，所以非常生氣，但是我想也許妳對治療的結果也感到焦慮吧？」

克拉克醫生回答：「是的，她總是像這樣焦慮。」

我說：「克拉克夫人是唯一焦慮的人嗎，或者你也有問題？」

「不，我不焦慮，但是，是的，我確實有問題。我想要瞭解妳是在那裡唸書的。」

我告訴他我的職業背景，他很高興知道我在 1967 年從醫學院畢業。他曾經認為我是一個心理學家（他不喜歡），而且我看起來太年輕。我作為國家認證的精神科醫師，已經執業了十五年，對此他感到欣慰。

我說我很高興聽到他的擔心，因為直到這一刻，就好像

克拉克夫人是覺得治療沒用的人。我說我有一種印象：她透過生氣來表達自己的焦慮，而他則藉著她來表達。現在，很有效地，他承認了自己的焦慮。他們兩個由於各自的原因並且用各自的方式，對治療和婚姻感到焦慮。

在我的反移情當中，我體驗到了從「公平參與」（Stierlin, 1977）的偏離，並且意識到克拉克夫人表達了一種對於作為醫生的我（和她的丈夫是同一種職業）的聚焦移情，那掩蓋了在治療情境中，伴侶所共享不信任的背景移情，即在治療情境中的不信任之掩蓋。我的任務是向他們強調背景移情，讓克拉克醫生和克拉克夫人作為一對伴侶，可以改造他們對於接受治療的勉強。

在評估面談中，我們不會刻意聚焦於個別移情的細節。確實，在整個婚姻治療過程中，個別移情會保持附屬於共享移情之下，但更經常發生的是，它們會不時地出現。然而這個例子說明的是另一個觀點，這個觀點有助於我們對聚焦移情的反應，也就是拉克爾所提出的協調和補充移情。

拉克爾（1968）把反移情描述為一種基本的條件，即接收案主的投射，並容忍它們在治療師內部作為投射認同而存在。在治療師用自己的經驗來處理和回顧之前，他對於投射的接收是無意識的，超出他的認識之外。在拉克爾的觀點中，反移情是理解案主內部世界的基本方法，我們也認同此看法。

拉克爾進一步指出，治療師可能會和案主的自體或客體的部分產生認同。認同於案主的自體，他稱之為一致認同；認同於客體則稱為互補認同。作為婚姻治療師，我們現在可以把治療任務

當做接收和澄清對伴侶自體或客體的投射認同，繼而分析這些情況發生的人際情境。

在和克拉克夫婦的會面中，克拉克夫人把我當成是侮辱和拒絕的客體，就像她投射到她丈夫中的客體一樣，並且在我內部引發了一種不歡迎的意識狀態，在此狀態中，我對她感到輕蔑。我的反移情是對她的客體的互補認同。克拉克醫生把我當成詆毀的客體（denigrated object），就好像他投射進他妻子的客體一樣，然後把我轉變成他自己的一部分，一個英明的醫生。對於他來說，我的反移情是一種和他自己部分的一致認同。我沒有體驗到認同於他的詆毀客體，也許因為作為醫生的身分保護了我，但是更有可能是因為我進入了一個內部過程，在此過程中，克拉克醫生用他的理想客體來壓抑他的拒絕客體，而在這個評估階段，他把拒絕客體分裂開來，相較於把拒絕客體投射給我，他可以更容易地把拒絕客體投射給克拉克夫人。

## 在中間階段早期對於親密感的防禦和焦慮的解釋

亞倫和費莉斯·羅賓森（Aaron an Phyllis Robinson）是一對看起來很相配的黑人夫婦，兩個人都是商業白領，在婚姻瀕臨破裂時來找我〔吉兒·夏夫〕。他們擁有十年美滿的婚姻——直到亞倫十六歲的女兒蘇茜搬來和他們同住。費莉斯照顧他們共同擁有的家庭，亞倫對此沒有太多不滿，而他們的兩個年幼的兒子和女兒也很聽話。費莉斯覺得亞倫支持她扮演一個有效率的母親角色，她把家裡整理得井井有條，

在事業上也是一個成功的股票經紀人。她覺得被丈夫和依賴她的孩子們所愛，她的自尊狀態良好，因為和她的母親相比，她是一個好得多的母親。

但是當蘇茜搬過來住以後，麻煩開始了。對於什麼對蘇茜才是適當的，費莉斯有很堅定的想法，而形成對比的是，亞倫卻極端縱容。於是，費莉斯成為了蘇茜憎惡的對象。亞倫認為沒有必要限制大女兒，而且他的確沒看到在費莉斯和蘇茜之間的問題。費莉斯對亞倫變得越來越憤怒。他很堅韌地忍受這種情形，只偶爾面對這個問題。然後他就會說費莉斯心胸狹窄又糟糕，因為她正在把她的嫉妒付諸行動，並且「讓他的孩子痛苦」。她對於那些針對她自尊的攻擊感到憤怒，再也無法釋懷。

他們去看了一個家族諮商師，諮商師證實十六歲的孩子的確需要一些限制，所以支持費莉斯的觀點，並致力於取得亞倫的合作。亞倫轉變了，在短期之內，他的女兒行為表現良好，費莉斯也能享受她的陪伴。直到這一天，也就是他們婚姻的十年之後，費莉斯開始享受蘇茜的來訪。

這看起來是一個驚人的治療成功案例。我問亞倫，他怎麼樣看待這令人驚訝的轉變。他說一旦治療師把整個情況搞清楚，他就只是告訴他的女兒：「做費莉斯要妳做的事，否則妳就走。」但是費莉斯對於亞倫忽視她請求的憤怒仍舊存在。雖然她仍舊享受和亞倫的性愛，但有幾年她在情感上出軌，這是為了懲罰她覺得亞倫有幾年也對她不忠。家庭諮商師用了一種有效的處方來處理發生在家庭中的症狀，以及其對於夫妻的影響。但是她做得太快了，以至於婚姻中那些潛

在的問題沒有被注意到。他們聚焦在問題孩子的身上，以防衛親密感，這樣的問題沒有被強調出來，所以這個問題在他們第二次的治療機會中再次出現。

亞倫最後通牒的力量：「做費莉斯要妳做的事，否則妳就走。」在我看來，在之前的十年中，他自己就是按照同樣的規則生活的。然而，他開始挑戰費莉斯的規矩，他表達出對於處理孩子問題的另外一種方法——這樣做的後果可想而知。現在他們和蘇茜曾經有過的問題，又出現在十五歲的大女兒身上。因為他們的不同之處未曾被處理，也沒有發展出一種共享的養育孩子的方法。現在亞倫在挑戰費莉斯，他們為處理事情的正確方法爭吵不休，但是其他事情都不像爭吵如何養育孩子這樣令人痛苦。

費莉斯繼續舉例，但並不是關於那個問題女兒，而是他們十一歲的兒子。他曾經在餐桌上問：「如果我帶一個女孩出去約會，可以嗎？」費莉斯馬上告訴他這是不合適的，因為他還太小。亞倫立刻反對：「如果你想要帶一個女孩去看電影，那是可以的，我會開車送你去。」費莉斯告訴我，她覺得自己的努力被亞倫暗地裡削弱了。亞倫則說他之所以這麼說，是因為他覺得費莉斯沒有幫助到兒子的社會發展。我說我認為任何一種立場都可以被辯護，但是問題是他們沒有透過討論達成共識，來應對他們對於十一歲兒子正在萌芽的社會獨立性的焦慮。

費莉斯整天都對我極端憤怒。她感覺我不隨和而且充滿控制，但是讓我驚訝的是，費莉斯令人讚揚地說，當她忽然意識到不是**我**正在做什麼，而是**她**帶到這次會面中的東西是

什麼時，她不得不笑了。

「我對妳所說的事情感到生氣，但是那些話可以從我自己的嘴裡說出來。」她驚呼道。

我意識到費莉斯正在移情中看我，就像亞倫在移情中看她，而我正在推測這種投射移情的起源，並欣賞她的洞察。

費莉斯回到她的論點上。「我不認為每個決定都需要安排妳所提議的會議，夏夫醫生。我不認為一個十一歲孩子的約會是個可以討論的題目，這就好像孩子問：『我能把我的手砍掉嗎？』我就說：『我會去問你的父親。』」

我有三種反應。我對不清楚一個十一歲孩子的社會發展而感到蒙羞。當我意識到他們來尋求幫助不是為了孩子的養育問題，而是為婚姻問題的時候，我感覺自己掉到他們對於孩子的爭吵中，顯得眼光短淺。我的第三個反應是關於約會的想法，約會意味著獨立和親密感，也意味著嚴重的破壞與喪失。也許費莉斯感覺需要她的兒子和她靠近，而且不能夠面對和他分開。也許亞倫在希望協助兒子約會的同時，也在透過接送而和兒子靠得更近一些，或者可能代替地和親密感的問題離得近一些。我也在想，是否約會暗示了性所導致的喪失，但是也許不是那樣，因為對他們來說，在性方面相對來說沒有什麼衝擊。所以我得到結論，喪失指的是在關係的其他方面，性從親密感中被切斷。

我說：「我不是真的在談論一個十一歲的孩子是否應該約會。我是在把你們帶到堅持另一種立場的結果上，而不要

把它們混為一談。」

在這裡，我面質他們的防禦：用孩子來展現出他們對於親密感的衝突。亞倫說：「我在每個方面都覺得被綁得死死的，根本不能說出我的感受，因為費莉斯是那麼脆弱。」

費莉斯說：「我不想這樣生活。我們現在連討論原本有共識的事情都要爭。這種模式是很嚴重的，雙方都受盡折磨。我們不能分享自己的工作，因為我們都在指導對方要怎麼做才對，甚至會爭論購物袋裡的東西要怎麼擺。我說把洋芋片放在上面，他說把重的東西也一塊放。我說：『好吧，按照你自己的方式做——你會拿到擠爛的洋芋片！』」

我對他們說：「雖然你們爭論什麼才是正確的方式，實際上你們是在分享一種假設，也就是有一種正確的方式，而且如果你們做得不對，事情會變得粉碎。」

費莉斯說：「我把婚姻當成是一種破碎到無法修補的東西，破鏡難圓。當事情變得讓人痛苦的時候，我就離開，我現在正努力放棄那個念頭。但是我曾經不得不離開，和我的家庭離得遠遠的。我的媽媽是一個可怕的、干擾他人的人。我很不快樂，為了逃脫那些，我變得完美，成為一個成就超過預期的人，我很驕傲自己可以超越那種黑暗的背景而成功。我千辛萬苦地避免像她那樣邪惡。到頭來亞倫卻說我目光短淺而且邪惡，我覺得受盡委屈。真是大錯特錯，永遠不要拿我和她比較！」

現在我理解了自己感覺卑微和一無是處的反移情反應，因為我在反應著和費莉斯內部婚姻客體的互補認同，還有同

時發生的和費莉斯最壓抑的自體部分的協調認同。應用費莉斯提出的解釋，我可以作出結合她的話和我的反移情的詮釋。

　　我的詮釋說明了「原因子句」（because clause）的應用（Ezriel, 1952）。以色瑞爾（Ezriel）提到移情包括三個方面：㈠一段所要求的關係，用來抵禦㈡一段需要消除的關係，而兩種關係相對於㈢災難來說，都更為可取。我們發現在伴侶治療中跟隨他的詮釋模式非常有用，因為它把被迴避的關係作為焦慮和防禦帶到焦點中來。

　　我對費莉斯說：「現在我可以看到妳從亞倫那裡縮了回來，因為妳希望保持你們的關係，就像在過去的和諧婚姻，以及現在偶爾有愉快的性生活之後那樣。妳在努力保護妳自己和他，努力變得不要像那個生氣、干擾並破壞關係的母親那樣可怕，否則就要面對不幸，不得不離開婚姻，把那部分的妳拋在後面。」

　　亞倫還沒有告訴我關於他自己的足夠多的材料，來讓我完成這個圖像。很明顯地，費莉斯仍舊在使用投射，並為了讓自己變得不可怕而在婚姻中過度使用投射。亞倫覺得像一個孩子一樣被束縛，發現她的控制一樣可怕。在多數情況下，除了在沒有理性的爭吵之外，他會克制自己的憤怒或者批評情緒，他也壓抑了他溫暖的愛的感覺，除了在他和費莉斯做愛的時候。

在這個例子中，性的興奮客體關係是「所要求的」關係，被用來壓抑「被迴避」的拒絕客體群。亞倫有意識地壓抑所感覺到對費莉斯的拒絕，而費莉斯渴望得到反饋和情感的投入。亞倫最

終爆發了對她的反抗，這導致她對他的注意、贊成和愛情變本加厲地追逐。被迴避的關係的出現釋放了興奮客體群的能量，因為它不再需要被壓抑。當費莉斯從亞倫那裡無法得到她所希望的東西時，她就壓抑了她的願望並且退縮。

現在拒絕的客體關係系統在壓抑興奮的系統，而當這些情況發生的時候，她表現得對亞倫很生氣，於是他就退縮了。這個循環不斷繼續——他們對於親密感的需求防禦了他們的交互投射認同，同時也被這種認同所挫敗。我能看到這種模式，但是卻要等待從他那裡出現的更多客體關係信息，來澄清他所投入的部分。順帶一提，我們無法總是在理解上達到相同的深度或者精確性，但是「原因子句」作為一種干預手段仍是有效的，當我們向理解靠近的時候，可以用這個子句來要求家庭的參與。

## 在中期與幻想和內部客體關係工作

與其在評估中應用一個家譜圖，告訴伴侶們他們和自己的原生家庭之間的關係如何，我們寧願透過對客體關係歷史的關注，在充滿情感的治療瞬間，等待一段內部客體的鮮活歷史浮現。

克拉克醫生和夫人接受我治療已有一年了。我對克拉克醫生的很多方面都進行了工作，包括他的被動，以及無法贏得她的崇拜，無法讓她把他當作一個成功、有上進心同時又體貼的男人看待，還有他把她和那些外科中心的護士比較，進而貶低她。我們也對克拉克夫人進行了工作，包括她激動的喋喋不休和暴怒的行為，這些都讓她被丈夫、他的辦公室同事和他的家人所孤立，而令她感覺遭到輕視。他們頑強的

防禦系統並沒有對我的詮釋做絲毫讓步，雖然克拉克夫人已經不再那麼脾氣火爆。在他們的防禦系統中，她被冠上了過失，而在系統中儲存了這對伴侶的憤怒、貪婪、野心和種種壞處。在她反應的量和頻率的減少，以及他輕視程度的減輕上，我可以看到她的進步，但是基本的模式仍舊存在。

他們曾經討論過他們對於十幾歲孩子性行為的擔心，在解釋之後，他們意識到，這種擔心其實是對於他們自己性關係之焦慮的置移轉換，而這種焦慮正逐漸成為焦點。

克拉克醫生像往常一樣膽怯地顧左右而言他，最終還是言歸正傳：

他開始說道：「現在，談到事情的本質。關於我的性幻想：我告訴了我的治療師，他不斷地想要保證它們只是幻想，但是當我談到它們的時候，他就坐在那兒，尷尬得要命。」他嘆了口氣：「我的幻想好像是在虐待和謀殺。我不是整天都會想它們，只有在做愛的時候。」他補充說好像沒那麼糟糕。他對朗達說：「我們說過這些的，妳記得的。」

她說，搖了搖頭：「不，你從沒告訴過我這些。」

他繼續說：「好吧，幻想的對象是一些對我來說很壞的女人，或者是真正的淫婦。偶爾，我會用一些我喜歡的女人。」

「比方說是誰？」郎達問：「因為你不喜歡我認識的任何一個女人，而且你也不太喜歡我。」

「妳是作為一個客體出現的。」他回答道。

我開始為朗達感到不舒服，但是亞瑟後面說的話是很大的一個安慰。

「我會在虐待場景中途轉換過來，並且說：『難道把妳當作是一個愛的客體來用不好嗎？』」

克拉克夫人笑了：「二十年前，在我結婚以前，你曾經做過真正虐待的怪事。之後我們的性生活就變得正常了，好像在你結婚之後，就不應該做狂野的事情了。」

克拉克醫生問她那麼說是什麼意思，他們就用嘲弄的語氣分享了有關冰箱的往事。我根本不知道他們在說什麼，感覺自己被排除在一些快樂和祕密的事情之外。後來才知道他們在回憶用冰箱來冷凍和擠壓她的乳頭。

克拉克夫人說：「我不把那稱為虐待，當我想到虐待的時候，我想到刀和槍，而這在控制之內。」

我意識到，這是亞瑟幻想生活的一種溫和表達，而朗達對亞瑟的幻想是愉快且接受的。

「哦，她比我還喜歡呢。」他下結論：「因為第一，我害怕那樣做；第二，它不像我想像的那麼好玩，沒有那麼好，那麼虐待，那麼有殺傷力。」

「也許那就是我們為什麼停下來的原因。」克拉克夫人若有所思地說。

我注意到克拉克醫生在回顧他的新發現。他的聲音沒有了以往的遲疑，他看起來更加確信了。

「是的，就是這讓幻想開始的。」他說：「但願我們有更多的愛撫和親吻，但是我們的性生活總是用同一種方式進行。朗達玩我的乳頭，那讓我興奮，就好像是打開了開關，幻想開始了。感覺很好，我們性交了，然後就結束了，我翻了個身。昨晚的幻想是和先前住院的一個女人，她讓我變得

不那麼苛刻。她已經結婚了，有幾個孩子。為了要強姦她，我把她六歲的女兒帶了進來，強迫她同意。之後我把她外婆也帶了進來，那樣很好，我可以逼迫她。最後我讓她們選擇替我口交或者和我性交，她們選擇了口交，因為那比和一個瘋了的強姦者性交好。」

　　我感覺非常不舒服，雖然我已經也曾經聽到諸如此類的幻想。我知道伴侶兩個人一塊進入這種幻想非常重要，但是我很擔心克拉克夫人如何看待這個幻想。我看向她，她聽得很有興致，看起來並不難過。

　　克拉克醫生繼續說：「當我達到高潮了，就把她們都殺了。」
　　「怎麼殺的？」朗達很想知道。
　　「很瘋狂的，這就是我恐懼的來源。在我的幻想裡，就好像是那個在紐約城用斧子砍人的沉默年輕人一樣。」克拉克醫生轉向我，說：「妳會理解那種恐懼。」
　　朗達被排除在外而且被拒絕，她反駁道：「你說她會理解，就好像我不能。」
　　「她是精神科醫生，她以前聽過這些，她會知道在真實的性生活中，我沒有那樣的衝動。」他回答。
　　朗達講了一句很精闢的話：「她怎麼知道你不會把這些付諸行動？我怎麼知道？你怎麼知道？因為你看起來確實非常害怕。」
　　我說：「沒有證據顯示亞瑟會把這些殺戮形式的幻想付

諸行動，但是確實有證據表示他很害怕那些幻想會不聽控制。也有證據顯現你們在這場關係中，對對方有虐待的行為，不再是軀體上的，而是情感上的。你們把那稱為『拒絕』。」

「就好像是剛剛在這裡發生過的。」朗達驚呼：「當然她是經過訓練的，但是我也能夠理解。」

「我不會那樣做的。」他提醒她。

她回答：「對的，那是你所感覺到的。亞瑟，我覺得如釋重負，不僅僅是我。這些年以來，我都在承坦破壞了婚姻的罪名。你知道嗎，我終於覺得放鬆了。終於，在這麼多年以後，他也承坦責任了，終於。」

「但是我已經告訴過妳我的虐待幻想。」他說。

「你從來沒有。我不是說你以前從來沒有談過你的幻想，但是你從來沒有深入到你真實的自我中，從沒這麼具體過。你總是說，我是這樣，我是那樣，總是我。現在我看到在我們婚姻的中，你的幻想完全擋了路。現在我可以把強姦看成是興奮的，但是為什麼你會想出謀殺？這真令人恐懼。而且想想如果我不和你做愛，你就要拿女兒威脅我。這對我來說真是太恐怖了。」

我說：「在某種程度上來說，這個幻想的脅迫部分都引起了你們兩個的性興奮，但是到最後，亞瑟，你對於失去控制感到恐懼，而妳，朗達，妳對自己的生命感到擔心。」他們若有所思地點了點頭。我繼續說：「我們不是在談拒絕，而是釋放，這些是強迫而暴力的幻想。亞瑟，我注意到當你談論它們的時候，你非常有力量，不再顧左右而言他，或者

不知所云。朗達，妳對亞瑟的反應似乎帶有更多敬意和同情。我想你們兩個都被這種從口頭虐待的形式中所滲透出來暴力所傷害。亞瑟，你很焦慮自己會爆發並對生活造成破壞，所以你在家庭和工作中都不再堅持自己的觀點。」

朗達回答道：「我從來沒有想到他影響工作的方式。但是為什麼沒有病人來敲門找他？他是一流的外科醫生。亞瑟，你一定要在治療中處理這部分，這對你和我們都是很大的干擾。這對我們來說，會是你所說的突破。」

我覺得自己傾向於同意朗達的觀點。亞瑟自己保留著那些幻想的時間越長，那個真實的他就會更加恐懼被發現，於是藏在裡面卻要求發出聲音。此外，那個真實的他透過投射進入朗達來發聲，而朗達認同了：藉著對亞瑟的憤怒和攻擊，她表達出了那種攻擊。與此同時，他涵容了她類似於災難的死亡願望，而這個願望源於早期喪失了一個羨慕和仇視的兄長。

## 在中期後半段的修通

在亞瑟揭示自己的幻想後的一次會面中，朗達談到她感謝丈夫和她分享幻想。雖然在性上面對他做出反應令她有點害怕和猶豫，她卻感覺和他更靠近了，並且更堅定地要解決他們之間的問題。夏天臨近，她像往常一樣要帶孩子們探望在緬因州的老家。之前，她總是把每年的夏季旅行當作是逃開他的責備和性要求的機會，而這個夏天，她第一次因為他們的分離而難過。

　　分享幻想是一段治癒的經歷。這對夫妻現在可以離開偏執－類分裂心理位置的功能特點，朝著憂鬱心理位置（depressive position）移動了。在憂鬱心理位置，人會承認並擔心喪失客體。

　　假期之後，克拉克醫生主導了會談，他擔心在治療中協商好的合作會談裡，我把他的幻想告訴了他的前任個別治療師。猶豫之後，他談到了他的恐懼，他害怕兩個治療師會同時做出他瘋了的結論。朗達為了兩件事生氣：一是她的丈夫不知所云，二是他滿腦子都是他的治療師和我，而不介意她想談什麼。

　　「你永遠猜不到事情怎麼了！」她叫道：「亞瑟上個星期又準備好起床出去了。」

　　我詮釋說，亞瑟的防禦在兩個治療師身上創造出了一對審判的父母形象，來取代對於自己和朗達是一對夫妻的擔憂，這個詮釋對他而言毫無意義。他補充說，他認為我真的會問問另一個治療師，和他在我的辦公室工作是否安全，因為我的辦公室離家很近，而且我還有孩子。現在我更瞭解他的擔憂了，因為他的謀殺幻想和我及孩子們有關，他擔心我因為恐懼而停止對他的治療，以至於失去治療的機會。我說，我認為亞瑟很害怕會這樣，但是更害怕朗達會離開他。他談到我和另一位治療師，並不是像他的妻子認為的那樣，是因為他「根本就不理睬她」，而是因為他害怕面對她會離開的想法。

　　朗達抱怨說：「你說的每一樣都對他充滿同情，這和我看到的完全不一樣。他……」她忽然停了下來，轉向亞瑟：

「但是你想要處理和治療師的事情。」

他說：「不是的，結束了。繼續吧。」

　　從他的反應中我得出結論，他的防禦成功地在移情中得到詮釋，我們現在可以直接對這對夫妻的問題進行工作了。

　　朗達繼續談論著她對事情的看法，談到在度假時她的想法和感覺。在上一次會談中，她獲得了很多東西，這些讓她整整四週不停地思索。她回顧了自己和原生家庭的連結，意識到她正在和亞瑟還有孩子們一起深深植根於現在的家庭中。她感覺能夠體驗那種「成長」得更完整的感覺。當亞瑟在電話中和她說話時，他一點都沒表現出對她的情感，甚至沒有說他想念她。她覺得受到了傷害，但是不再像以前一樣勃然大怒了。她意識到從某種程度上來說，他只是心不在焉罷了。他承認他知道她在說什麼，他腦子裡在想著其他一些事情。我提出他沒有意識到自己生氣了——朗達把他一個人丟下那麼久——他就用令朗達傷心的辦法來應對自己的感覺。

　　「對於她在緬因州，我有點生氣，生活變得很無聊，無所事事。」亞瑟承認。

　　「他就把我砍死了。」朗達說。

　　我說：「嗯，又出現了殺死人的幻想了。」

　　朗達回答：「是的，你明白了嗎，亞瑟？你知道我們為什麼會在度假這件事上爭論起來，是因為他和我討論的時候，樣子就好像是『我已經在這裡了，朗達！妳想怎麼樣？』他意識不到一個女人想要和別人說話，或者根本不願意做愛。他說，只有當瘋狂爭論的時候，我們的性愛才美

妙。這並不是由於我們在爭論，而是由於在爭論的時候，你是很直接、誠實的，跟我講話並且聽我說話，那個時候我就感覺和你很近，然後我就可以把我自己完全給你。」朗達繼續說，印證了我所看到的：「過去的這兩個星期，我可以體會到成長的感覺，雖然他輕視我，但我沒有繼續停留在那個渺小感覺的世界裡了。就像他回家時說：『為什麼空調沒打開？妳知不知道外面有三十幾度啊？』我不覺得要為自己辯護，或者感覺渺小和可憎。我沒往心裡去，只是說：『天氣很好，我很享受這裡的新鮮空氣和微風。』這對我是一個很大的變化。」

亞瑟揭示了他的謀殺幻想，釋放了朗達的成長能力，這確認了他在幻想中所表達的那些無意識投射認同，雖然發生作用時悄聲無息，但是卻對她極有殺傷力，並且扼殺了她的成長能力。

## 修通

當我們把潛抑一層層剝掉的時候，我們所遭遇到的抗拒就會逐層增加。有的時候，感覺就好像是我們走得越遠，就越落後。這對伴侶承受著客體關係的防禦系統帶來的痛苦，而他們的客體關係在婚姻系統裡交互地以幼稚的方式彼此滿足著。除非在系統內部可以出現更成熟形式的滿足，否則它就會拒絕改變。佛洛伊德（1914）用修通來表示治療的努力，即持續地對抗拒和衝突進行工作。在這個階段的會談會覺得沉重、緩慢、費力、重覆和沉悶、缺乏靈感。清晰度零零散散地顯現，直到有一天看起來整個

工作幾乎完成了。

# 結案

　　在每一次時間有限的會談裡，和由於疾病、工作或者度假帶來的間隔中，這對伴侶都預演過要結案了。我們針對這對伴侶所習慣處理分離的方式進行工作，來為最後的分開做準備。我們結案的標準如表 6-2 所示：

### 表 6-2　結案

一、伴侶已經內化了治療空間，現在有了適度的安全扶持能力。
二、伴侶雙方都認識到、擔當並取回屬於自己的無意識投射認同。
三、伴侶兩個人作為生活伙伴一起工作的能力得到修復。
四、親密連結，性生活和諧，相互感到滿意。
五、伴侶可以想像未來的發展，並為家庭提供所必須的扶持環境。
六、伴侶可以區分出對方的需求，並給予滿足。
七、或者，伴侶可以認識到婚姻選擇的錯誤，理解無意識客體關
　　係的不相容性，伴侶在對悲傷進行工作之後分開，並可以保
　　持對喪失婚姻的哀悼能力。

　　這些結案的目標只是進步的標誌。結案有很多不同的變化形式，在本書的最後一章中還會回顧其中一些。伴侶們自行決定他們的目標是什麼，有的時候他們和我們對於完成的意見不謀而合，有時不然。我們要允許自己變得多餘，並容忍自己被拋棄。當我們和伴侶們一起哀悼治療關係的喪失時，便改寫了之前所有的喪失，也重奏出治療的初期階段。

# 【第七章】治療早期

　　在進行推薦和開始治療計畫之間，有一個潛在的空間，在這個空間裡，剛開始對於治療的承諾，以及由此帶來對婚姻的承諾，出現了新跡象。這令我們想到在關係中，在許下承諾那一刻所發生的變化：只有在簽署協議之後，被壓抑的壞客體才會為了被考慮到而出現。

　　在這個空間中，需要做一些工作以幫助伴侶適應。有一些伴侶幾乎沒有任何停頓或者焦慮的痕跡，就通過了這個空間。他們需要幫助的要求明確清晰，如果治療師的推薦適合，他們就同意該計畫，並迅速進行治療。但不盡然如此。有些伴侶在接受治療的推薦之後，立刻表現出突然增長的焦慮，而整個治療計畫也岌岌可危。對這些伴侶來說，在治療和計畫之間，有一個階段可以測試對治療和治療師的承諾。所以，這個初始調整的「之間」階段有其不連續的任務：與背景移情中再次出現的拒絕客體關係一起工作，以促進伴侶對於治療工作的適應。

　　所以，在這個開始階段，可以概括總結一些能夠做的事情。這並不是說所有早期的工作都是相同的，而是指有某些特定需進行的工作。有些時候，治療師會有意識地強調這些任務，但有的時候事情進展得夠順利，治療師不費力氣就完成了這些任務，所以它們不會成為特殊的焦點。

　　在表 7-1 中，列出了開始階段的任務。

　　在表 7-1 中所列出的任務有重疊的部分，用以小心而同理地檢視伴侶對於治療師的背景移情，以及治療師在感受到的反移情中對這些的接受和處理。

### 表 7-1　治療初期的任務

進行的任務

一、在背景移情中處理抗拒。

二、確認和修改一致同意的任務。

三、接受新呈現的壓抑的壞客體，這些壞客體在評估的互動中被排除在外。

四、允許在移情中構建痛苦的投射認同。

五、在背景扶持的基礎上，構建治療同盟。

六、擴大伴侶觀察的視野。

七、測試保持投射認同的防禦模式和平衡，以瞭解伴侶在一起和單獨時能夠發展出怎樣的靈活性。

八、測試伴侶和每個獨立個體與連結和詮釋一起的工作能力。伴侶可以接受多少關於他們自己的詮釋並與之工作？又有多少關於他們每個人的詮釋？

九、探尋伴侶對於共享的困難所參與的成分，以理解個人的模式如何通過交互投射認同而相互鎖定。

十、對潛在的、引起防禦需求的傷害做出解釋——「原因子句」。

十一、再次進行重覆的模式。

## 關於治療初期困難的例子

　　下面的例子是有關於性欲望的壓抑，一對伴侶來尋求幫助，由於丈夫長期缺乏性欲，他們的婚姻受到威脅，而妻子對為婚姻

進行治療顯現很強的決心。但是當治療師推薦以後，妻子卻表達了嚴重的懷疑，並且首次提到了她的不滿，這些反應立即為治療帶來威脅。

霍斯特和英格麗·布勞恩（Horst and Ingrid Braun）已經結婚十一年了，他們是被另外一名伴侶治療師轉介到我〔大衛·夏夫〕這裡來的，因為這對伴侶和他一起工作了三個月，發現他們的性閉鎖（sexual blockade）成了婚姻問題的焦點。布朗夫婦很少做愛，而在霍斯特經歷過幾次勃起困難之後，就更沒有什麼性生活了。英格麗把他的冷漠理解成他沒有興趣，而沒意識到他對於勃起的焦慮。

這是一對非常有魅力的夫婦。他們認識對方的時候，兩個人的事業都很成功，而且社交生活也很豐富。霍斯特曾經是個快樂的單身漢，從沒想過投身婚姻──可能是因為不想被束縛。而當他二十多歲的時候，他遇到了英格麗。她在故鄉瑞典曾有過一段短暫的婚姻，她最終認為跟那個男人結婚是個錯誤的選擇──他既不正直也沒有上進心，但是卻讓她享受到強而有力的性生活。她在婚姻的第一年就和他離了婚，雖然她一度感到傷心，但並不覺得遺憾。之後她以交換生的身分來到美國，後來進了法學院。

在霍斯特和英格麗約會、同居的前兩年，他們曾有過不錯的性生活。起先霍斯特出現了勃起的問題，然後變得焦慮，但是後來，英格麗感覺到他對她失去了興趣。雖然霍斯特不排斥她的身體，但再也不覺得她的身體充滿吸引力了。但是，他說他還愛她，只是對她的身體不再有感覺了。他說不上為什麼，也不明白是如何發生的。

　　儘管有性的困難，他們還是生了三個孩子，這從英格麗的角度來看，更令人痛苦。霍斯特在生孩子的要求下，對做愛一點問題都沒有，而每次英格麗總是立刻就受孕。他們有三個孩子，分別是八歲、六歲和三歲。霍斯特是個好父親，儘管他工作非常忙碌，以至於和家人待在一起的時間不多，然而孩子們都崇拜他。懷孕和流產占據了英格麗的生活，所以她沒有意識到不被霍斯特所愛的感覺。來進行治療再次喚醒了她的傷痛，而她並不願意感覺到這些。她已經把傷痛埋藏起來，不知道能否承受那些傷痛重新被喚醒。

　　在評估當中，第一次是我和他們兩個人見面，之後我和他們分別見面，最後又和他們一起見面。兩個人都沒有過婚外情。雖然英格麗曾想為了感受被愛而出軌，但她還是堅持挽救這樁婚姻。他們兩個都說對對方毫無保留，在一起時無話不說。

## 處理評估中的抗拒

　　然後霍斯特在他的個人會談中講了一些不同的東西，只有在那些時候，他才可以講出他認為英格麗是如何控制他的。她知道自己是正確的，於是就堅持自己的立場。我覺得霍斯特抗拒談到自己的不滿。在鼓勵之下，他逐漸承認自己確實有點不滿。他是一個電腦顧問，工作上常需要接受命令，而不能隨心所欲做事。他的父親是一個德國的移民，在家裡表現得易怒而獨裁，在工作領域卻受到尊重。霍斯特在父親暴力的德國式統治下吃了不少苦，於是再也不想被那樣對待。他說他並不是要英格麗為她的苛刻要求負責，因為就

大體而言，她非常通情達理。如果讓她難過，他也會感覺很糟。英格麗很漂亮，也是個負責任的、可愛的人，她值得擁有比他能給的更好的東西。偶爾，她的要求苛刻，但是也不是什麼大不了的事。當然他會拖延，也會反對。英格麗說他總是拖拖拉拉，她是對的。她會被激怒說：「好吧！我自己來！」她就自己做了。

從反移情的角度看，在最初，這對夫妻表現得令人迷惑。霍斯特斷言英格麗是個完全令人滿意的伴侶，甚至認為她對他的抱怨也有道理，所以他對她喪失的性欲表現得很含糊。對於他所呈現出來的畫面，我感覺到很模糊，在挫敗中，我開始感覺到英格麗所面臨的局面。他所呈現的畫面太好了，以至於不真實。我感覺他一定認為英格麗比他所說的更難對付，但是我要讓他講出他真正的想法。他的抗拒和拒絕面對令我感到挫敗，這成了反移情中的第一個線索。英格麗抱怨說她找不到真正的他，我對此深有同感，而且我在他的性格中看到了被動的迴避性，而我的經歷讓我對英格麗的憤怒和生氣感到同情，感覺到這點，我覺得自己正擺向英格麗那一邊。這個源自中立立場的線索讓我暫時有了一個結論：他們兩個都有某種共同的需要，即把英格麗當作是一個受害者（但實際上不是），而把壞客體投向了霍斯特，儘管表面的情況是他表現得很合作，而她表現得絕望憤怒。他拒絕表達對英格麗的憤怒，這種抗拒代表了我之後可能會很快遭遇到的、來自於他們雙方共同的抗拒，我準備好面對這種可能性，即他們在背景移情中，聯合起來把我擋在外面。

## 確認──之後修改──一致同意的任務

在初始評估之後，這對夫婦立刻同意我所推薦的性治療。我認為在總體上他們對婚姻都還保持承諾，兩人都壓抑著自己的情感，使我感到自己與他們情感的困難被分隔開，我由此猜測，霍斯特的退縮是出於某種固執，他不願意屈服於他認為苛刻的英格麗。十年前的勃起困難不僅造成了霍斯特揮之不去的勃起焦慮，而導致他的退縮（透過喪失性欲表現出來）的觸發點是，他認為英格麗是一個控制的客體。當他退縮的時候，她的焦慮也會增加，而且感覺被剝奪，這讓她變得更富有攻擊性，因為她會變得非常絕望地想要得到他的反應。但是我如此判斷比以往都更投機，因為他們兩個都講不出有什麼具體事件形成了他們之間的模式。在評估中，他們也指認不出任何有關的事件或創傷。

一致同意之後，我們制定了一個時間表，開始為期幾個星期的治療。霍斯特立刻開始勸說我接受一個更有彈性的時間表。我通常會請伴侶雙方都同意每週會面兩次，並要求伴侶們按時參加。如果他們要求更動，我會重新安排時間，但是不能保證我一定能夠那麼做──而且即使錯過會面，我一樣收取費用。霍斯特爭論說，他的電腦諮詢工作是由他人決定的，他為了工作不得不出差，所以不能指望他每次都到，因為他的工作義務超出他所能控制，如果他不得已錯過會面，但還要為錯過的會面付錢，那是不合情理的。我告訴他，我能夠見他們的唯一時間就是那些我們一起安排好的時間。我承認那些在實際生活中的困難，但是這些困難也成了

他做出承諾的障礙。如果他能夠對應自己潛在的勉強問題，就會發現自己可以參加大部分的會面。我說，我當然寧可看到他，而不是為了那些他錯過的會面來收取費用，而且我發現在這樣的安排之下，伴侶們很少會錯過會面。

一旦他們同意了治療，霍斯特的抗拒也逐漸增加。我現在感覺我們一致同意的任務遭到了攻擊。我覺得自己正被推向英格麗的立場，不得不證明自己的收費規定和時間安排是正確的。知道沒有他們我也能活下去，這一點對治療師是有幫助的。這樣的攻擊，旨在讓治療師感到內疚和懷疑，通常對經驗不多的治療師起作用更快（相對於經驗豐富的老兵而言），但是這些攻擊必須被理解為是對任務的攻擊，而非對治療師個人。不管怎麼說，我感覺受到了攻擊。懷疑和內疚（也許是關於治療費用，也許是因為我的僵化或貪心）的刺痛感立刻讓我覺得很脆弱。在這種輕微的受挫中，我一度沒能注意到英格麗是如何悄聲無息地迴避面質霍斯特的，而只是體驗到她的憤怒，並在這場爭戰中站到她那一邊。在回顧中，我注意到霍斯特發動的抗拒戰爭有部分是為了英格麗，而英格麗之所以留下我一人面對霍斯特，是因為她覺得和霍斯特當面衝突不好。我已經很接近英格麗所處的充滿憤怒的抗拒位置了。在回顧中，再一次地，我注意到了他們加諸在我身上的投射認同。透過攻擊我們同意的治療架構，他們正將某種假設付諸行動，即在他們令人強迫的平衡關係中，兩個人都害怕會摧毀對方，而他們的背景扶持已經無法涵容這樣的恐懼了。

# 第一次治療會面

這對伴侶取消了第一次的治療會面。英格麗約了乳房腫塊的組織切片檢查，由於醫生要去度假，所以不得不改約我們安排的第一次會面時間。我提前幾天接受了取消，沒對此發表任何意見，而且實際上也沒打算要求他們付費，並重新確認了我們第二次會面的時間。

在我們約好的那天，他們兩個來晚了，事先在車上打電話通知我。我是在另外一個辦公室見他們，他們半途就迷了路。等他們抵達時幾乎一半的會面時間就沒了。英格麗說她差點不想來，但是她必須來告訴我，她希望霍斯特和我一起工作，而她不參加。她被伴侶們得在我推薦的性治療中做的那些事情嚇壞了。

## 允許被壓抑的壞客體返回

英格麗說：「我可不想在那些練習中做任何人的假娃娃。如果那個人不在乎我的身體，我是不會和他親近的。」在我給這對伴侶的一份問卷中，霍斯特曾經說過，他對她的身體感覺「中性」──既不吸引他，但他也不覺得排斥。「我知道事實是這樣的，」她說：「但是我感覺非常受傷，沒辦法忍受他這個想法。這種感覺不是第一次，我從前也像現在這樣感覺受傷過，但是我後來熬過去了。我不會再重新揭開那塊疤痕，所以我想讓霍斯特自己一個人來看你，夏夫醫生，來解決這個問題。然後如果你需要我，我會再回來。」

　　她的怒氣和痛苦擊中了我，但是我感覺最深刻的還是她的控制感，她告訴我要做什麼，而且一廂情願地認為我和霍斯特兩個該按照她決定的事情行事。我知道我不願意那樣做，而且我隱約地覺得那不是好主意，然而我還是感覺到侵犯，並被英格麗所虐待。

　　與此同時，霍斯特很順從地坐在那兒。他說：「凡是需要做的事情我都會做。我很在意英格麗，我願意做任何事。」除此之外，他就沒話說了。

## 在移情和反移情中接受痛苦的投射認同

　　現在我從被英格麗控制的感覺移開，想像被分配坐在一間房間裡，和霍斯特坐在一起，那簡直比死還難受。我想像自己沒法讓他開口，就好像和那些倔強的青春期孩子在一起時會發生的情景，我可不想那麼做。我沒有把自己的反應只當成一個簡單的事實，即我拒絕做英格麗要我做的事情。她也許是對的，也許是錯的。我把自己的經歷當成是他們的婚姻在無意識層面的一些線索。我感覺立刻就知道霍斯特想努力告訴我的，當英格麗變得很有控制感的時候，他是怎麼樣挺起腰來拒絕她的。我能感覺到自己的脊椎變得僵硬；我不會讓別人來告訴我該怎麼做。我立刻對我所想像的畫面感到同理：當她處於主控地位時，他就不願意和她做愛。從另一方面來說，當我去體會自己的感覺時，便逐漸瞭解了英格麗

的立場。霍斯特不只一次地要求她，一遍又一遍，請她接受
他本來的樣子——也就是向他的情況屈服。她感覺重覆地被
侮辱和利用。在這些年裡她努力適應、接受他，壓抑了自己
的不滿，直到那些不滿最終爆發。移到僵局中她所處的位
置，我可以看到當她感覺承受更多屈辱的時候，就會變得更
加有控制欲。

　　我現在感覺到開始理解他們所共享的扶持上的困難，以
及他們一起造成的僵局。一旦英格麗累積了超過她所能承受
的怒氣，霍斯特就會由於害怕她處在爆發的邊緣而退縮。感
覺到他增長的距離感，她會更努力地壓抑怒火，但也更接近
爆發。這對伴侶都認為治療可以重新創造兩個人的結合，所
以她代表他們兩個提出解決方案：先溶解掉夫妻的關係，而
把霍斯特一個人推給我。


## 透過背景扶持建立治療同盟

　　在我對自己的反移情做了一些工作之後，我嘗試邁出第
一步，和這對夫妻重新建立同盟。我對英格麗說：「給自己
找理由挽救不了妳的婚姻。妳有很多話要說，而且現在正在
用一種新的方式表達不滿——至少我這麼覺得——這也是我
需要和妳一起工作，並為妳做的事情。我同意妳的話，要霍
斯特說話並不容易，而且我感覺他來這裡的動機還需要被討
論。他說他想要來這裡，但是我感覺他從妳那裡借了很多感
覺。最終讓他來做個別治療也許是個好主意，但是我不認為

那是開始的方式。」我說：「然而，我們一定不會從性治療開始的，當『妳的身體已經沒感覺』了，是不能那樣做的，但是我們需要妳在這裡才能開始。如果妳不在，那麼治療成功的機會也就小了很多。」

他們離開了，同意至少在下次兩人一起來。我們已經在很大的程度改變了計畫，經過一致同意，改為到性治療之前，先用婚姻治療的形式來考慮會出現的種種問題。

## 討論

很多伴侶來的時候都很勉強，而且兩個人都有抗拒，但是評估的過程要解決這對伴侶所共有的抗拒問題。導致情況發生的部分原因是因為英格麗防禦性地否認了她的抗拒——亦即把它在她自己內部壓抑下去，並放到霍斯特身上。就像我們自己的所有部分一樣，當它是放在別人身上的時候，便不能被處理或改變。對於霍斯特來說，否定滿足了他把防禦分開、以避免被客體所控制的需求。他否認要去控制他人的需求，而且把這種需求放在英格麗身上，所以英格麗變得更加憤怒地想要控制並要求苛刻，結果就是我和他們之間的經歷快速地發展和改變，而我變成了她控制性怒氣的受害者，就像和霍斯特感覺的一樣，我被她告知要按照她的要求行事。

我知道任何要突破架構的突然要求都是個問題，而且我自己經常遭遇到的經驗是：如果感覺被某個女人反移情地控制住，恰恰表明了這是因為她們害怕自己被壓抑和剝削——因為瞭解這些，我可以很快地抓住霍斯特和英格麗，來抵擋對治療架構的攻

擊，並求助於他們所共享的情景。

# 第二次會面

第二次會面他們準時到了。

　　我並不期待再見到他們，還在捉摸會遇到什麼樣的面質。當我坐下來的時候，我意識到對自己獲得的一段歷史不是很確定：霍斯特的勃起困難是怎麼開始的，是他勃起失敗，感覺受辱，然後就退縮了？或者不是這樣的？他的性冷淡沒有什麼突然的起因嗎？或者他對性和她身體的欲望只是消退了？這是一個很重要的問題，因為如果由於勃起失敗而覺得受辱，所以就退縮，這是為了避免在伴侶面前感到羞愧，而無法解釋的性欲缺失則代表對另一半的恐懼，預後也將更差。

　　實際上，我知道這兩點經常是相互關聯而不可分的，但是我在絞盡腦汁地考慮我和這對伴侶的工作是不是還有希望。當我這麼做的時候，我變得很能認同霍斯特，對英格麗和她上次會面時的暴怒都不滿起來。在這個反移情的影響下，我忘掉了評估的一些信息，並完全陷入迷惑中。我沒有意識到要問的問題，是和英格麗爆發之後我的退縮有關的。在反移情當中，我認同了霍斯特，失去了對他們的希望和興趣，並且在迷惑中丟掉了我治療的「力量」。當我在會談中意識到這些的時候，我知道自己透過內攝認同吸收了他們的一些絕望神情。從這個角度出發，我感覺對這次治療更有希

望了，也就是說，我可以提供更堅定的背景扶持，並且可以把他們所共享的投射認同，以改造的形式還給他們。

## 在治療扶持中擴大伴侶的觀察視野

英格麗今天安靜許多。我問他們上次會談之後的情況，他們說不太好。英格麗說她不得不告訴我她很不滿意。當她的手快速掠過及肩的金色長髮時，臉龐烏雲密布，醞釀已久的怒氣破壞了她的美貌。她開始了激烈的演說。

「你一定要明白，醫生，霍斯特這麼差勁對我已經很久了，我一直忍著。我真的在想，如果這次治療沒用，我們也許就要離婚了。而如果我們什麼都沒做，我也只好繼續這樣子，不會再感覺到這種痛苦。

「很久以來，我都很有耐心，而且當一個好妻子，但是我做的一切根本沒用。他不會忍受不打排球或踢足球那麼久！那他為什麼可以忍受不做愛這麼久？兩年也就一、兩次，而且只有當我提出來的時候！我們去年還去度假，他竟然有膽量提出在沙灘上做愛，根本不可能。但是當我們回到臥室的時候，他的興致就沒了。而且他不說話！這個男人就是不說話！你不知道對我來說那是什麼感受，我感覺被拋棄了，而我甚至不知道自己到底做了什麼。」

## 測試防禦模式和平衡

這次我立刻就同情起英格麗。時間更充裕了一些，壓力也減少了，而且她也放棄了她的命令（至少就我看到的而

言），我接受了霍斯特的問題，覺得自己可以帶著同情來傾聽她。於是我轉向霍斯特並詢問他的想法，還有他對於這個問題的看法。

霍斯特說：「這都是真的。我不知道為什麼，但是我就是對性提不起興致。」英格麗插了句話：「對他沒什麼大不了。他不會對其他人做這種事情——忽視我。他就是不在乎。」

我看到霍斯特愁容滿面，所以希望他有效的回應，我示意他接著說。

「這不是真的。」他說：「我的確在乎的，我很在乎，不像英格麗那麼情緒化，而且我也不會變成那樣，但是我的確在乎的。這傷害了我，我會盡我所能在過程中不傷害她。」

剎那間，我想我找到了霍斯特的感覺，他正從一些暗地裡阻止他的東西底下去努力在乎英格麗，而這正是我想要探索的領域。但是在緊接著的幾分鐘之內，英格麗就再次把他埋了起來，還有我。

「他不在乎，」她說：「而且他從來不說話。」

## 初步測試伴侶對連結和詮釋的能力

我想要對他們的防禦系統做第一次的詮釋，我說：「我猜霍斯特的退縮是在保護自己，如果是這樣，我們一定要知

道他想遠離的東西是什麼。我有一種感覺，就好像是他藏在
一個很深很黑暗的池子裡，他腦中每一個妳拋向他的鵝卵
石，都給了他足夠的理由待在那裡，所以他就待在別人看不
到的地方，和水面離得遠遠的。但麻煩的是，他在情感上的
距離也很遠，沒有人知道那些拋向他的石子帶來什麼後果。
他離得實在太遠了，我們就是不知道他在哪裡。」

「哦，是的！」他說。「我是在防禦。我就像河蚌一樣
緊閉著，退縮並藏起來，但是她的確沒做什麼事情讓我有理
由要那樣做。」

「英格麗一定做了一些事情，」我說：「她一定做了一
些事情讓你如此反應，不管合不合理。」

「嗯，是的。」他說：「她責備我，告訴我做這、做
那。」

英格麗打斷他：「我沒有！」她尖聲說。

「英格麗，」我說：「我想當霍斯特終於開始說話的時
候，妳卻打斷了他，我可以理解妳不喜歡他要說的，但是如
果我們仔細聽他說話，也許會瞭解他有所反應的東西。」

「不是，我沒有打斷他。」她抗議：「我在這件事上是
對的。我真的沒有責備他，而且我受不了他這麼說。他就是
不說話！」

霍斯特坐在那裡，微笑著不發一言，又一次縮了回去。

我看到如果我在這個點上施加壓力的話，我會失去英格
麗，此刻她很固執地認為自己是正確的。我高估了她所能承
受的責備，她不得不轉向霍斯特和我發脾氣，因為她無法承

受霍斯特的那些責備。她根本無法傾聽他，這讓我留下了很深的印象，而且我感覺我們已經接近她所能忍受的界限了。他堅持認為她沒有做錯什麼事情，這也是對她無法容忍不同意見的一種適應。

「所以當他說這些事情的時候，妳對他很生氣？」
「我當然生氣。」英格麗說：「我很生氣，偶爾我也會對他發脾氣。但這都開始於幾年前，在那之前他說的是真的。他變成這樣很長一段時間以後，我才生氣的。有很多年的時間，我可以忽視這種情況。」

我開始感覺到他的易怒來自於一個想法，即他的任何行為都變成對她的攻擊。我感覺如果我現在宣布說：每一個面向都表明在他的不滿中，她是有責任的，那她就會變得對我充滿戒備。我接受了這個警告，覺得最好還是後退一點。

「我沒有說妳引起了他的後退，或者那是妳的過錯。」我說：「我的問題是，妳做了什麼讓他現在又縮了回去呢？」

我看得出來，她不買我的帳。我說的話也不完全是正確的。我開始不太喜歡英格麗，這種不喜歡是接受到投射認同的結果，因為它發生在一種情境裡，在其中我覺得對她充滿同情。她被鎖在婚姻中，和一個沉默無語、不把她當一回事並從她身邊退縮的丈夫待在一起——這自然也是另外一種投

射認同。


## 明確抗拒

　　現在，當我繼續自己的推理，我撞上了第一個路障。從某種程度上，我看到它的出現，它讓我看清了前面一個鐘頭的事情，也就是英格麗拒絕繼續下去的那個時候。我說：「我正努力想聽到霍斯特在對抗什麼：他一定發現做了一些令他困擾甚至是討厭的事。我們知道那是真的，但是我們需要一些細節來瞭解它。」

　　「我想讓他說話。」她說：「他不說。從來不！所以我想聽他說，我不會打斷他。我希望他說話。對不起，但是我沒做過任何事會讓他從我身邊退縮回去。」

　　「你從來沒有告訴過他，他做錯了嗎？」我問。

　　「沒有。嗯——有些小的事情，但是我基本上都忍了下去。」

　　霍斯特又面露厭惡。

　　「那麼，」我問他：「她有沒有問過你在想什麼？」

　　「哦，她非常固執，」他說：「她知道自己在想什麼。但是沒問題啊，我的意思是，那沒什麼，我可以容忍這些。她是這麼好的一個人。」

　　霍斯特對著我微笑，努力想要說服我，告訴我相互矛盾的事情，不許我說出某些和她有關的話，以交待他被指使和後退的感覺。他也沒準備要按照我希望的那樣講真話！

　　我知道我現在有麻煩了，但同時也在一個可工作的領域。但是我感覺自己對英格麗太直接了一點，這樣很快會弄巧成拙。我可以想像她對於上一次會面的憤怒，覺得這些已逼近她理智範圍的極限了。

　　英格麗不斷在防衛自己。她說：「例如有時我要霍斯特做點事情，他就說：『現在不行，我會在二十分鐘之後做。』如果事情需要立刻處理，我就不得不自己完成。」

　　「是有過那種情況。」霍斯特承認：「但如果是開車送孩子們到什麼地方去，我就不會那麼做——那樣的事情我會立刻去做。確實經常發生這種情況，但是在重要的事情上我不會拖延。」

　　他在這個小時內是多麼隨和啊，我想。他看起來很講道理——嗯，幾乎是完全的了。

　　英格麗說：「嗯，就像是餵孩子，如果我要他幫忙，他會說：『二十分鐘以後做。』但是一個三歲的孩子可不會等，所以我就自己去做了。」

## 探討每個伴侶的參與

　　「我不得不面對，」霍斯特承認：「任何她想讓我做的事情，我都不願意，只為了讓她小小地不舒服。這來自於我拒絕父母，我總是跟他們作對，所以我也跟她過不去。這不是她的錯，我對任何人都會那麼做。」

　　我覺得我鬆了一口氣。霍斯特承認了，這也就令英格麗放鬆下來。

　　英格麗點了點頭，她得到了證實。她說：「並不是從我的不滿開始的，而是從他開始退縮，並且十年和我沒有性生活之後才開始的。他先是對我失去了興趣，我努力忍著。我想：『也許這就是我不得不忍受的，他很好，很多女人的經歷比我還糟。』於是我就忍著。但是後來我很挫敗，也很生氣。當然了！現在我可以看清楚他是因為我的怒氣而退縮。但並不是我讓這一切開始的，他才是！」

　　我很清楚地感覺，英格麗需要我來理解這一切。如果我不能理解，她會覺得自己受到譴責。她的請求不僅僅是要澄清事實，而是要求被理解，以保持她僅剩的一些自尊。我感覺自己可以說一些她聽得進去的話了，我努力回溯到她開始討厭我的地方。

　　我說：「我可以理解妳說的話，英格麗。妳被攻擊和忽視了那麼多年，現在感覺自己的怒氣湧現了。我聽到了，我們會試著瞭解這一切是怎麼開始的。但是現在，我們必須從眼前的事情出發——霍斯特從妳身邊縮了回去，而且妳的怒氣已經變成了一種模式——我們必須從這些地方開始。」

　　「是的。」她表示同意：「我看得出來，他現在又縮了回去，因為我要發怒了，但是我沒法控制。」

## 移向詮釋和理解傷害──「原因子句」

　　到現在，我覺得更舒服了一些。我終於意識到，我要從英格麗那兒後退一些，並且不再去證明她無所不知，而任何一個正常男人都會抗拒。這讓我的結論顯得更加公平。

　　我接著說：「我想妳的怒氣經常朝向霍特斯，這怒氣來自於挫敗感，覺得被忽視而且不被注意。但是他覺得遭到攻擊，就退縮得更厲害，藏到他的河蚌世界裡（我在這裡使用他的語言）。所以你們兩個讓事情發展成這個樣子：英格麗是好的、對的、通情達理的，而霍斯特是壞的、不聽話的男孩，總是用他的被動反應來抗拒。」

　　霍斯特點點頭說，「哦，我是被動的，沒錯，這樣就可以把我的怒氣轉嫁給她。」現在他的笑容有點孩子般的淘氣，不再是封閉的了。

　　我說：「你們兩個對這個看法有了新的理解：英格麗是好的，是受害者，而霍斯特是糟糕的，並引起麻煩──你們對此可以接受嗎？」

　　他們都點了點頭。

## 治療師做出更深刻的連結

　　「但是，我沒有做什麼傷害他的事情。」英格麗說：「或者至少，只有在他做一些讓我生氣的事情時，我才對他發脾氣。」

　　我們又回到了英格麗所防禦的領域，而我再一次感覺到共享的投射認同是多麼強而有力。

　　我說：「這和妳一定要做個好角色的觀點是一致的，否則，你們兩個都會感到失去那些好的東西。如果英格麗變成了一個壞的角色，那好的地方就消失了，因為你們都同意那些好的東西不在霍斯特身上。在你們的婚姻中想要保持一些好的東西，問題是所用的那種方式，一定會讓霍斯特不得不感覺自己很糟糕。這讓我想到了在霍斯特的河蚌裡藏著什麼。」

　　我有一個幻想，霍斯特是藏在牡蠣裡的一顆珍珠，他被牡蠣的硬殼保護著，但是有可能被強制著從裡面取出來。然後我想到珍珠就好像是射精開始時的一滴精液。英格麗想要他、他的種子、他的性愛，但是她努力想要得到珍珠的企圖，讓她變成了一個非常有攻擊性的角色，並且把他從一個產生珍珠的牡蠣，變成一個不再有珍珠、只能緊緊抱住自己的河蚌。

　　我繼續說：「英格麗，妳在他的殼裡看到一顆珍珠，不得不猛烈敲打他，來為妳自己拿到一些寶貝，因為如果沒有那些寶貝，妳會覺得那個真實並摯愛著的霍斯特不見了。他所能得到的自尊很少，而那個珍珠就是他存放那些自尊的地方，因為在你們兩個人的安排中，他是壞的角色。所以，既然他一定要保留些好的東西，他就不得不在那些所隱藏起來

的性的感覺中來保持那些東西。然後妳追著珍珠，因為妳也感覺不到好的東西，除非他願意把珍珠拿出來和妳分享。但是當妳這麼做的時候，他覺得受到了攻擊，就好像妳會把珍珠從他那裡拿走似的，他會更加防衛。所以妳感覺又一次被拒絕，而且那個循環不斷持續，妳一定要找到一個脫離這個循環的方法，因為我們看到這個循環仍在繼續。」

## 伴侶詳細說明他們的防禦模式

英格麗和霍斯特點點頭，沉默了一會。然後英格麗說：「讓我告訴你我們過去一直在爭吵的真正事情：他開車的樣子！他是個可怕的司機。在他開車的時候他媽媽會坐在後座，不願意坐到前面來。我過去常常朝他大叫，也嘮叨他。兩個月前，他同意不再緊追前車，或者亂踩煞車，轉彎前還不肯減速——現在完全不同了。」

霍斯特擺出兩手一攤的姿勢，以表明自己的無辜。

我說：「很明顯地，你不同意？」

霍斯特說：「我不認為我現在開車和以前不同，但是她放輕鬆了，謝天謝地。」

「哦，天啊！」英格麗說：「我們以前談過，你同意了，自從那以後，情況確實不同了。」

「從什麼時候開始的？」我問。

英格麗說：「他開車總是這樣，從我們開始約會的時候，有一次我們還大吵了一架，我下車威脅要自己走回去，但也就那麼一次。」

霍斯特說：「我那時候並不覺得很糟糕。」

我說：「那個時候是不會。你們需要掩藏起自己的一些怒氣，熱愛並理想化對方，這樣才能結婚。每個人都會這樣，要不然就沒人能結得了婚。」

我覺得有點狂躁，把我所得到的所有結論都拋給他們。

霍斯特點點頭。我繼續：「一旦你們結了婚，就被對方困住了。英格麗，從妳的角度來講，妳被他糟糕的開車技術困住了；而你，霍斯特，則是被她告訴你要怎麼開車困住了。也就在那個時候，不滿開始浮出水面。」

「這不是什麼重要的事情。」霍斯特：「我可以忍受這個，還有更大的問題。」

「不，這是生活裡的事情，你們共同的生活。」我說：「就是這些小事——誰為孩子們做午飯、你怎麼開車，那可以說是你們關係的『媒介』。」（現在英格麗在點頭，而霍斯特看起來很懷疑。）「所以這就是要去推敲的地方。我想要聽到更多關於開車和爭吵的事情，還有家裡的小事。現在我開始有點瞭解你們的爭吵了，這些爭吵讓你們都深受打擊，並覺得遭到誤解，雖然你們都認為事情很小，不值一提，然而它們的確有關係，而且非常重要。我希望藉著探究這些來瞭解更大的問題，比如把好的一面分配給英格麗，而把壞的分配給霍斯特。」

時間到了，當我確認週末的預約時，霍斯特說他不來了。一個新客戶給他壓力，要他去在第蒙（Des Moines）的

辦公室。我提出了另一個時間，但是他不能接受。他對我施壓，逼我為那個小時找點別的事情做，這樣他就不用付費。

在評估階段的爭論中，我也曾感受過這樣的壓力，現在我覺得有些東西籠罩在我的頭上。我說我會努力把這個小時填滿，但這不是我的規矩。畢竟，霍斯特曾經說過我的費用對他而言是值得的，而且治療在他生活裡非常重要。他說過如果治療沒效，他將會面臨離婚。而且我知道這也正是英格麗稍早提到的痛苦：如果治療沒有作用，他們的婚姻可能結束。但是，即使面臨這樣的狀況，他仍舊迫使我去適應他們，而不管我的不情願。

我在口頭上答應了霍斯特的請求。

會面之後，我瞭解到自己屈服於一種無意識的操控，這種操控令我不情願地同意他們的要求，並引起我的不滿。我想像除了把那個小時填滿並且不收他們的費用之外，還有另外一種選擇，就是忘掉我對他們說的話，我甚至想到了不誠實的行為。當我這麼做的時候，我感覺束縛。逐漸地，我意識到他們進入我的內部，並以迂迴巧妙的形式包圍起治療架構和我的標準工作方式，迫使我就範。當然，我對此不滿，但是我認識到這種經歷近似於他們伴侶關係內部發生的事情。英格麗一直以來都在經歷這些，被逼迫著忍耐自己的不滿，並在回應時變得更加控制。對霍斯特來說，他感覺到她要控制自己的需要，於是拒絕所有她所提供的框架。我猜測

199

**這對伴侶的生活真的不容易。**

我知道到現在為止，我們還沒有完全扭轉局面。我對自己感覺受到指控很心煩。就像那些真正有效的攻擊一樣，這次的攻擊針對著治療架構的脆弱點。我原本就懷疑如果錯過預約還收取費用，是否有失公正？這次攻擊則攪動了我的懷疑。我對此保持著一種「工作者的矛盾情感」，正是內部的開放性讓我的工作發揮得最好。我沒有把時間填滿，因為不想帶著不滿做事，但是我對這對受到壓迫的伴侶感到同情，所以我努力對自己的矛盾情感進行再工作，而我的矛盾情感是對應著與每個案主或伴侶所產生的特殊移情發生的。我考慮到他們很熱切地想要和我工作，而且知道我的規矩，即收取那些錯過並無法改時間的面談費用。我感覺他們正聯合起來攻擊這個架構——還有我對於此架構的承諾——因為他們感到正是對方打擊了他們婚姻的框架。

## 第三次會面：螺旋狀進展

我們仍舊每週見面兩次，這個時間表來自於進行性治療的主意。然而，我覺得在這種機會中，這個時間表仍舊表現不錯，而且也許可以進行長期治療。我想到近來與杰克・格朗勒（Jack Graller）的一次討論，他把每週兩次的伴侶治療作為一種加強工作效果和增加移情影響的方法。但是，在上一次會面結束時我們已經約好，由於前一週我們沒能進行第二次會面，於是這次會面距離上次相隔一週。

## 再次與抗拒工作

英格麗開始說話：「我想要問一下——我是指也許你無法說明——但是我確實為錢擔心，你認為治療要進行多久？能給我一些參考嗎？」

我說：「在治療初期，妳想要搞清楚會面如何進行。我很想知道，只是關於錢嗎？或者還有其他的問題，關於治療會不會有幫助的問題？」

她回答：「我們用的是自己的存款，而且我們已經和其他的治療師做了八個月的治療了，包括那個把我們轉介給你做性方面評估的治療師。」她一邊說，一邊哭著拭淚。「我們在這裡做的事情對我很重要，但是我們現在是用存款在付費用。我們沒有任何的幫助，這是唯一付費的方式，因為我們沒有保險。」

我說：「如果我知道，我會告訴妳的。如果這是正式的性治療形式，我會說將持續三到八個月，或者更長一點。在那之後也許有其他工作要做，但性治療大概需要這麼長的時間。婚姻治療沒有明確的時間限制，在某種意義上，如果進行順利，會比進行不順花更多的時間。」

英格麗說：「所以這是我的錯誤。如果我進行性治療，那就一勞永逸了。我是不是拖累治療了呢？」

我說：「我沒這麼說。妳只能從妳所在的地方開始，而無法憑著對性治療的感覺，『順從』性治療。有一些工作要先進行，但是像現在這樣，我沒辦法告訴妳治療將持續多久。也許之後我會更清楚，而且我會很高興和妳一起注意。

那麼你怎麼想，霍斯特？」

霍斯特說：「我們的錢是不夠，但治療是最重要的。我想我們一定要做這件事，所以我不為錢擔憂。話說回來，我也從來不擔心。」

「那是真的，」英格麗說：「他什麼都不擔心，把煩惱都留給我。他對錢一點概念都沒有。」

我說：「繼續下去之後，你們會知道治療是不是有用。並不是說在對治療怎樣進行一無所知時，就要不確定地簽下同意書。但是我可以對你們說，在開始的幾個月，當我們努力去理解問題的時候，暫停那些判斷會很有用。然後我們就可以更主動地評估工作進行得怎麼樣，以及正在往哪裡走。」

## 伴侶的意見不一致

接下來在晤談中出現了沉默。和很多的伴侶一樣，由於治療缺少可觀察的結構，他們會在最初掙扎一下。他們不知道下一步往哪兒走。我讓這種沉默持續了一會兒，然後決定給他們一些幫助。我問他們在上次會面之後，他們之間發生了什麼事、感覺如何。

英格麗說：「什麼都沒有。我是指沒有差別，我們離開這裡後，就好像什麼都沒發生過。我們還是像好室友一樣生活。」

霍斯特說：「這週有一件不同的事情，我在身體上和英格麗離得更近了。我試著和她靠得更近些，去觸摸她。」

「什麼時候？」英格麗要求知道。「告訴我在『什麼時

候』？你和以往沒有任何不同。」

「嗯，我正在試。我這週試了。」霍斯特說。

「給我個例子啊。這週你出去了三個晚上。我們看到早上你在讀體育新聞，另外一晚則在打保齡球。」

「嗯，我試了。」霍斯特又說了一遍：「但是如果妳感覺不到，那麼我就沒那麼做過。我是說如果妳不這麼認為，那麼它就沒發生過，而且我錯了。」

起先，我覺得認同了霍斯特，之後又認同了英格麗，覺得感覺不到他。我不確定霍斯特是不是做了更多嘗試，而且即使我在場，也無法肯定就能看得出來。我也不確定如果我在場，我是否會認同英格麗，覺得霍斯特根本不在身邊。就好像是兩個完全不同的故事在展開。但是，霍斯特退縮的方式讓我印象深刻，我認定這意味著他正在克制自己的不滿。

我說：「這不是解決的方法。如果你那麼說，我不知道你是怎麼處理自己的不滿情緒的，而你肯定會有這種情緒。我們看能不能找到你所說的不同。」

「你只要告訴我哪一次你撫摸了我。」英格麗說：「就一次。」

「好。」霍斯特說：「昨天！昨天我和妳坐在沙發上。」

「昨天我們只是看了電視，」她說：「那什麼都不是。是啊，你和我坐在一張沙發上，但是你沒碰我。對不起，也許我應該對你坐在那兒充滿感激，而不是坐在你常坐的自己

的椅子裡，讓我一個人待著。」

「嗯，你看到了嗎？」他對我說：「她感覺不到，那就這樣了，什麼都沒發生。我認為我做了，但是我猜我沒有。」

我說：「關於靠近的問題，它看起來是個很脆弱的領域。到現在為止，我所知道的就是你們兩個對此都很小心。」

「不，」英格麗說：「我想讓他靠得更近些，我很渴望！我會很喜歡。但是他什麼都沒做。如果他做了些什麼就好了！但那得是他自發的，我不想因為我告訴他，他才做。我甚至不介意如果很尷尬，他不太擅長那樣，但是我不會介意的。」

我覺得我們又回到了英格麗不講道理的要求領域了。她需要他做一個動作，但是這個動作一定要正確，否則就不算數。

英格麗繼續說：「我要求他送花給我，他過去常送花給我。我們相遇之後整整兩年，我幾乎每天都收到新鮮的花。但是現在他再也不記得要送花給我了。我給了他暗示，我說，『如果你能偶爾送我花，我會很高興。』他所需要做的事就是在回家的路上在雜貨店停一下，就在他回家的路上，但是他沒有。我已經很多年沒收到過花了。」

霍斯特：「在過去的三個月裡，我送了妳兩次花。」

「說來聽聽！」她說。

「我請花店在妳生日的時候送過來。」他說。

「這就是問題：我不想要你請花店送過來，那很貴！我告訴你我想要什麼，我想要你在回家的路上停下來，給我買幾束花。你那樣做了兩年，真不可思議！但是現在你都不肯花點時間。」

「不是那樣的。」他反對說：「我可以按照妳想要的方式做。但是我們第一次約會的時候，我們還很窮，我只能在路邊買花送妳。而我現在從花店買的花要美得多。我喜歡現在可以為妳買一些更好的東西。」

「總之，你買花給我，只是因為你剛好在為你的祕書買東西。」她轉向我，向我解釋：「她對我們很好，我告訴霍斯特應該買花送給她，所以他總是要到花店去，也就順便為我買了花。」

「不是那樣的。」他反對：「我為祕書買雜貨店裡的花，但是我想那些花對妳還不夠好，所以我就打電話給花店。」

「我更喜歡那些雜貨店的花。」英格麗反駁他：「而且我不想要你在我身上花太多錢。你看，夏夫醫生，就是這樣，他不做我想要他做的事，當他終於做點事情時，卻不是我想要的！」

我覺得我們停滯在以前停過的地方。此時，我更同情霍斯特，而反對英格麗。但是我也不確信在這一週，他是否真的試著和英格麗更接近一些。雖然我也不認為每天送花是一種愛的表示，但鮮花好像是他們之間一致同意的某種語言。

很多年來，他都沒有滿足她經常提出的要求：用一種特定的方式來表現他的關切，他甚至連假裝那麼做都不肯。而當他做的時候，她又說他的方式錯了。我自己是不太在意花的，所以我很容易感覺站在霍斯特的立場，而且被困在那裡。

我知道自己最初感覺英格麗的要求太過分，我想這種感覺來自於對霍斯特的暫時認同，並且緊密地與他的退縮連結。我想強烈地要求他更加直接地表達他的反應，我想像這種反映是某種形式的暴怒。我開始對霍斯特提問。

## 再一次嘗試：擴大觀察視野並測試防禦模式

「霍斯特，當英格麗說你做錯了的時候，你感覺如何？你說你確實送花給她了，即使只有幾次，而她說『但不是用正確的方式』。」

霍斯特轉向我說：「我想花店送的花更漂亮，但是如果她想要我去雜貨店排隊，親自選花，這就是她想要的事情，那麼我就會那麼做。」

「你不覺得生氣，或者是有點苦惱嗎？」我追問。

「不……嗯，也許有點。嗯，說不出來。英格麗不喜歡被批評。」他看著我，感覺很迷惑。「你想讓我說出來嗎？」

英格麗插了進來：「我從來不知道他在想什麼，或者他感覺如何，他自己保留了很多東西。這是一個斯多葛先生！所以我從來無法和他說話。」

在這一刻，我對於英格麗有了不同的感覺。她總是打斷霍斯特，否認他所說的一切，我對此充滿挫敗感，並發展出一種重覆出現的不舒服感。從上一次的會面中，我已經知道不能一直面質她，說她打斷他將會帶來否認。我早有一種感覺：霍斯特沒辦法告訴她：他生氣了，因為當他感覺生氣的時候，連自己也不知道。現在我瞭解他潛抑了自己的憤怒，也是因為英格麗無法承受。從這對夫妻投射認同的扭曲影響中解脫出來，我開始清晰地看到整個事件，深入了他們潛在的動機，於是忽然想到了什麼才是英格麗最恐懼的。是什麼讓她否認霍斯特的努力，並一再堅持說他錯了？我在內心問自己這個問題，這讓我最後說了一些在四次會談以來最有同情心的話。

## 再次製造連結和建立同盟

「英格麗，我想最讓妳沮喪的，是想到霍斯特讓妳氣得發狂。當他不告訴妳他的感覺時，妳就會很挫敗而且生氣。他說的越少，妳就越生氣。」

英格麗帶著淚水，停了一下，說：「是的，我想是這樣的。我不喜歡當一個生氣的人，我從前不是這樣的，而且我討厭這樣。我不喜歡我變成這個樣子。」她開始哭了起來。

自從她說她不接受「我的計畫」以來，第一次，我們終於在同一個頻率上了。我看到她放鬆了，她看著我，就好像我終於講了一些正確的事情。我瞥了一眼霍斯特，他看起來

並沒有因為剛才所說的事情受到困擾。我覺得膽子更大了，想要繼續說。

我說：「妳好像被他侮辱——這讓妳非常憤怒，而這不是妳認為自己的樣子。他帶走了妳想要的那個妳，讓妳覺得自己只是個愛生氣的人，而其他什麼都不是，就好像是他剝奪了妳，不僅僅是他的愛，還有妳自己。」

「我不知道是不是侮辱，但我確實非常憤怒，而我並不想那樣，而且他什麼都不說。就像你說的，『都是我』。」

我意識到她想要再次告訴我：我還是沒有完全說對。然而，她的反對和以前相比，好像不那麼具有防禦性了，更像是案主對我的話所做出的一般更正，會仔細考慮我的話並且決定是否合適。我覺得這是一起工作的過程中，遇到的暫時意見不和。晤談時間快到了，所以我覺得需要把霍斯特加到我說的話裡面來。

我說：「英格麗，我接受妳說的話，而且我想讓妳知道，這就是我為什麼一直鼓勵霍斯特直接地多講講自己的憤怒。我想他對妳是憤怒的。我們都同意他不能忍受任何人來告訴他任何事，而妳對發生的事情有很多不滿，有很多要告訴他的。但是他對應的方式就是拒不開口而且藏起來。所以妳碰不到他，或者碰不到他那顆被藏起來的珍珠，這就是我們上個星期講的事情。」

「從你這邊來看，霍斯特，你**沒有**說到的最重要的事

情，是你多麼生氣。你拒絕開口說話，好讓英格麗知道你生氣了，但是當你這麼做的時候，你的行為激起了她的憤怒。她對你們兩個人都生氣，但那是因為：當你因為她不喜歡所以不敢說出來時──她確實不喜歡──她就變得更加憤怒了。」

「嗯，我就是認為我不應該說出來。」他說：「她是一個好人，所以她值得更好的東西。」

「聽我說，霍斯特，很多時候你都是生氣的。」我強調：「當你看著我，用一種『我能做什麼？』的方式看著我的時候，我看得到你在生氣。但是你不說出來！而且你也沒有什麼其他要說的。」

「是的。」他說：「所以我應該怎麼做？」

「是啊。」英格麗問：「我們應該怎麼做？」

我說：「除了保持每兩個星期來這裡一次，至少是現在──我沒有什麼建議可以給你們。在這裡說出自己的心聲會帶給你們壓力，你們會需要一個地方來處理問題，問題就不會再被埋在地下。所以，英格麗，我要妳知道，我正在要求他把話說出來，並不是對妳做沒必要的傷害，而是可以讓妳不至於自己說出每件事。」

這是段很長的發言，但是他們聽進去了。我感覺我談到了投射系統的交互問題，讓他們兩個人都略感解脫，於是我也覺得放鬆下來。而我的話是否成立，這要在後面的會面才能得到印證。但是我把它當作是一個小突破，我感覺現在正處在中間的領地上，理解他們兩個人。這似乎是困難治療中

209

較好的開端了。


「好的。」英格麗說：「我理解。如果能從他那裡聽到一些東西，那會讓人很欣慰。」

「那麼你呢，霍斯特？」我問。

「好的，我可以努力。」他說：「如果在家不行，在這裡，我可以。我會試一下。這就是我們為什麼在這裡的原因。」

「星期五見。」我說。

「我們星期五見。」英格麗說：「如果到時候我們還活著！」

他們走出去的時候，臉上都帶著微笑。我想像那是帶著解脫的笑。

## 討論

此初始階段的三次治療會面例子，顯現出治療師經常會失去平衡，應接不暇地處理反移情，其枯燥程度甚至超過之後治療中的真實情況。在這個例子中，在伴侶和治療師一起找到方向之前，我們可以看到最初的相互適應。這就好像是一個新生兒和母親在開始時掙扎著，找到他們之間的節奏和基本需求的自然信號。剛開始進行治療的伴侶一定要向他們的新治療師發送信號，告訴治療師他們的需求，以及滿足他們的最有效方式。

不是所有的伴侶在開始時都經歷這麼明顯的困難。有些伴侶看似做好了充足準備，並沒有適應問題，也沒有溝通問題——不會有反移情的不平衡，也就是讓治療師非常強烈地認同其中一

人，而反對另外一人。但是這種順利的開始也許隱藏著一些困難的問題：一種過於適應的共享扶持模式，伴侶會聯合起來隱藏壓抑的壞客體，而不讓治療師知道，以免壞客體不被容忍。在這些情況裡，治療師經常會覺得很享受工作，甚至還會理想化這對伴侶，並無意識地與之共謀，來壓抑伴侶所共享的侵略。

前面所提及的伴侶治療會面示範了治療最初階段的任務。這些會面開始於抗拒的妻子強烈表示她不接受治療工作的任務，或者是治療師所推薦且先前已一致同意的工作方式。治療工作在這對伴侶的抗拒中進行，並對他們的防禦模式進行了測試，直到他們之間出現了更大的彈性，允許去檢驗他們的交互投射認同。

在過程中，伴侶和治療師都在他們共享的交互扶持能力上得到了成長，透過緩慢地擴大觀察和理解的視野，以及之前壓抑的壞客體被治療空間所接受，一種增強的治療聯盟得以建立。伴侶雙方都參與到逐漸擴大的探索中，而且對於對方行為的容忍程度也有所提昇，即便只是些許的增加。雖然交互投射認同的模式已經大體上被指認出來，我們卻不應就此認為這種最初的指認會一勞永逸地發揮作用。我們還不知道在這之後會出現什麼樣的抗拒模式，但是可以肯定的是，抗拒會一次又一次浮現。真實的修通還沒有出現——修通是治療中期的特徵：也就是隨著新的變化得到理解和處理，那些變得熟悉的模式會不斷退縮。但是就在開始的這三次會面中，我們還是可以看到治療中出現的典型螺旋模式：一樣的問題一次又一次地出現。如果治療進展順利，每次表現都會呈現出更多，並允許再一次工作，但是基本的模式是在早期就建立起來的。

這個例子也描繪了在治療第一個階段裡反移情的應用，以及

投射認同的強烈相互影響。由於伴侶共享對參加治療的防衛性勉強，他們聯合起來面對治療師，因此交換扮演著表達拒絕的角色，而治療師則一直跟隨著所隱藏、壓抑的情緒和客體關係的微妙提示。霍斯特潛抑了他所知的憤怒，還有更多要壓抑的。英格麗幾乎是有意識地壓抑在治療中威脅要甦醒的渴望和痛苦。防禦中的忽然變化，以及表達這些線索的投射和內攝認同的模式，都集中到伴侶的背景移情所共享的障礙中，而這種障礙在治療初期就已經發揮作用了。一旦要求伴侶兌現對治療的承諾，評估過程中出現的合作和急切的姿態就變化了。在贏得了治療師之後，伴侶所共享的內部客體困難浮出水面，治療關係不得不在新的立場上重新建立。

反移情是此治療工作的試驗場域，在這裡，伴侶和治療師可以真正地參與其中。伴侶也可以進入治療師，就如同如果治療有效的話，治療師也必須進入他們一樣。

在治療早期，治療師並不特別致力於評估那些抗拒，但是卻進展得相當順利。在那幾次會面後，這對伴侶持續來了幾週，但是在治療師休息了一個月的暑假之後，他們就再也沒有來過。他們打電話來說孩子們缺少臨時褓姆，他們會在找到新幫手之後再來，但他們未曾再來訪。我想起英格麗曾是臨時褓姆，而且我記得她說過，在缺乏幫助的情況下，她會重新當褓姆以負擔治療。但在此沒有出現其他連貫的無意識解釋。

我們不知道這對伴侶停止治療的確切原因。在治療師缺席之後，治療經常會被打斷。但是從治療一開始，這對伴侶就竭力表達出抗拒的問題。除了和他們一起工作之外，我們什麼都做不了。這種早期的努力並不總是成功的。治療師需嚴肅處理早期浮

現的抗拒，並與之一起工作，以理解威脅治療工作的背景扶持不足。如果進行順利，治療師會在治療中生存下來，而伴侶則會邁向中期的工作——雖然這經常發生，但有時也不盡然。

# 【第八章】打破僵局：看似無望的婚姻治療中期

　　遲早，婚姻治療師會遇到一對看似每一刻都在攻擊婚姻的夫妻。從心理治療的角度，我們知道在爭吵背後有種渴望——把這樣的夫妻維繫在一起。但是在努力幫助他們的過程中，他們經常從互相攻擊轉而攻擊我們提供心理治療的能力。在這種情形下，唯有這種透過攻擊而存續的能力，能提供治療改變的機會。如此的工作經常是艱難的，但是它會提供極其有用的啟示，雖然少數夫妻的關係完全是破壞性的，他們的移情仍然反映了對方呈現出來的問題。在這裡所勾勒出反移情中的「僵局」和「不可能」的經驗，就是與這樣的配偶工作的最主要特徵。

　　　哈維和安娜為他們之間無可挽回的局面尋求幫助。哈維是一位五十八歲的作家，在英格蘭長大；安娜，四十二歲，是一位聲譽卓越的科學家。他們結婚僅僅十八個月，但是婚姻從一開始就面臨風暴。哈維受邀為一本雜誌寫一篇關於安娜的傳記文章，從此之後，他們開始了一段長時間的戀愛。雙方在當時都是已婚，但是實際上，兩人都已協議離婚，並經歷了多次外遇，不太管自己以前的配偶。哈維說他的第一任太太除了對他們的孩子（現在已經長大了）之外，總是陰沉沉的，沒有什麼反應。安娜則這樣描述她的婚姻：她嫁給一個很成功的建築商，丈夫對於家庭卻沒有興趣，經常留她獨自一人，和兒子、女兒在一起，讓她愛怎樣養孩子，就怎

樣養。兩個人的第一次婚姻都很平靜，無風也無浪，沒有什麼大吵。哈維從幾年前在情感上已經脫離了婚姻，幾年來，他住在離妻子家很近的一棟大樓裡。安娜在經營家庭方面採取了主動，而在別的地方滿足自己的情感需要。

他們的戀愛是在瞞著雙方配偶的情況下進行的，一開始熱情似火，彼此都說感到充滿前所未有的活力，也花了許多精力計畫約會。在他們羅曼史的最早階段，當他們短暫的幽會還是祕密時，性關係很順利。但是他們一公開戀情，開始自由約會並且有更長時間相處之後，哈維就開始出現勃起困難。他們雙方都認為這起因於在不被允許的情況下，他們的關係承受了很大的壓力。但是行房困難的問題，在他們可以自由約會時仍持續了下來。結婚之後，哈維的陽痿更嚴重了。

安娜說她憤怒的主要原因就是丈夫的陽痿。她無法面對自己結了婚，卻不能過夫妻生活。日子太不如意了，還必須面對子女們帶來的困難，他們不斷在學校惹事生非。對於此事，她感覺哈維根本不同情她，但是她還可以承受，畢竟她一直是獨自撫養孩子。她不能面對的是，自己處理一切事務，卻不能從他那兒得到一點性方面的安慰。對於這一點，她有強烈被拋棄的感覺，覺得自己不受關愛，這種感覺與她五歲時體會到的情緒一樣。那時她的雙腿和下半身在一次火災中嚴重燒傷，她覺得自己很醜，並且被遺棄了。她已經很難回憶起那場火災，所能記起的是在醫院度過漫長而孤獨的日子，沒有人關心。這些可怕的感覺隨著哈維的性拒絕又回來了，但這還不是全部。她覺得丈夫不關心她每天不得不忍

受的許多問題。她的一個孩子得了厭食症，另一個雖然很聰明，卻自暴自棄。當她努力去管教孩子們時，丈夫根本沒提供她情感的支持。孩子們不只難以管較，也怨恨哈維——這並不奇怪，因為他是個自我中心的人，不太關心他們。當他有時轉而關注孩子時，卻會煽動、戲弄他們，最後在孩子們的哭聲中不歡而散。有一次，當哈維傷到安娜的小男孩時，那個孩子還用武力攻擊哈維。

安娜生起氣來，圓臉脹得通紅，而哈維臉色蒼白，一動也不動。他不動聲色地靜靜地坐在那兒，陷在扶椅裡，直到她發完火，然後他挺起身子開始為自己辯護。他悲痛的樣子，似乎她是他最重要的人。在他早年的生活中也有過陽痿，但是從來沒有像現在這麼嚴重。對於她的問題，他覺得自己既不冷漠，也沒有不支持。

他冷靜、理智、說話有條理，口音讓人感覺出身高貴。他的舉止中沒有一點能夠印證安娜對他的長篇控訴。他說他希望他們能盡快做點什麼，以解決陽痿問題。他願意為她帶來幸福。

## 治療

與哈維和安娜（Harvey and Anne）的工作是我〔大衛·夏夫〕曾經接過的案例中，最困難也最令人沮喪的。在早期的治療過程中，安娜找到一種平衡方式，她拒絕說話，努力控制自己的憤怒，以迫使哈維參與。一開始，她會說：「今天我不打算說話，哈維，你說！」這使治療立即進入一種模

式，丈夫看著我，開始從自己能想起的說起——報告一週的活動，在來會談之前發生的爭吵，或者偶爾也會報告一下相對來說比較和平的一週生活。

或遲或早，安娜會插進來，對他的報告表示不同意。她會說他沒有正確地表達她的看法，或者他對自己說過的話描述得很準確，卻沒有理解她的話。經常浮現的模式其實是：雖然他在講話，但是他講的都不重要，只有等她插話。丈夫理性地陳述自從上次會面之後這段時間的事，情況就是這樣，大部分陳述都缺少感情色彩。

我時常感到我的中立立場發生嚴重偏移，使得工作更為困難。我喜歡先生高雅的智慧、上流英國紳士的口音和貴族式的演說，儘管他說話相對來說不帶感情。我發現太太就算有些心理學的慧根，但是脾氣像潑婦一樣。總體來說，我覺得這對夫妻不斷地把我從力圖保持中立的希望中拉出來。我掙扎著維護自己的原則，在他們之間不斷找回平衡的位置。我常感到洩氣，甚至希望他們一起在我面前消失。

治療的第一個任務，一方面是幫助他們安穩下來，不至於關係破裂，另一方面是遏制激烈的肢體衝突，這已經是他們婚姻生活的一個特徵了。雙方在以前的關係中都沒有打罵的現象，但是在過去的一年中，他們經常鬧得天翻地覆。在會談過程中，儘管我也曾與極端憤怒的夫妻一起工作過，但安娜對哈維怒氣沖沖的尖叫，是我以前在做伴侶治療時從沒有聽到過的。怒火突然爆發的威脅瀰漫在每一次面談中，儘

管每隔幾星期這齣戲才會上演一回。應他們的要求，我現在每週見他們兩到三次，當火藥味越來越濃時，他們的怒火能在治療時得到遏制。

一開始這對夫妻給我的印象是：他們之間有大量言語上的虐待。在他們覺得完全可以信任我之後，才告訴我更多情況，事情終於搞清楚了，他們之間實際上還有肢體上的傷害。我發現哈維會在社交場合飲酒過量。我說，這會使他們之間本來已經失控的情況更加惡化，他很不情願地承認了。我建議他停止喝酒，這也有助於消除酒精對陰莖勃起的抑制作用。我還指出他們兩人必須同意停止肢體衝突。我很快就亮出了我的觀點：雙方必須停止毆打對方，在基本的生存受到威脅且身體安全沒有保障的情況下，我們無法工作。在接下來的幾個月裡，他們只發生了幾次肢體衝突，之後他們的確停止打架了，這為治療注入了克服困難的力量。安娜以攻擊的方式表明自己的不安，而哈維很有耐心，不過是個禁欲主義者。當他們和平共處時，表達愛意的方式是透過互相取笑、諷刺的方式，來欣賞對方的智慧和博學。對人類的處境，以及彼此對人類共同的結局做出的貢獻，他們互相譏諷地談論著。對此，蕭伯納（George Bernard Show）可能會為其寫上幾行詩。對那些想樂觀看待人道社會中的人道婚姻的人來說，看到他們的關係之後，這些人應該會變得謙卑一點。

現在一種新的模式在治療中發展出來了。無論說話的是我或哈維，安娜會毫無徵兆地說她已經受夠了，然後開始哭，突然離開房間，用力摔門。第一次出現這種情況時，哈

維留下來，我們試圖搞清楚他做了什麼導致太太離開，但是那個小時的治療之後，太太說丈夫留在治療室讓她感到震怒，並對我產生了嚴重的不信任。她認為丈夫和我要合謀算計她，如果這樣的事情再次發生，她真的不會回來了。

這樣的聲明反倒給我一些希望，因為直到當時，我以為她離開治療室時，幾乎說明她也放棄治療了。她的最後通牒讓我知道當她不說話的時候，她會離開，但是並沒有終止治療的意圖。

從此以後，當安娜離開時，哈維會無精打采地動一動，對我點點頭，向我招呼、示意一下，然後尾隨太太一起出去。他們有時會在幾分鐘之後，有時會在下次會談時再一起回來。在某些時候，安娜的中途離席會發生在表達懷疑要不要繼續治療時。此時，哈維不得不離開，以防安娜認為我們在合謀算計她——我則單獨留下來，經常有些心緒不寧。但是通常來說，等他們在下一次來治療的時候，一切又像什麼也沒發生過一樣。

當他們走出治療室，我不知道他們還會不會回來。我每次都會動搖，覺得被貶低、自己能力不足，以及被人不屑一顧。我覺得自己應對丈夫不夠聰明，應對太太不夠穩重。我開始恨他們讓我有這種感覺，所以每次他們離開時，我也感到鬆了口氣。我只能自己處理這種反移情，因為我曾試著在和他們討論對我的移情時，運用這種反移情，但受到挫折。

當我跟他們談論他們以這種方式讓我動搖，讓我懷疑還有沒有明天，然而回來時就像每件事都進行得不錯的樣子，或者是至少沒有比平日裡的陰沉、沮喪更壞，這時能指望安

娜的，就是向我數落哈維的失敗和不可信賴。她向我保證他真的是個糟糕透頂的人，充滿攻擊性，對於每一個試圖接近他的人來說都是剋星，包括他的孩子和第一任太太。她對他的前妻充滿同情，因為他是那麼可怕。

我感覺在人性弱點上，我跟哈維也差不多，特別是如果以沒有能力幫助他們來衡量時，這話只是沒有說出來罷了。我從安娜的情緒中已明確感覺到她對我的失望，我對自己也感到失望，因為我不能理解受哈維折磨的她，承受了多麼深重而無法言說的苦難。

不過，在一些治療時間裡，安娜也會以哈維身上沒有的能力投入治療工作。她以前曾做過精神分析，她把目前的婚姻困難和自己在其中扮演的角色，與早期童年經歷和身為兩個青春期孩子的母親的焦慮聯繫在一起。她認為自己出於孤獨，而過於依賴孩子們。在她前一次空虛的婚姻生活中，當她退到孩子身邊時，她的前夫會很高興她不再礙眼了。

在治療早和晚期中，我時時感到被安娜的憤怒以及接續的冷漠所控制，像是一個頭被推來推去的沒腦木偶一樣。我感覺試圖去釐清真正導致他們之間關係惡化的共同原因，只是我自己口頭上說得好聽而已。對於他們的婚姻困境，我認為哈維是有責任的，但是我找不到，因為安娜的憤怒和苛刻是那麼的明顯。我嘗試和哈維一起工作，探索他對太太的態度裡有沒有潛在的問題，但總是被他滿懷好意的膚淺順從弄得灰心喪氣。

　　哈維會談到自己的家庭歷史，但總是很少帶著感情。他說他的父親是個高位階失敗者。他父親是個政治人物，早年曾有過很傲人的成績，後來經歷幾度失敗。雖然父親最終成為一個贏得廣泛尊敬的資深政治家，但是他總是有一種失敗和失望的感覺，這些被哈維吸收到了。哈維的母親在他青春期時變成了酒鬼，且不斷惡化，特別是當哈維十八歲時父親去世之後。哈維有一個哥哥和妹妹。哥哥是父親的最愛，但是與哈維的關係出現問題的卻是妹妹，她在三歲時罹患腦炎，因此全家的注意力從哈維身上移開了。哈維對妹妹既感到一份責任，又嫉妒她奪走了父母的關注。

　　哈維可以做一些理性的連結。他會說安娜代表他那位永遠不會滿意或無法給予母愛的母親，安娜讓他覺得自己像受人尊敬但是失敗的父親。他也認為自己是想促使安娜對他有好一點的評價。但是我從未見過他被觸及痛處的樣子。他承認自己隔絕情感，對此他感到痛心，但也無力改變。

　　然而，事情開始慢慢有所好轉，當兩個人的日子變得可以容忍的時候，這對夫妻開始不時報告一些平和的片刻。

　　之後，安娜再次提出是否該對他們的性生活做點什麼，缺少性的貧瘠婚姻遠非她能承受。經過徹底檢查，哈維的性無能並非是器質性的。哈維說他願意改善他們之間的性關係，我們因此轉向性治療，我用第九章所列的表格給他們出作業。他們在半信半疑中開始做功課，用他們典型帶著諷刺意味的機智向我報告進度。然而他們有了進步，哈維開始越來越常真正地勃起。以前的性無能現在可以理解了，那是用來發洩對安娜的憤怒，安娜就像是控制欲很強的母親。同

時，入侵的陰莖代表著憤怒，性無能也是為了保護她。這項
工作進行三個月後，他們不再「按規則」遊戲了，在我認為
還不太妥當之前，他們就大膽進行完全的性交。他們告訴
我，他們認為我設定了「我的規則」，而當他們破壞規則，
就可以戰勝我。

我覺得有趣的是，他們以前習慣於互相攻擊，現在兩個
人卻站在同一陣線了，而我覺得受到威脅。對在此發生的療
效，我的興趣在理智上勝過了被傷害的感覺。我告訴他們這
件事，他們接受了我的面質，但卻沒有改變。在我具療效的
嚴加反對下，他們連續有一段時間成功性交，之後，當他們
之間競爭性的憤怒再次浮出水面之後，性愛再度消失了。

現在一個新的危機出現了，哈維與他們一個共同的朋友
出去喝酒，安娜感到自己遭到背叛。這個朋友是哈維以前的
女友，安娜對她的存在一直耿耿於懷。哈維已經成功戒酒達
六個多月之久，他說他感覺身體好多了，情緒也較為平穩、
放鬆。但是這次面對朋友的不斷勸酒，他放棄了。

哈維承認他喝一杯的動機有部分是源於對安娜的不滿，
而藉由喝酒表達自己想對她發怒的願望。他無論怎麼努力都
不能使她滿意，她離他遠遠的，幾乎每次會談都訓斥他。會
談應該由他來開始，這樣無聲的要求比以前更強烈，我的介
入似乎越來越無法改變什麼，因為無論哈維或我說什麼，安
娜都會覺得任何落在她身上的關注，都是攻擊她的武器。因
為安娜的執拗，任何對於哈維的關注都會看作是用來安撫
她。

　　在這種形勢下，我所能做的只有公開討論我的反移情。這對夫妻看起來是沒救了，現在治療似乎也無回天之力。我說我感覺自己沒有能力改變什麼，我認為安娜現在的意思是公開承認將結束這段婚姻。安娜引導的是一種我感覺為無情的毀滅感，這已經是他們婚姻的特點，在會談之外，他們倆都在落實這種感覺。我已經有好幾次會談都感覺自己無法再提供什麼，那些時候，安娜會轉過身對我說：「夏夫醫生，你為什麼不說些什麼呢？對於我們兩個，你有什麼看法？」

　　我會說：「我沒有什麼新想法。我不太確定有什麼東西是我必須提供的，因為我不能說我是怎麼想的。」說完這些之後，對於自己的想法，我無言以對。這是安娜的控制欲在作用，某些想法、感覺是被禁止的。我覺得自己被縛手縛腳，特別是被她，儘管她告訴我這正是她最不願意聽到的。

　　過了一陣子，安娜被我的面質擊中了。第一次我這麼說的時候，毫不令人訝異地，她走出了晤談室。我感覺「好多了」，因為我與這對夫妻痛苦的工作看起來就要結束了。但是安娜在下一次治療又和哈維回來了，而且表現得好像一切正常的樣子。我說過我確定哈維對他們的婚姻問題完全負有責任，安娜也這麼認為。但正因為她對我思想的控制，我備受阻礙，從這樣的經驗，我知道除非她讓哈維脫身，否則他無法自由地投入治療當中。我提出儘管安娜說她的丈夫無藥可救，這段婚姻無藥可救，她仍舊是妻子，還留在這段關係當中。我總結說，如果她真的想留在這兒，就必須停止破壞和阻擾治療，否則我們無法理解哈維對這段婚姻的責任到底

是什麼。出於我們已經理解和許多我們尚未理解的原因，安娜的恐懼使她無法容忍哈維在治療時不顧她的執拗，說出真心話，她已認定那很不安全，而這種認定正是控制事情發展的因素，不管我們喜歡還是不喜歡。安娜當然有權力結束婚姻，但是如果她不想結束，或者如果她確實想投入治療，她必須放哈維一馬。她必須做決定。

他們留下來了，接下來的四個月之後，事情有了轉機。在幾乎難以察覺的過程中，安娜軟化下來，承認哈維有時的確是能支持她的。經過我反覆面質之後，在我說話時，她很少氣得發抖，並離開晤談室了。我可以說情況有了起色，在這幾個月當中，我們可以討論那些把他們的關係推向懸崖的原因，如此一來他們就不需再受限於一次次從懸崖上掉下來，卻絲毫未提高任何理解能力。

最後，安娜以一種令人同情的方式，開始講述自己的故事。她從童年創傷恢復的過程中，經歷了與病魔的長期較量，在此期間她感覺自己被父母拋棄。火災發生在一個晚上，她睡著了，當她的床著火時，她尖叫著醒過來。實際上她還是很幸運的，只有下半身較嚴重灼傷。但是她記憶最深刻的是之後在醫院的時間，燒傷帶來劇烈的痛苦，穿衣服、脫衣服都是極疼痛的過程。她發現自己火後餘生的身體又疼痛，又醜陋，儘管留下來的傷疤並不大。對於她而言，最痛苦的是感覺被父母遺棄在醫院裡。後來，在她病癒的過程中，她父親告訴她說，她再也無法痊癒。她覺得自己接受醫生、護士的治療都是在父母不在場的情況下進行的，顯然父母自己也害怕，也很心緒不寧，因此躲得遠遠的。這種感覺

讓她從心底堅信，治療本身就是創傷；伴侶治療越焦灼，越提醒她燒傷時接受治療的恐懼和傷痛。

這次安娜提供的信息對她和哈維兩個人來說都意義深遠。儘管原因還沒有徹底弄清楚，我想我很無助的話引發了她作為一個小孩子時的處境。我對她中途離席、當著哈維和我的面摔門的對質，也許說出了她孩童時的願望——當父母把她一個人留下時，她恨不得對他們尖叫。我現在理解了，當她中途離開晤談室時，我那搖擺不定的情緒正代表著她的感受，那時她一個人被父母留在醫院，去面對醫生和護士痛苦的「折磨」。

哈維想起他孩童時對妹妹的關心，他妹妹因為身體原因同樣也有痛苦的住院經歷。哈維有一個願望，希望能照顧安娜。現在他身處和當年照顧妹妹時同樣的困境中，一方面想照顧她，另一方面對她受到的關懷懷著無語的嫉妒，這種關懷甚至是來自於他自己。

## 一次諮詢

最後，經過僅僅兩年後，他們的防禦機制改變了。在我稍後將要描述的一天裡，他們肩並肩地坐在沙發上，這是我起碼在一年內從未見過的場景。

雖然兩個人中間仍然保留著一些空隙，但是哈維會時不時戲謔地向安娜探探身，戳一戳安娜的肋骨，最後安娜說他戳她的感覺讓她不爽。哈維笑著說，他知道她其實是喜歡這樣的，安娜向他伸了伸舌頭，涵義不明地做了個可愛的鬼臉。哈維開始在某些場合代替我的作用，雖然仍是經由要求的程序。他們在異乎尋常的壓力下度過了平和的一週：安娜

的兒子被警察誤抓，女兒出了交通事故，送進了醫院。雖然
女兒安然無恙，但是剛開始的時候情況並不明朗。此外，他
們還招待了一屋子的客人，包括女兒的同居男友。不管怎麼
說，在哈維的支持下，安娜已經可以應對。安娜說她不太清
楚這樣的進步是源於什麼動力。

> 我現在又有了如履薄冰的感覺，我一直都試著對那破壞
> 性的力量說話，以至於破壞了他們偶爾的好感覺。對於遲來
> 的成功，我感覺有點臉紅，所以我決定用一種違背正確判斷
> 的方式，以積極的方式推進，很高興今天看起來這一種新的
> 治療是可行的。

在兩年多的治療中，哈維第一次看起來有了回應。安娜
開了個頭，說哈維的兒子比爾最近向他們要求經濟上的支
持，以便進行心理治療。哈維有意給他錢，但是一個三十
歲、可以自食其力的男人向父親提出這樣的要求，哈維有點
受傷的感覺。這使得安娜談起了哈維差勁的父子關係。哈維
同意說他和兒子之間的關係很糟糕，但是他一向在理智上同
意所有說法。就我的經驗而言，對於她表示同意的事情，他
在感情上總是無動於衷。他在家裡很容易對安娜非理性地暴
怒，但是這一點在治療時並沒有暴露出來，在晤談室，他即
使生氣，也顯然相當理智。

但是今天，情況改變了。哈維說他認為自己對兒子有憎
恨的感覺，因為大多情況下，他願意給兒子很多。當比爾打
電話來時，哈維感覺自己就像父親的角色；當他感到孤獨、

被拒絕時，他是多麼渴望親近父親。比爾提出要求，觸動了哈維想給予他什麼的衝動，正像他曾經那麼想得到些什麼。另一方面，當他覺得他不應該滿足比爾非理性的要求時，被拒絕的潛在感覺又陰森森地逼近自己。

但是另一個問題又出現了，就是與母親的關係。他感覺母親在某種程度上妨礙了他與父親之間的關係，母親是怎麼隔在父子之間的呢？安娜插話說，是不是因為母親酗酒？哈維認為可能不是喝酒的原因，因為母親是在他十幾歲時才開始酗酒。但是與父親有些相處方式不太對勁，他努力分辨，但未能如願。

我說雖然他目前不能從記憶中提取那些信息，但也許他可以從與安娜的互動中得到啟發。在與太太之間頻繁的無情爭吵中，他是參與者，也是發起者，彼此都相當依附於這樣的鬥爭關係。我回憶起我多次注意到，每當他們之間靜下來，他們似乎一樣急著想鬧出點事情來，平復安靜所帶來的焦慮，最快的方式就是爭吵。他們表達親密的方式是經常刺激對方，就像上次治療時，哈維用手指頭戳安娜一樣。

哈維看起來在思考，似乎同意我的看法。我想他可能找到了線索，這些線索與他父母的關係有關，也與他很難親近父親有關。我繼續說道，哈維經常用言詞「戳」安娜，安娜抗議說她不喜歡這樣的刺激，雖然她也不斷和哈維交換著這種尖酸的機智。我認可她的表白，並且準備繼續闡述我對他們之間關係的看法。但是安娜退開了，她說無論這種不舒服的感覺有多強烈，這是她的一部分，她不想扯上任何人。她可以視之為表達一種怨恨，這種怨恨是我們之前經常談到的

情緒體驗，源自於童年那段恢復期，那時，她是那麼怨恨疼痛，尤其是傷害之外的羞辱。她又補充說：他父親告訴她，既然她有傷疤、不再漂亮，她必須發展她的腦袋瓜，才能生存下去。當哈維一直忙於「戳」她的時候，父親才是她一直想親近的人，儘管同時她也怨恨他。但是，她注意到，在現在這次治療中，我們又聚焦於她了，對此她感到憤恨。她在某種程度上確信因為她準備好再投入治療中，並且聚焦在自己身上，所以哈維可以躲開，對此她感到很厭煩。

我同意，我想這一個例子可以說明正當哈維開始向治療深入邁進時，他們兩個會一起合作，將情感焦點從哈維身上挪開。我感覺到如果沒有安娜的捲進來或者闖出去，那條將他們拴在一起治療的細線，可能會在我的手上被扯斷，或者有可能我根本沒有掌握住這條細線，它還是在他們的手上。這條線像是纏繞在我身邊，但是我不能去拉動它，只有他們可以扯動，在整個進程中像結網一樣，把我圍在其中。我今天在這裡感受到的是：他們開始一起合作時，我再次體會到具療效的無助感，我感覺到自己離他們那熟悉的家庭漩渦中心僅僅一步之遙。另一方面，我看到安娜是對的，她將他們的關係與親近父母的問題相連，對安娜而言，是與父親的關係以及在移情中與我的關係。

我現在十分懷疑哈維與安娜是怎樣聯合起來，阻止哈維繼續探索早期與父母之間的經歷。也許是某件對兩個人來說都很痛苦的事情，在此時威脅要出現，使得他們將焦點從哈

維身上挪開。他還能再回到那裡嗎？

哈維用他慣用過於理性的方式表示他會努力。有一種說不清楚的印象，他認為母親一定對他要求過高，因為他覺得受壓抑。很多時候，他的父親總是在盡力撫慰母親，以至於他無法得到父親的關注。

我猜想，在哈維與母親的早期關係中，事情比他想的更糟糕，證據是他與安娜之間的關係。他超乎尋常地小心翼翼，同時又總是在戳她。他說他想和太太在一起，但是這種破壞行為卻是不間斷而反覆出現的一種模式。安娜在椅子上一個勁地點頭，準備自己出馬講點什麼，挑戰丈夫。我想像她會具侵略性地這樣做，這樣的話，我可以堅持自己的見解，繼續與哈維直接工作，察看她戳他的方式，看看這個模式是怎麼回事。

我的反移情使我經歷了雙向互戳，這是他們相處的一個特點：在他們焦慮的扶持關係中，當對方不在或遭到拒絕時，則變得安靜、平和。互戳代表他們妥協地投降，或者是不具威脅性的生活標誌。我那提昇的活動力是為了想用我同理的詢問，代替她侵略性的關係，這點未被我自己充分察覺。

這種感覺讓我提示哈維：他的母親可能比較難親近，她在哈維四、五歲的時候得了憂鬱症，他努力把母親拉回生活中來關注他時，不得不用「戳」她的方式，甚至不惜激怒她。

「我想這是真的。」他說：「我記得她很憂鬱，也許那時她就開始喝酒，也許喝的比我記得的還要多，就像我經常喝得比我自己想的更多一樣。當我們討論這些的時候，我有一種很遙遠的感覺，一種孤獨、空蕩蕩的冷清，這種感覺在我前面延伸開來，環繞在我周圍，很怪異的感覺。這在某種程度上與我父親有關，也和那種只要接近父親就能得到安慰的感覺有關。就算是現在，我仍十分懷念父親。但是他在那兒嗎？有一種感覺是：他是個失敗者。我可以和他在一起的唯一方式，就是冒險把自己也變成一個失敗者。但是我想，在這裡感覺到的失敗，不僅僅是他後幾年感受到的失敗，那時候的失敗有很多。是的！」他的眼眶出人意料地充滿了淚水：「在這裡，我想主要是一種不能幫助照顧母親的失敗，那種無法讓她重現活力的傷感。」

治療室十分安靜，籠罩在一種出乎異常的傷感之中，我感覺我們之間有什麼東西誕生了。因為晤談時間已近尾聲，我轉向安娜，問她有什麼反應。

安娜說她的心被打動了。她感到躊躇，也許是不情願，但是她沒有打斷他，而是關切地看著哈維。她說，他總是「戳」她，這是有意義的，就像她是那個總是拒絕孩子的憂鬱母親，他必須逗弄她，為了能接近她而寧可激怒她。她看到這背後的孤獨。在今天之前，她從來未曾感受到自己可以撥開攔在她和哈維之間的迷霧，在這層迷霧中，幾乎每件事他都在指責她，但是治療幫助了他們。最後，她挑戰性地補充說，她希望治療次數更多一些。

## 討論

我們選擇講述這個案例，因為它展現了在面對夫妻抨擊治療師的能力而產生衝突時，治療師內心的掙扎，並且提供了從極具破壞性的互動模式中產生治療效果的過程。他們試圖對自己和對方的恐懼進行補償。對於安娜來說，她害怕再次被曾燒傷她的火焰吞沒，並且在毫無支持的情況下被拋棄、刺傷。面對這樣的恐懼，她拚命地控制著哈維和治療師。哈維與憂鬱而變得反覆無常的母親，以及與缺席的父親之間的經歷，讓他變得生硬，像被牆隔在眾人之外一樣。他這種自我控制很強的性格，讓安娜感覺不斷被拒絕，這會把安娜逼瘋。所以他們在一起時，總是用一種衝動性的侵略方式讓彼此感覺親近。

我們大概講述了反移情如何反映出這對夫妻有問題的扶持能力，表現在他們半信半疑的背景移情中。他們兩個都把自己值得羨慕、但總是拒絕孩子的父母內化到自己身上，他們的父母既令人興奮，又拒人千里。從某種程度上說，哈維和安娜身上匯集了父母的情感。兩人都重點描述他們的父親是令人興奮的角色。對於安娜，父親同時也是拒絕的角色，她對母親幾乎沒有什麼印象，從功能上來說，母親彷彿不存在，安娜從母親身上沒有獲得接受型母親的榜樣。對於哈維而言，在父親和母親之間，好與壞基本上是分裂的。認同父親的代價，是將失敗的父親形象內化了——也許這也被母親的責備強化了。對他們兩個人來說，父母配偶都是令人失望的，也是被人嫉妒的。

在反移情中，治療師經常沉浸在自己的困惑和作為治療師的

失敗當中，這是一種日復一日被視為無能、被開除的體驗，與其自身的工作原則和自尊是相背離的，在感覺被吸引時加入他們其中，但是這帶給治療師一種強烈的自體厭惡感。

　　透過自願吸收這對夫妻的毀滅性，吸收他們的彼此敗壞、嫉妒，吸收他們的屈尊施惠和蔑視，以及在很小的一方面變成一個自己不喜歡的人，治療師能夠理解他們的內在體驗，他們透過無休止的破壞感情的方式，努力侵入對方。這些破壞感情的方式，使哈維感到面對了那令人羨慕、卻又帶迫害性的父母，從不讓他靠近。在他身上產生共鳴的是他自己拒絕的內在配偶，正如分享對此內在配偶的投射認同，使這對夫妻彼此殘酷折磨。

　　這段治療比任何事情都更能充分顯示治療師的生存力量。這裡的扶持與那種極力提供扶持的體驗，絲毫沒有母親和孩子之間的溫柔與親密，而是宛如直接面對反覆掃射的自動步槍攻擊。治療師的責任是在這種侵略性的進攻中生存下來，就像父母必須活下來一樣。治療師的勝利存活具有療效，因為這是伴侶關係做不到的，直到伴侶們與治療師共同體驗到這點。

　　同時，這也不好玩。這對夫妻之間的扶持被完全破壞，而且十分情緒化，這種破壞是瞄準治療師的。在伴侶最終收回這種破壞之前，它也許在治療師的內心深處被充分感知。如果沒有這樣的治療工作，夫妻會像這樣終其一生陷於無休止的戰爭中。他們中有些人會選擇離婚，而其他人會繼續過下去。當然，在治療途中，看起來他們還是分開比較好。治療師在急風驟雨中會忍不住建議他們離婚算了，但是我們不該這樣選擇。許多這樣的治療在這裡描述的轉折點出現之前，就半途而廢了；而有些治療在柳暗花明之後，呈現出不同的關係。

　　在此期間，我們也許會斷定**我們**走不通了，但是我們不能決定這對夫妻無法繼續生活在一起了，除非個案出現持續的身體傷害或死亡威脅，我們不能決定婚姻是不是該結束。這樣的決定太重要了，不能由治療師來決定，畢竟治療師最終不會承擔這種決定的後果。

　　對許多夫妻而言，這種治療性的改變是一段長期、緩慢的經歷。治療師會頻繁地被無能為力的感覺壓倒，改變的可能性微乎其微！但是，如果一個人願意吸收並承受內在的客體和彼此的投射認同，然後慢慢從其中走出來，這樣的夫妻才能抓住走出困境的要點。那些彼此仇恨的、具有侵略性的夫妻幾乎放棄了被愛的希望，對於他們而言，這個過程是極其艱難的，他們只能把這樣的困難帶給我們。

## 僵局中的反移情

　　這個案例的轉折點集中在治療師吸收了這對夫妻那種不可能的感覺——一種徹底的內攝認同，這是經過了幾個月的治療而累積起來的。治療師向求助者分享自己的反移情，這並不是一個有意識的決定，而是被一種沒有其他辦法的感覺所驅使。只有那時，治療的破壞性才會被理解。治療建立在瞭解他們共有的早期經歷之上，遙不可及的父母、缺乏扶持、以憤怒取代了愛的支持。

　　對於我們而言，在反移情中無能為力的體驗並不少見。我們瞭解到，這種感覺經常是那些存在大量分裂和壓抑的夫妻的主要體驗。他們恐懼自己相互破壞的面質。和這種反移情的工作是無

法被捏造出來的，治療師無法詮釋它，除非他們親自經歷過這樣的個案。他們一定是在目前的臨床經歷中吸收到這樣的工作，才能讓詮釋誠實而有效。然而，當治療師面對難纏的伴侶時，對於這樣的反移情應保持警惕，對某些較輕微但相似的反移情版本也是如此。

# 第三部

# 性障礙的治療

# 【第九章】性治療的技術

　　有如此多和性有關的問題呈現在婚姻治療師面前，因此若能
對婚姻之中性的作用有所領會，對治療師來說是至關重要的，大
衛·夏夫以前的著作曾經深入探討這些問題（D. E. Scharff,
1992）。婚姻治療師對於性治療無需十分精通，當案主需要性治
療時，婚姻治療師可以轉介他們到專門的治療機構。在這裡，我
們想列舉一些性治療的模式，可以用在需要直接教導伴侶對其身
體的性互動時。此處並不是要教大家治療方法，而是介紹性治療
的背景資料，以便讀者能夠更清楚地理解這些豐富我們的臨床研
究數據庫的資料。對於只想有個大概瞭解的讀者，只需看看第十
章的總結。

　　性治療的基本模式，源於任職於聖路易（St. Louis）的馬斯
特與強生研究所（Masters and Johnson Institute）的馬斯特和強生
（Masters and Johnson, 1970）之工作。他們最早要求伴侶要住在
聖路易兩週集中治療，離開家庭環境和容易分神的事情。治療師
先採用藥物、心理評估和性評估，最後進行詮釋性的圓桌討論，
為伴侶提供反饋意見及治療建議。然後，治療師提出醫囑，讓伴
侶按事先設計好的順序做性互動的練習，並讓伴侶在私下遵守執
行。這種分等級的一系列活動開始時，治療師要求伴侶在互動中
不觸碰陰莖和乳房，並且限制語言交流。這種一開始做的練習稱
為愉悅性生活，而不是按摩，強調的是這項治療的情感性，而非

集中在身體上。兩週之後再另外增加性關係的成分。然後,這些私底下進行的身體練習會在心理治療時討論。

這種實際對性互動的細細查究,使配偶與治療師檢查出性困難和互動困難出現在什麼地方,從而質疑那些根深蒂固的態度和防禦方式,也提供了一個指導和教育的機會——這是大多數精神分析師感到陌生的。馬斯特和強生原先是採用一男一女兩個人組成的治療和合作團隊,在開始治療的階段使用了許多性治療程序。他們這麼做的理由是:如果伴侶兩個人面臨困境時,各自有一個與自己同性別的治療師,他們對問題的理解會更深入一些。在二十世紀七〇年代,大衛·夏夫與他在華盛頓(Washington D. C.)普萊騰(Preterm)的治療團隊,也用過合作治療的方式進行工作,後來發現在婚姻治療中,這是十分必要的。在這種情況下,我們認為聯合式治療是很有用的,特別是教育與學習的環節,但是一般來說,這種治療非常昂貴、奢侈。

大衛·夏夫使用的性治療基本模式建立在海倫·辛格·卡普蘭(1974)的方法之上。她在後續的出版著作(1978, 1983, 1987a, 1987b)中做了修改和添加。她的方法之總體框架取自於馬斯特和強生原來的模式,依靠行為互動,但是經常用到行為動力學的解釋。不同的治療師會依照治療頻率的不同,而在此技術之上調整,以及採用協同治療師,有些傾向於精神動力學,而有些傾向於行為學派(Leiblum and Pervin, 1980; LoPiccolo, 1987)。卡普蘭和她的團隊比我們更傾向於把注意力嚴格集中於性症狀上,他們的治療次數更少,除非求助的伴侶表示需要更多幫助,否則他們不會深入婚姻生活中更廣泛的問題。里夫(Lief, 1989)極有說服力地展示了各種方式的整合,以所有對治療有貢獻的因

素為基礎，先從教育和支持開始，使用特殊的行為方法矯正機能障礙，以婚姻治療處理人際互動中的衝突，並將動力學的心理治療或精神分析用於處理我們所談過產生於客體關係的問題。

我們自己的偏好是，假定大多數性失調是更大範圍婚姻困難中的一部分，除非評估時證明情況並非如此。一些來求助的伴侶認可這個假設，而另一些人則比較傾向將他們在性方面的抱怨，定義在隔絕於情感連結之外的生理面向。我們使用的全面評估幫助我們確定在整個婚姻關係中，生理上的性失調所發的作用。如此一來，在詮釋性的治療中，我們可以說明我們對現狀的理解，然後推薦性治療、婚姻治療、個別治療或者是合併治療。

我們目前的步驟是這樣的：當一對伴侶來求助，而性困難起了顯著作用，除了整體的婚姻診斷評估之外，還必須進行性診斷評估。我們會提供一份調查性態度、性活動及性欲望的問卷，這份問卷特別注重性互動，著重瞭解其中一方對另一方的期望和經驗的理解與評估（LoPiccolo and Steger, 1974）。治療開始時，我們先和伴侶兩個人一起面談一次或一次以上，也會與其中一方單獨面談，此時，各自談論某些特定話題會感覺自由一些，特別是婚外情。在評估的最後階段，治療師會與伴侶一起討論評估的結論和建議，但也會根據開展的過程，更進一步地探索他們的經歷。

如果他們遇到的問題沒有藥物或生理的原因，推薦的治療方法廣及正式的性治療、不特別聚焦於性的婚姻治療、個別治療或是精神分析。對於性高潮困難的婦女，可能會推薦聚焦於自慰練習的個別或團體教育課程（LoPiccolo and Lobitz, 1972; Heiman and LiPiccolo, 1988; Barbach, 1974、1975、1980）。如果伴侶已離異，我們將不會推薦針對婚姻的治療。

　　診斷的分類與推薦的治療有關，但不是一對一的對應關係。
比如，當發現伴侶有性欲的障礙──據里夫（1977）估計有 40%
因為性困難而尋求幫助的伴侶，都存在性欲障礙──可能進行個
別心理治療或精神分析較為合適，但是卡普蘭（1979）認為針對
這些性欲障礙，有時採用整合的性治療更好，這一點已經被我們
的經驗證實，正如在本書中多個案例中所述。近期的一本著作
《性欲障礙》（ *Disorders of Sexual Desire, Lieblum and Rosen,
1988* ）對於這種根深蒂固的症候群之性治療有廣泛深入的闡述。

　　我們採用了卡普蘭（1974, 1979）對性障礙的分類方法，她把
在性情境中由於立即或表層原因而引起的性失調稱為「近焦慮」
（proximal anxiety），而把和客體關係有關的潛在因素所引起的
性失調稱為「遠焦慮」（distal anxiety），將這兩者區分開來。根
據性反應的三階段，性障礙可分為三類：㈠性欲望；㈡性興奮；
㈢性高潮（請見表 9-1）。

　　在採取性治療之前，必須進行徹底評估。這部分的評估是如
此專業，因此明智的作法是轉介給性治療師做進一步評估。如無
例外的話，除了我們的會談評估外，還應當包括：藥物檢查、泌
尿系統檢查及婦科檢查。對於勃起困難，對睡眠狀態的腦波檢查
（EEG）及進行夜間陰莖勃起的測驗是很重要的，這可以判定器
質性疾病的影響。血管或荷爾蒙檢驗可能也是需要的，特別是對
年老的患者。在某些個案中，也許藥物評估是不必要的，比如未
發現器質性原因的早泄，或者是情境性的性障礙。不要忽視了器
質性病理問題，比如因神經－血管因素引起的陰莖勃起失調及心
理病理問題，此時使用藥物治療為最佳（Kaplan, 1983）。卡普蘭
（1987b）廣泛探討了針對出現在性障礙症狀學中的厭惡、恐懼和

### 表 9-1　性障礙分類（卡普蘭修改於 1979, 1983, 1987b）

| 階段 | 男性／女性 | 障礙分類 |
|---|---|---|
| I. 性欲望 | 1. 男性與女性 | 性欲壓抑（Inhibited sexual desire, ISD）：興趣很少或者根本沒有興趣 |
| | 2. 男性與女性 | 對性喚起或性交的病態迴避，包括恐慌症（panic disorder） |
| | 3. 男性與女性 | 無性的婚姻（unconsummated marriage） |
| | 4. 男性與女性 | 性欲亢進：比較少見，除非是因強化的廣泛焦慮，如強迫症（obsessive-compulsive disorder）引起的。 |
| II. 性興奮 | 5. 男性 | 勃起功能失調，全部或部分；徹底的或情境性的；終生或最近發生 |
| | 6. 女性 | 一般性功能失調：缺少樂趣或者缺少欲望 |
| | 7. 女性 | 陰道痙攣（vaginismus） |
| III. 性高潮 | 8. 男性 | 早泄 |
| | 9. 男性 | 射精被阻或無射精：徹底的或情境性的，例如和某一性伴侶，僅在性交時出現 |
| | 10. 男性與女性 | 完全無法達到性高潮（anorgasmia）（女性遠多於男性） |
| | 11. 女性 | 情境性的無法達到性高潮，與性伴侶和／或在性交中 |
| | 12. 男性與女性 | 與器質性因素有關或是因生殖器官肌肉痙攣而引起的性交疼痛（dyspareunia） |

驚恐障礙，藥物的使用及調整的心理治療居於什麼位置。臨床者也應該考慮藥物的作用，其可能引起勃起障礙，導致性欲降低時的憂鬱，或降低更年期婦女的賀爾蒙狀態，使其性交困難或喪失性興趣。藥物治療經常與本書所談到的方法結合起來使用。

如果性治療建議被採納，做評估的諮詢師若受過有關訓練，將轉入性治療的行為模式。如果沒有的話，求助的伴侶將被轉介進行性治療，並且在治療後期有必要時，由婚姻治療師介入進行婚姻治療。在我們的實務工作中，大衛‧夏夫會進入性治療的模式中，而吉兒‧夏夫會轉介伴侶給一位專門做性治療的同事。下面講的就是由大衛‧夏夫發展並使用的性治療方法。

求助的伴侶被指派第一部分的練習，這一系列的家庭作業是分等級的，第一階段的目的是減少他們之間的性互動，從一種非威脅性的、生殖器外的活動開始。當他們掌握了每個步驟，再增加新的內容。會談最好是一週兩次，讓案主能詳細報告治療工作的進展。在每次會談期間，我們要求伴侶最少完成兩次練習，這樣就很清楚，伴侶需要花很多時間投入其中。和行為主義的方法不同，從客體關係角度考慮的性治療不會對問題抄捷徑，因為它聚焦於伴侶間互動的完全性，而不僅僅是他們性生活的身體層面。

當某一層級的練習無法順利進行，就再重覆，直到當前所處的等級被掌握之前，我們不會增加新的內容。治療師從這樣的失敗中獲得最多，於是也會鼓勵這對伴侶從挫折中學習。鼓勵、支持和直接指導與我們的詮釋方法同時使用，這些方法既聚焦於深層意義，也涉及表面形式；也就是說，既關注那些起因於表面問題的「近焦慮」，也關注那些與深層心理治療有關的「遠焦

慮」。表層焦慮的一個例子是所謂的「旁觀焦慮」（spectator an-xiety），出現在勃起困難中，此時男人在自己身體之外，從自己的肩膀向下觀看（Masters and Johnson, 1970, p. 11）。

詮釋工作經常處理的是投射認同和客體關係，這些詮釋當然取決於不那麼容易意識到的材料。表層焦慮經常處於更深入的焦慮源之上，這兩者總是連結在一起。詮釋工作不但建立在報告練習的基礎之上，同時也使用一些心理治療的資源——語言交流、自由聯想、移情和反移情的經歷、夢境等。夢境先是由做夢者理解，然後是配偶。

## 移情和反移情

在許多有關性治療的著作中，不曾提及移情，或者是說故意遭拒於門外，好像沒有用似的。這也許源於馬斯特和強生（1970），他們寫到：

> ……從治療過程一開始，就得打下一個據有特殊地位的基礎，那就是：在試圖轉變性障礙的症狀，以及建立、重尋或改進伴侶間交流渠道的這兩週時間裡，移情此一有療效的技術是沒有地位的。治療團隊有責任釐清在治療中讓伴侶從正向互動分心的事情，並立即停止其作用或使其無效。對於有效重建婚姻伴侶的人際溝通，特別是當他們正為性障礙問題爭吵時，這時與性取向有關的正向移情，經常是嚴重的阻礙因素（p. 8）。

　　馬斯特和強生將反移情視為一種干擾，而他們的治療方案在於減少反移情發展的機會。「經過設計，治療合作團隊間的互動將減少或消除特別的反移情因素，這些反移情在臨床上對於婚姻關係和治療的預後是有害的（p. 29）。」

　　性治療一開始就放棄使用反移情，不認為它是一種有用的分析工具，而是一種干擾，這呼應了佛洛伊德早期視移情為治療的干擾（1875, 1905a, 1912a, 1912b）。雖然移情的使用已經有了理論上支持的聲音，但是許多人並沒有將使用細則講清楚（Kaplan, 1974; Lieblum and Pervin, 1980; Schmidt and Lucas, 1976）。其他人也就此問題有所論述，萊維和他的同事們（Levay, 1987, 1979）寫道，對於行為過程中的自體防禦，以及將性治療與精神動力學的心理治療相結合來說，無論是理解正向移情（或是興奮）還是負向移情都很重要。迪凱斯和他的同事（Dickes and Strauss, 1979; Dunn and Kickes, 1977）論及覺察反移情之必要性——特別是那些引起興奮和有性意味的移情，這些反移情被認為會干擾療效的判斷。然而這些作者中，沒有一個人認為移情和反移情是發揮治療作用的一整套裝備中的重要輔助手段。當我們要幫助的伴侶帶著越來越複雜的困難來求助時，我們更是強烈地想使用心理治療的全套工具。在需要採取進一步的措施時，我們將移情與反移情的分析當作完整治療中最重要的技術（Scharff and Scharff, 1987）。在整本書中，我們舉例說明了這種技術。

　　練習的過程及伴侶在不同步驟中可能出現的問題，如表 9-2 所示。早期指派的作業是標準化的，後面的練習則可根據伴侶特殊的性障礙，以及呈現的不同問題而做相應的調整。有些治療師在處理特定的症狀時，經常刪掉早期的練習，但是我們建議最好

## 表 9-2　性治療練習的順序

| 名稱 | 方式 | 交流 |
|---|---|---|
| 1. 感官的聚焦(1)：非生殖器。 | 使用精油、乳液按摩或撫慰愉悅全身，不包括生殖器和女性的乳房。 | 除非感覺疼痛，否則不做口語和非口語上的交流，集中於自身的體驗，帶給自己愉悅。 |
| 客體關係問題：另一方做為情境性的母親，允許自體發展並「存在」，在被「手臂環繞」的情境中，發展自體的愉悅感。 | | |
| 2. 感官的聚焦(2)：包括生殖器。 | 傳遞愉悅的感覺，包括生殖器，性喚起不超過輕微狀態。 | 接受按摩或撫慰者用口語和非口語（手勢）反饋對方怎麼做會讓自己更愉快，或不太愉快，集中於獲得與給予愉悅感。 |
| 客體關係問題：在安全感的環繞之中，自體與首要客體進行愉快的互動。現在伴侶合作保持一種扶持的環境，並建立自我與他人的形象。但仍維持小單元的互動，一次僅朝一個方向，例如：一方要給予快樂，而另一方接受。這也使給予者進一步體會到給予的快樂。 | | |
| 3. 生殖器和乳房的「臨床檢查」。 | 仔細查看自己和配偶，提供內窺鏡及關於性解剖和性反應循環方面的指導手冊和教育手冊。 | 鼓勵信息的全面交流與合作，在此不鼓勵性喚起。 |
| 客體關係問題：這是一個核心的自我取向的練習，使伴侶對彼此的性反應和身體有基本的瞭解，破除性的神祕感，鼓勵核心自我成長，並在其中進行交流。 | | |
| 4. 自我取悅和自慰（與其他練習同時進行）。 | 每一位配偶私下自我取悅並自慰。可以提供女性按摩棒，給男性潤滑劑。 | 與自己交流，理解自己的身體，提供與對方交流的能力。 |
| 客體關係問題：瞭解自體，既包括核心自體，也包括自體中那個有興奮感／有渴望的那一面，準備與另一方發展關係。對自體更實際的認識會降低客體彌補其渴望的需求。與此同時，也改善同理以及給予的能力。從發展的角度來看，這是幼兒期和青春期對自身身體認識的基礎，自慰是由自體向客體發展前的準備。 | | |

（續下表）

| 名稱 | 方式 | 交流 |
|---|---|---|
| 5. 生殖器感官聚焦(3)。 | 仍然涵括全身，但聚焦於生殖器和乳房的快感，並不要求有性喚起，但是鼓勵性喚起到中等水平，但不達到性高潮。 | 在身體被喚起到中等興奮程度時，進行廣泛的口語和非口語交流。 |
| 客體關係問題：這個練習允許全面的親密，擴展了合作客體連結，仍然沒有出現插入和插入後的威脅。此時能保持在安全和低焦慮的狀態中。 ||||
| 這裡的練習根據性障礙的不同以及伴侶存在的問題和進步的不同，而有所偏移。總體方向是朝向完全性交，逐漸推進，不斷地把重點放在伴侶的整個身體和整個人際關係之上。根據伴侶需要的不同，治療師會採取部分或全部步驟。 ||||
| 6a. 陰道痙攣。 | 在婦女自慰時，插入手指或慢慢放入擴張器，然後在同樣的位置放入陰莖。 | 容忍自己的焦慮，導向為對插入也能容忍，不感到受威脅。 |
| 客體關係問題：對插入的害怕，建立在對生殖器中被潛抑的壞客體進行防禦的封裝（defensive encapsulation）上，用心因性的肌肉收縮保護了自己和客體，防止被插入。當建立安全感後，能允許壞客體從封裝中被釋放。 ||||
| 6b. 早洩。 | 賽曼斯（Semans, 1956）的停止─開始技術：女性挑逗男性到幾乎達到高潮。在他的指示下，她停下來，直到性欲減退。重覆兩到三次，然後達到高潮。和／或擠壓技術（squeeze technique, Masters & Johnson, 1970）：女性挑逗男性到勃起，之後用拇指與小指擠捏冠狀脊下方，重覆。 | 自我認識，並針對男性感知射精前兆，以及如何控制進行交流。 |
| 客體關係問題：男性在焦慮與勃起時，害怕被客體吞沒，也害怕陰莖受到傷害，導致了對焦慮和勃起的混淆。這一練習能釐清喚起與侵略之間的區別，將興奮的與迫害的自體和客體區分開來。 ||||
| 6c. 勃起困難，或男性缺少興趣或興趣很低（性欲壓抑）。 | 女性挑逗男性的生殖器，然後移到別的地方，無論陰莖有無勃起，過一陣子再回來，直到陰莖被刺激。 | 在兩個人的場合，無任何要求地進行刺激，降低男性的焦慮。 |
| 客體關係問題：在性欲壓抑和許多勃起失調中，對於迫害客體的焦慮，以及對於有害的自體對女性的影響之焦慮，支配了客體關係。無任何要求的情況使案主熟悉壞的自體和客體，並馴服它們，提高核心客體關係。 ||||

（續下表）

| 名稱 | 方式 | 交流 |
|---|---|---|
| 6d. 女性無喚起或無興趣（性欲壓抑）；心理原因引起的性交困難；在兩個人的場合中，女性無高潮。 | 男性變換刺激女性生殖器的方式，然後無任何要求地轉到其他地方。將女性獨自練習時學到的東西運用於兩個人的場合。 | 無要求地取悅女性，降低女性的焦慮，將獨處時學習到的東西轉化到兩個人的場景中。 |

客體關係問題：在性欲壓抑和心因性的性交疼痛中，拒絕和迫害客體占據支配地位。無任何要求的刺激能緩和這些焦慮，使喚起變得可以接受，並區分侵略與喚起。女性缺少性高潮，通常有一種對自體的認知問題，最好的治療方法是對自慰的指導和支持。一些包括教育、支持和治療的方案已被開發（Barbach, 1974, Herman and Lopiccolo, 1988）。要從自慰獲得高潮轉向伴侶共處的場景，需要減少對壞客體的恐懼，並消除客體和自體的興奮與侵略之間的混亂。

以下步驟適用於大多形式的性障礙。

| | | |
|---|---|---|
| 7. 控制技術(1)：無運動。 | 女性跨坐在男性身上，插入陰莖，保持不動，男性是被動的。 | 對於插入後出現焦慮的情境，彼此給對方信心。 |
| 8. 控制技術(2)：伴隨著漸進的運動。 | 一開始由女性緩慢運動，然後兩個人一起動，性喚起漸漸加劇，直到高潮出現。 | 雙方共同控制，無要求。 |

客體關係問題：身體插入，在能容忍的增加動作中，建立興奮和信任的客體關係，朝向充分的合作與親密邁進。

| | | |
|---|---|---|
| 9. 射精和性高潮障礙的選擇性練習：女性用手對男性進行刺激，男性對女性進行刺激，和／或兩者自行刺激（橋式技術〔Kaplan, 1987a〕）。 | 在進入之前和涵容期間，對自己和／或他人進行刺激。在涵容的過程，調整位置以促進用手進行刺激。 | 耐心而合作地溝通，而不是要求。 |

客體關係問題：全面的、整體的客體關係，能容忍彼此的需要，並建立在對另一方的關懷上，對客體及自體的關懷有信心。由於生殖器能充分體會快感，親密和興奮因而能完全整合，並不以伴侶中任一人的身體其他部分為代價。

還是從那些步驟開始，因為那些練習會勾起孩童早期與父母之間的安全體驗以及相互作用的體驗。這對伴侶來說經常是最困難的，也是收穫最豐的，不僅能提供大量信息，並對鞏固治療聯盟提供了機會。

這些過程結束時，治療師會鼓勵伴侶擴大性表達以及性互動的領域，嘗試他們可能會喜歡的新體位和變化，並發展在共享體驗時，特別是在性交時獲得性高潮的能力。

性治療的最後一個階段，將處理對所有治療都很重要的結案問題。對於治療接近尾聲，案主通常會感到焦慮，這出現在他們接近高潮與涵容的整合時。他們意識到自己即將獲得用一種新方法進行全面性交的能力，這意味著治療將要結束，但對於停止治療的焦慮也可能使症狀重新回來。和在其他的治療中一樣，這提供了再複習與再治療的機會。處理失去治療這一個扶持的環境，也是一個治療機會。在少了治療支持的情形下，伴侶會害怕不能提供安全的性環境，此時也是一個檢驗的機會。

在最後階段，晤談會逐漸減少，以提供伴侶支持，讓他們能在沒有治療師的支持下，將自己已經學會的東西整合到日常生活中。

性治療通常耗時三到八個月，但沒有固定期限。

值得注意的是，卡普蘭的治療方法很大程度上倚重於引入性幻想，作為性治療的附加物，這可以是患者自己的幻想，也可以是由色情作品所挑逗而來的（Kaplan, 1974）。在客體關係基礎上的性治療中，處理一些個案時，性幻想和色情作品的引入被限定在一定程度，但主要焦點在於針對與一般幻想生活相關的主題，展開精神動力學治療。

　　進行性治療之前或期間，求助的伴侶如果太天真，或對性功能及過程中相關的感情毫無所知，我們會建議他們讀一些性解剖、性反應循環及性困擾方面的書，例如：萊溫（Levine）的《性並不簡單》（*Sex is not Simple,* 1988）、瑞利（Raley）的《做愛》（*Making Love,* 1976）和康福特（Comfort）的《性之樂》（*The Joy of Sex,* 1972），經常作為輔助手段，在各階段的治療過程中使用。

　　有三分之一到一半的求助伴侶一開始接受基本的性治療，之後要求更深入的伴侶治療或個別心理治療，以處理性治療中所遇到的死結，或探索由於性治療的成功所引發的新領域。有一部分伴侶會要求就其家庭問題做家族治療（Scharff, 1982）。後續的心理治療包括連續的婚姻治療、家族治療、個別治療，從幾次的治療會談到精神分析。

　　性治療的結果各有不同，部分取決於障礙的類型，部分取決於進行治療的決心。馬斯特和強生（1970）最早報告性治療的結果有 80%會成功，五年後僅 5%復發，這一報告在此領域一直未被認可（Zilbergeld and Evans, 1980）。一些早期報告說明，表面上看起來成功的案例，經追蹤發現，復發率比想像的高得多（Levine and Agle, 1987, Althof et al., 1988）。

　　卡普蘭（1974, 1979）提到性高潮階段的障礙——早泄和過早性高潮——的治療效果較好，而陽痿的療效就各有不同。對於勃起困難來說，其中起源於較表面焦慮的一些個案，表現為興奮障礙，其成功率較高；而一些由深層焦慮引起的勃起困難，則對治療反應較不佳。卡普蘭（1987b）做出結論說，性壓抑障礙是最難治療的，大多需要密集的心理治療或精神分析，這些個案中只有

一小部分會出人意外地反應良好。對於帶有驚恐或恐怖成分的性厭惡，其治療過程很短，當結合藥物與心理治療時，反應良好。

對於希望更全面熟悉行為療法之性治療實踐技術的臨床工作者，可以看卡普蘭的原著《一種新的性治療》（*The New Sex Therapy*, 1974），或者此書的簡略版《性治療圖解手冊》（*Illustrated Manual of Sex Therapy*, 1987a）。本章的目的是提供讀者一個全面的框架，以便於理解我們在案例中使用的方法，在這些案例中，我們描述了性練習的例子，以及隨之而來對這些練習進行回顧的過程。這是將性治療的行為面向與客體關係取向結合，為整合性與婚姻問題鋪路，而不在治療中排除任一者。

在此呈現兩個性治療案例，說明行為主義和精神分析心理治療是如何通力合作的。

## 性治療早期階段的客體關係

奈特和辛希亞‧奧恩斯坦（Nate and Cynthia Ornstein）經過分分合合的戀愛之後，在他們二十多歲時結婚。他們也嘗試與其他人交往過，但總是回到彼此身邊。奈特和辛希亞是一對很有吸引力的運動型配偶，充滿活力，只是辛希亞有點天生跛足，一條腿比另一條短一點。奈特對辛希亞已經喪失了性趣，退回到以情趣用品自慰。他們到我們的一個學生那裡去尋求性治療，這個學生經常成功地突破他們的抗拒，但是現在他們感到身處困境。

在第一階段不接觸生殖器的練習中，辛希亞感到特別無聊，她報告說，當她是按摩練習中的主動一方時：「我為他

做的事，是我希望他也能對我做的。」聽起來她像是努力在向奈特傳達一個信息。

治療師說：「妳沒有集中注意力去感受自己的體驗，而是注意奈特的經驗。只有當他以特定方式對待妳時，妳才能獲得自己的享受，而妳把精神花在試圖示意他，這是不是暗示了當妳還是個孩子的時候，妳是如何被對待的？」

辛希亞沉思片刻，然後說：「我想我花了很多時間努力猜測我父母是怎麼想的，對此我總是緊張不安，我會覺得除非他們同意，否則我不能享受什麼東西，所以我做事情都要得到他們的同意。這也許是我對待奈特的方式，我在看他是不是同意。」

在後面的過程中，辛希亞慢慢變得比較主動爭取自己的利益，讓快感在身體裡面滋生。正如她所做的那樣，奈特說他能感受到她的放鬆，自己可以不用像以前那樣覺得有義務讓她放心，能比較自由地享受她為自己做的，不用對她的體驗感覺負擔。

「這讓我覺得自己脫鉤了。」他說：「我媽媽以前總是看著我，我感覺自己有義務讓她感覺好好的。當辛希亞退後之後，對我是一種解脫。」

這裡的練習揭示了雙方強化的模式，辛希亞試圖將她的需要表達出來，但是這些需要又因她移情地接受奈特的需要，而受到干擾。奈特體察辛希亞的需要的能力，被對母親要求他給予支持的防衛所阻礙。

儘管有所進展，但這對伴侶還在找藉口。一星期之後，辛希亞還是覺得很無趣，不願意做練習，雖然她還在繼續。

治療師報告了他的反移情：辛希亞的厭倦使他覺得受拒絕，
在整個過程中不斷感覺被貶低，所有的動機都落在他身上。
他問了辛希亞更多關於獨自享受快樂方面曾有的困難。辛希
亞描述了她小時候母親是如何挫敗她的主動性，她想參加音
樂課、體育課、學習戲劇，但之後都放棄了，因為沒人鼓勵
她。

　　「但是我試著去鼓勵她，告訴她我愛她，或告訴她，我
喜歡她的樣子。」奈特說。

　　「他總是打擾我，他**盯著**我看。」她突然很用力地說。

　　「盯著看是什麼意思？」治療師問道。

　　「因為我有缺陷，所以人們以前經常盯著我看。我現在
幾乎不會注意到跛腳。」辛希亞說：「但是在矯正之前，我
很怕和別人在一起，我封閉自己。在最近的一個聚會上，一
位矯正科住院醫生走到我面前，問我說我的一條腿是不是比
另一條短一些，這勾起了我小時候所有的感受，好幾天我都
坐立不安。人們注視我，陌生人、街上的行人、朋友們的父
母……我父母很努力地想保護我，但他們沒有完全做到。」

　　把自己完全暴露在奈特面前，在治療時向治療師報告練
習情況，對辛希亞來說，等同於毫無保護地被同儕、陌生人
和醫生注視著，這是她曾經逃避的。性治療——婚姻治療也
是——意味著被注視、被暴露。在督導中，我們鼓勵這個學
生詮釋這樣的連結，並在治療中著眼於消除積極參與治療的
抗拒。

## 在早期和後期的客體關係

第二對伴侶在性治療的早期和後期均出現了被抑制的客體關係。

曾在第一章提到的蕾貝卡和昆汀，他們到大衛‧夏夫這兒尋求性治療，因為蕾貝卡有陰道痙攣及性厭惡。發展到後來，昆汀很難在她的陰道裡射精。在正式的性治療開始之前，昆汀要求先做一次個別晤談，他談到自己一直在克服的性幻想，以及他怕會無可挽回地傷害蕾貝卡。當他們做愛時，他常會幻想自己在與他母親的一個朋友性交，以此讓自己射精。

但是最近，這個性幻想的主角變成了蕾貝卡的母親。我〔大衛‧夏夫〕催促他說出這個性幻想，我根據的是如下的治療原則：任何可能引起激烈反應的祕密，會持續地施加顛覆性的影響，正如第十二章中所論及的。我建議昆汀要在練習開始前這樣做，他非常猶豫、發抖地告訴了蕾貝卡。蕾貝卡說她真的感覺受到了傷害，但是不會因此而離開。她意識到昆汀有一些問題需要處理，這使得她認為他需要個別治療。

上述行動整理了進行性治療第一個作業時的氣氛。現在清楚了，蕾貝卡害怕在昆汀面前完全暴露身體，而昆汀也同樣害怕暴露自己的肉體自我及性幻想。當他說他愛她時，他對她做的每件事情都橫加指責。在成長過程中，他那挑剔的母親總是不斷地批評他，宛如拿著一把細長的劍瞄準他，就

像他現在瞄準蕾貝卡一樣——說她做的事沒有一樣稱他的心。這樣的交流方式使他的母親作為一個客體從壓抑狀態重新回來，困擾著他，並在日常生活中困擾他們。蕾貝卡接受了這些挑剔和指責，她這種退避的生活狀態源於自己與那位侵入、命令的母親的經驗。母親占有蕾貝卡身體的驅動力，展現在她對吃的強烈興趣上。我們能很快理解到蕾貝卡的陰道痙攣是試圖阻止昆汀——作為她的母親——帶著陰莖的母親的侵入。

當昆汀從練習中認識到他對待蕾貝卡的方式，就像她是昆汀那總是說「不」又令人興奮的母親一樣，他對蕾貝卡母親的性幻想很快就消失了，性治療也慢慢向前推進。他夢到和我、蕾貝卡做治療——但是他的母親也在那兒。之後，在治療的影響之下，她變成了自己最喜愛的阿姨——他希望的母親形象。昆汀對父親很生氣，因為父親沒能更多地介入到自己和母親中間來。無論是昆汀還是蕾貝卡，都承認練習帶來一種內心深處遭到侵入的新感覺，而現在我正在將他們彼此的內在母親隔離開來——當昆汀說在他腦海裡，母親不再介入到自己和蕾貝卡之間時，他最後流下了眼淚。當他感受到這一點時，他第一次可以**體會**到在按摩中蕾貝卡對他所做的，以及以前他對她所做的，他不再完全退縮到那種類分裂的和自戀的沉迷中去了。

練習的進展在這對焦慮而恐懼的伴侶間慢慢遞進。三個月之後，他們還處在感官體驗第二步，互相撫慰，包括生殖器和乳房，只允許中等程度的性喚起。他們在做練習時也互相交流——告訴對方自己喜歡或不喜歡對方怎麼做。他們的

寬容和對彼此的歡娛，隨著對自己和對方身體的接受而慢慢增長。蕾貝卡做了一個夢：「我們在一個老房子裡等著見你。一個胖男人帶著一群小孩子走過來，昆汀說：『那是一位治療師。』我問他是怎麼知道的。他說：『所有的治療師都是胖子。』一位母親對她的孩子說：『去洗手。』我感覺自己很髒，因為我摸了昆汀的陰莖，沒有洗手。

「可怕的事情是，」蕾貝卡繼續說道：「在這個夢裡我在做筆記，我把治療師寫成了『強姦者』，我不知道這個強姦的人是你還是昆汀。」

「那麼妳說會是誰呢？」治療師問。

「可能是你們兩個。」她說。

昆汀補充說：「對於這個說法，我聯想到『戀童癖』，我有點氣蕾貝卡跟你說了些上次練習的事，要求你修理我，就像一位老師要小孩守規矩一樣。似乎你是一位『戀童癖』者，在觀察申斥我們，並變得很興奮，我們在這兒就像一對小孩。」

針對在夢境聯想中所詳細闡述的移情，使他們看到對暴露自己的警惕，而這種警惕又源於本身窺淫癖般的好奇和壓抑的性攻擊。到現在為止，他們一直聯合起來指責昆汀的好攻擊性，但是他們現在從對治療師的移情中看到彼此互相侵入。治療師一直覺得自己在強行推動治療，而這樣的治療可能會傷害到蕾貝卡。

三個月之後，練習有了進展。蕾貝卡兩腿跨坐在昆汀身上，將昆汀的陰莖頭慢慢放進陰道。她還會感覺疼，但坐著不動時，疼痛會消失，她能夠承受自己的焦慮了。在做這個

練習時，她意識到自己會把昆汀的陰莖想像為一把劍，這讓她聯想到父親，他是一個軍人。她說：「我父親是令人討厭的，他為自己在部隊裡而自豪。我告訴過你嗎？有段日子他脫光衣服，只剩下汗衫和短褲，佩上他的禮服佩劍，喝著啤酒。我盡量不去想他。」

她現在又想起關於治療師的一個夢：「我們在華盛頓的公車上，但是停在傑克森維爾（Jacksonville）——我的另一個家。那是夏天，但是你穿著人字紋軟呢夾克，看起來很帥，我很喜歡跟你聊天。我們從山上走下來，你把我留在我父母的房子前，然後繼續走到你自己的房子那兒。」

夾克把治療師和昆汀連結在一起，昆汀有一件這樣的衣服。蕾貝卡認為治療師很帥。這天之前，一位英俊可愛的鄰居靠她非常近，並在她頸子上親了一下。昆汀對她的夢感到不安，他感覺她沒有把他看做是能夠提供足夠安全感的人。他認為這個夢是關於約會的，記起年輕時，「公車」（BUS）的意思是「親吻」（KISS）。蕾貝卡反對。治療師說這個夢確實表現蕾貝卡出現了與治療師進行性愛的嚮往，但是人字紋軟呢夾克又把他和昆汀綁在了一起。治療師正在為他們以前感覺不安全、現在比較浪漫的新方式提供安全感。

「這是真的。」蕾貝卡說：「我正在想華盛頓和傑克森維爾是我的兩個家。傑克森維爾是我成長的主要地方，在那裡，我對性感覺很不舒服——真的太熱了。那件夾克——我現在認為它表示的意思是那些以前因為太熱而不舒服的感覺，現在倒像是一件舊了卻舒適的外套。」

治療師補充說：「與昆汀和我在一起時新鮮的舒適感，
就像妳的陰道和他的陰莖在一起時新的舒適感一樣。它曾經
太熱，以至於妳不能承受，現在涼爽了，比較舒服了。」

透過練習，在穩定的進展中呈現出一些性焦慮，性焦慮表現
出來的複雜情形在本案例中得到了展現。精神分析治療的一般方
法——自由聯想、夢境、人際互動的理解、移情與反移情——這
些在理解內在客體關係時都十分有用。客體關係問題會在身體涉
入與陰莖插入時表現在投射屏幕上。從客體關係角度進行的性治
療，強調伴侶關係中的身心失調，並為新的理解與修通鋪路。

# 【第十章】一對同時進行性治療，並合併個別和家族治療的伴侶

　　本章和下一章講述的案例，讓我們檢視一段在廣度和深度上都非比尋常的治療過程，從中我們學習到如何將個別、伴侶和家族治療的過程結合在一起，體會三種治療方法如何互相影響。本章詳細介紹了對伴侶與家庭的評估，之後描述了伴侶治療的過程，下一章則講述家族治療的過程，說明伴侶的性困擾如何影響他們的孩子們。

　　在第二章已經很簡短地介紹過向我〔大衛‧夏夫〕尋求諮詢的拉斯和薇莉亞‧辛普森。幾年前的十二月冬天，他們為他們的性生活尋求幫助。諮詢從薇莉亞戲劇化的宣言開始：「我憎恨性，就是這樣，你還想瞭解什麼？」

　　拉斯補充說：「我早洩。」

　　「能維持多長時間呢？」我問道。

　　「兩到三分鐘。」他回答。

　　我轉身問薇莉亞：「這是妳憎恨性的原因嗎？拉斯持續的時間不夠長？」

　　沒等她問答，拉斯嘲諷地說：「不是！四分鐘對她來說太長了。」

　　薇莉亞同時說：「我就是不喜歡性，我從來沒有喜歡過。」

　　實際上，她後來說，說自己從來沒有喜歡過，這種說法

是十分不準確的。五年前，她有過短暫的時期能體會快感，那時她剛生下第二個孩子，因為憂鬱接受治療。在治療的最後幾個月，她發現自己有生以來第一次、也是唯一一次感到渴望性。性活動喚醒了她，但是沒有性高潮的釋放，所以她的快感只帶來令人痛苦的渴望，最後變成憎恨。當他們搬家之後，她的治療停止了。薇莉亞對性的興趣消失了，她覺得既失望，又解脫。

現在她只是勉強忍耐拉斯的性要求。「我能感覺到他的騷動。」她說：「我知道做愛是解決之道，但是我會發瘋，有時候我只能走下樓去，對著孩子或任何一個人尖叫。」

「在那些時候，是什麼讓妳憤怒？」我問。

「只是性，」她說：「性這個事實就是一切。不是說拉斯做錯了什麼，只是因為我恨它。我屏住氣，等著一切過去，他想要，我不能因此責備他，但是我真的受不了！」

薇莉亞可以很全面地講述她的成長史。她的父親會辱罵孩子，偶爾也會對母親動粗。他可能是酒鬼。薇莉亞對母親很生氣，因為母親不能保護孩子。為了尋求愛及和藹的權威，她和哥哥們玩「醫生遊戲」。她對這種身體遊戲的模糊記憶，不確定地暗示了兄妹間的亂倫在那個時候就已發生。她確實能清楚地回憶起青春期之前與哥哥們進行性互動的若干片刻。在她的記憶中，部分是創傷的，但也帶給她更多愛，這是她在家裡任何地方都找不到的。性對她來說既是一種威脅，也有某種引誘的成分。

薇莉亞記得自己在青春期時對性有過迷惑：她貪婪地讀小說，但是那種美好而浪漫的感情在哪裡？慢慢地，她的希望和情

感都消失了。十九歲時，她遇到了拉斯，那時他們倆都報名參加了大學的一個夏日特別活動。他們的求愛過程很短，兩人不斷地擁抱和撫摸，這對他們來說是新發現的樂趣。她也曾有過身體上的衝動和嚮往，但是他們同意暫緩到結婚後再性交。他們在相遇三個月後結婚。

　　兩人的性生活從一開始就很困難。在薇莉亞接受處女膜切除術之前，插入是不可能的，手術後可以插入了，但是拉斯卻會早泄，插入後只能維持幾秒鐘到大約三分鐘，之後就射精了。薇莉亞變得不願意性交，儘管她還是在拉斯需要的時候和他做愛。

　　拉斯開始後悔將自己的意願強加在薇莉亞身上，在她感覺被侵入時，他更願意去保護她。他覺得他的性需要對薇莉亞是一種攻擊。當拉斯第一次單獨與我會談時，他問我硝酸鉀是不是可以幫助他控制自己的性衝動，這樣一來他就可以保護薇莉亞。他接受了我的建議，繼續在治療中尋找答案。

　　正如第二章所述，拉斯自己的背景歷史比較簡短。他無法詳細講述自己的童年經歷，只記得他的父親曾經因為同性戀賣淫而被捕，接著家庭破裂，那時他十七歲。之後，他與父親的關係變得很冷淡，不過他還是會繼續看望母親，覺得與她相對親近一些。在高中，他沒什麼約會，因此薇莉亞是他第一個認真戀愛過的愛人，也是他的第一個性伴侶。我再詢問其他無關性方面困難的情況，拉斯回答說，要去回憶總是很困難，他認為這是「器質性」的問題，對這一點，他也想改進。

　　拉斯和薇莉亞都認為離婚是不可能的，即使他們在性上面不能得到幫助，不管怎麼樣，他們還是會繼續過下去。

## 孩子們對夫妻性關係的表述

　　在第一次伴侶評估的會談中，拉斯和薇莉亞提到艾歷克斯有些症狀。艾歷克斯排行第二，在家裡是個破壞分子，白天、晚上都會弄髒、弄溼衣服，從來沒有乾淨過，也會尿床和大便失禁。他出生時，薇莉亞得到產後憂鬱症，接受了心理治療。她說她會憂鬱有兩個原因：在艾歷克斯出生後不久，她發現拉斯因為缺少性交而自慰，她感覺受到指責而為此感到內疚；另一個原因是她對於又生了個男孩感到失望。他們的第一個孩子艾瑞克，現在七歲半，已經有自己的娛樂方式，行為表現良好。但是薇莉亞拚命想要一個女孩，當艾歷克斯出生時，她感覺極度失望。現在他已經五歲半了，從一開始就很難帶，活動量過大，很難安撫。艾歷克斯在成長過程中，一直都是個難纏的孩子。最近，他幼稚園的老師對他們說：他的活動力太旺盛，注意力不集中。

　　兩年之後，他們的第三個孩子出生了，這是一個盼望已久的女孩，他們都認為這個女孩從一開始就給每個人的生活注入了陽光。珍妮特是一個令人愉快的小淘氣，很自由地擁抱、親吻別人。珍妮特很好相處，而艾歷克斯則很難帶。

　　夫妻倆同意接受一次家庭評估面談，這發生在幾個星期之後的一月。他們的家庭面談很有趣，因為孩子們能在遊戲中表達他們對於父母性困難的理解和體會。父母對他們的遊戲抱持一種開放的態度，這使得我們更深入地理解了婚姻和性的問題。

## 家庭評估面談

　　在家庭評估中，艾歷克斯表現出高活動量和注意力缺陷的症狀。大兒子艾瑞克，看起來是個普通的沉靜孩子。最小的珍妮特，三歲半，仍童言童語——在她這個年齡也無足為奇，她在互動中有一種性特徵，我想她在遊戲中也和艾歷克斯一樣經常具有破壞性，但是她會暗暗地施展自己的魅力，像沒事人一樣地走開。艾歷克斯衝動而自大，珍妮特則狡猾而有魅力——但是兩人有一樣的破壞作用。與這個家庭坐在一起，我很快開始感受到珍妮特的個性是令人興奮的，也是極具性特徵的，這使我想到父母性關係中被恐懼壓抑的興奮與性欲，由這個迷人的三歲孩子表現出來。這些看起來是被加諸在她身上的，可能是父母或是整個大家庭感覺到放在她那裡更安全，更容易對其做出反應。

　　家庭會面一開始，拉斯和薇莉亞言詞閃爍地以一種在孩子們面前比較適宜的方式，談到他們之間的性關係。薇莉亞說：「當拉斯想要發生結了婚的人之間的關係，而我不想時，我們就會吵架。」拉斯尷尬地笑著，表示同意。他們說完，孩子們開始把他們討論的問題演出來，很明確地要求不能互相交流。

　　首先，五歲大的艾歷克斯拿起木製的積木，造了一個細長的隧道，他說這是個消防站。珍妮特拿了一輛消防車，車上帶著一個有升降功能的梯子，之後迅速將它推入消防站，結果把消防站弄翻了。我立即要拉斯和薇莉亞注意到孩子的遊戲與他們的討論是並列呈現著。薇莉亞回應說：「消防車

弄壞了隧道，我猜這也是我看問題的方式。」此時拉斯的笑聲似乎在說：「我想這正是他們的母親害怕的，就像孩子們也知道。」當我問孩子們，家裡哪位司機會摧毀一些事情，七歲的艾瑞克提出了他的觀點：他的小妹妹總是製造麻煩，而艾歷克斯開起車來技術比較好。

這個遊戲對於我來說似乎代表著孩子們的理解：陽具崇拜的性活動對薇莉亞來說是根本性的摧毀，所以應該避免，正像父母正在不惜代價地避免它。然而艾瑞克的評論暗示了另一個不同的觀點：女性在性上面比男孩更具毀滅性──這並沒有被薇莉亞或拉斯意識到，但是這個觀點與珍妮特的衝動、薇莉亞無法隱藏的憤怒、拉斯害怕侵入薇莉亞，以及他過早中斷性交的習慣是一致的。

在本次會談的後期，孩子玩出了一個解決方案：一個父親玩偶以臥倒的方式開船，這是一種被動順從的方式。他們對我解釋說，這是控制船的最好方式，只是這個父親玩偶立即被埋葬了，被裝在木頭盒子裡。我什麼都沒問，拉斯做了個鬼臉，表示理解這個遊戲中的情感訊息。他說，雖然他很奮力地「開船」，卻還是經常覺得自己被家裡的事情埋葬了。有時他會放棄，「臥倒在工作上面」，這時特別像各種事物埋葬了他。過了一會兒，艾歷克斯一邊玩，一邊把父親玩偶放進水泥攪拌器中，攪拌它，最後毫無儀式地把它當做垃圾倒掉。

當這些活動都在地板中間進行時，艾瑞克靜靜地跪在遊戲桌前畫《星際大戰》（Star Wars）的圖畫。在這張圖上，好人在抵禦「金銀敵人」可怕的進攻。他繼續評論著珍妮特

和艾歷克斯的遊戲，直到我請他解釋他的畫。他說這些好人
「有一個巨大無比的基地」，他們受到了「金銀敵人」的攻
擊。他解釋了用來防禦這種突襲的各種戰術，指出他們反攻
擊的發射台在敵人的船上，而船是從外太空來的。他向我保
證好人一定會贏。艾瑞克看起來是個「適應良好」的「好」
孩子。我意識到自己立即認同了身為長子的他，對航空學與
調解好與壞感興趣。（一年後，我對這個最初印象特別感興
趣，那時的評估讓我發現了艾瑞克的另一面。在那個場合，
他的遊戲對象是超人，而這個形象以犧牲無辜的人為代價，
帶來了一場浩劫。在玩這個主題時，他表現出在內在客體關
係中，他的一部分自體是與被害客體認同的，而這些東西在
一開始的時候很難觀察到。）

　　珍妮特的主要興趣是一個大的嬰兒玩偶，她說這是媽
媽。她拿出一些彩色積木，建造了一個舒適的宇宙飛船，這
個飛船像個床。她把小父親玩偶放在媽媽玩偶身邊，當媽媽
將她的夥伴塞進宇宙飛船的床上時，她看起來感到很安全。
但是不久以後，艾歷克斯走過來破壞了這個建築，玩偶散落
一地。珍妮特表示抗議，但還是把玩偶帶到安全的地方，在
房間的另一個地方繼續去玩了。

## 以家庭訊息整合陳述夫妻困境

　　從與這對夫妻的第一次會面，以及與他們各自的單獨會
談，我理解到這對伴侶的性功能障礙，是在重覆各自成長史
的最終結果。雖然薇莉亞的歷史比較清楚，我猜想拉斯像薇

莉亞一樣，成長在一個愛的希望被摧毀的家庭，取而代之的
是侵略而帶有性意味的親子關係，結果造成他們兩人對性都
存有恐懼，儘管彼此都希望擁有感情親密、相互支持及美滿
的性生活。薇莉亞公開承認她害怕、憎恨性，而拉斯在無意
識裡害怕性，這兩者相互匹配。為了保護太太，拉斯竭力除
去自己的性欲望，通過投射認同，保護自己免受「壞父親」
的傷害。很顯然地，夫妻倆對性都很害怕，並且同樣有一種
想法，就是母親會被壞父親傷害，特別是被他的陰莖傷害。
對於拉斯內在壞父親的勾勒，我只能在以後的伴侶性治療
中，直接從他那裡瞭解。

現在壞父親的形象和伴侶關係中的危險，在孩子們的遊
戲中表現得越來越清楚：表示陽物崇拜的消防車毀了代表陰
道的消防站，破碎的父親堆積起來，被艾歷克斯的水泥攪拌
器攪碎了，以及在此後的幾年裡，艾瑞克的超人形象充滿邪
惡。

與此相似地，這個家庭想保護母親的想法表達在珍妮特
的遊戲中。當她建造安全的宇宙飛船時，她用巨大的媽媽玩
偶去平衡沒有威脅性的小小父親。儘管如此，艾歷克斯過來
破壞了這個遊戲，象徵性地破壞了安全的空間，也破壞了珍
妮特為內在的父母安排的性關係。

## 家庭對夫妻性問題的內化

夫妻之間的性關係緊張影響了整個家庭。當孩子們一起
為夫妻關係而焦慮時，每個人在各自的成長中，都將父母困

境中的不同要素表現出來了。孩子們經常吵架，在父母可能爭吵時吸引他們的注意力。老大艾瑞克努力表現得很乖，用適合其發展階段的理性防禦方式，與家庭和宇宙中的邪惡勢力抗衡，在他身上代表著家庭中的男性特徵，對此他也產生了無意識的認同。

老二艾歷克斯試圖停在自己的發展階段，不願意長成一個具破壞性的男人，但對侵犯無法忍受，這是從父母雙方學來的，使他一發怒就將大便拉在褲子上。我想他也有身體上的問題，這一點在後來的心理衡鑑中得到了證實，他被診斷為「注意力缺陷過動症」，然而，他在成熟度方面也有主題性的干擾。在他的整個發展過程中，他的表達方式一直退行在肛門期——要不就是把一切都放在身體裡，要不就是侵略性地排出去——而不是進化到陽具崇拜期或伊底帕斯時期。以此方式，他把自己對母親的渴望和與父親的競爭隱藏起來。他不是直接與父親或哥哥競爭母親的關注和關愛，而是保留著一種無辜孩子似的衝動和搗亂，以破壞性的舉動攻擊父母之間和整個家庭結構內的關係。

最後，珍妮特從一開始就被看做是可以付出的孩子。然而，她有一種早熟的性感特質，就像艾瑞克注意到的，她經常搞破壞，卻不會像艾歷克斯一樣出於男性化的魯莽而受到責備。是艾瑞克注意到這個家庭中女性角色的危險，他提醒我，在珍妮特的遊戲中存在著對父母關係結構的整體侵略性攻擊，這是這個家庭大大忽略的威脅。

以此個別化的方式，根據他們所處的不同發展階段，孩子們已經表現出父母問題的各方面；現在反過來，他們在影

響這個家庭。艾歷克斯的性別引發了母親原來的憂鬱，強調了她的性退縮。珍妮特的伊底帕斯情結的發展帶來了潛伏的危險，不管他們是多麼害怕性，她仍在性化這個家庭。艾瑞克潛伏的防禦很大程度上依賴於父母，他們試圖讓他來妥當處理家庭事務，以補償因為自己無能為力而產生的無望感。

這對伴侶的性困難出自於他們個人與結合起來的內部客體關係。彼此間的關係為這個家庭組成扶持背景，為客體關係提供了材料，這決定了孩子們的發展軌跡和面臨的困擾。他們關係上的匱乏和脆弱被孩子感知到了，也以不同的方式反映在每個孩子的發展過程中。這些因素之間的動力學連結在家庭評估中，以及在後來的性治療和家族治療中，都被表現出來並加以詮釋。雖然在家庭場景中，可以看到伴侶對性生活的不滿意，不過其性障礙的詳情不適合在孩子們在場時說明。

## 治療過程

我一開始先向辛普森一家人建議聯合的治療方法，最理想的方式應該包括薇莉亞和艾歷克斯的個別治療、處理孩子們內化家庭問題的家族治療，以及夫妻倆的性治療。拉斯被轉介去檢查記憶困難，心理測驗從神經及生理上都確定了拉斯的學習障礙不同於艾歷克斯的問題。然而，要進行這些治療的資源不夠。薇莉亞認為自己最需要幫助，所以先開始密集的個別治療。在過程中，她的治療師，同時也是一位兒童心理學家，也評估了艾歷克斯，並試圖治療他。他對「注意力缺陷過動症」的診斷加以確認，並

開了興奮性藥物，因此艾歷克斯在學校的行為有了迅速的改善，但是尿床和大便的問題仍無進展，他的幼稚、嫉妒或是破壞性行為也沒有變化。嘗試過遊戲治療後，治療師下結論說：艾歷克斯缺乏動力，或是並不特別適合進行個別的遊戲治療。處理艾歷克斯問題的持續需求，是一年後推薦進行家族治療的原因之一。

　　我們在此不詳細講述薇莉亞個別治療的過程，但是稍做瞭解是很有趣的。她的治療師描述這是一次有益、密集而投入的治療，以急風暴雨似的震盪為特徵。他發現薇莉亞是一個動機很強的女性，與嚴重的憂鬱抗爭，其憂鬱帶著顯著的邊緣型特徵。薇莉亞在治療中很努力，把治療看做是挽救生活的潛在機會。她憂鬱的心情隨著抗憂鬱藥物而擺動，藥物使她保持能力投入於心理治療中。她產生了十分深刻的依附移情，治療師變成了她生活的中心。她和治療師一起處理自己顯著的依賴性，以及對父母的憤怒，特別是她對父親的憤怒。很顯然她轉向哥哥尋求在其他地方找不到的愛與理解，甚至使用性的方式。治療師感到自己受到連續的猛擊、傷害、挨打，好在他承受住了，成功地涵容了憤怒和愛的移情。

　　　　經過不到三個月的個別治療，薇莉亞對拉斯產生了性興趣。他們重新嘗試過夫妻生活，但是她重新燃起的欲望很快受挫，因為拉斯的早泄是如此嚴重，以至於薇莉亞只能痛苦地放下欲望，無法釋放。她又退回到極度的痛苦中，幾天之後再冒險嘗試一下。這種不能被滿足的欲望使薇莉亞頻繁地感到憂鬱。拉斯也認為性交應該變得好一些，因為薇莉亞不再覺得性愛根本是一種鬥爭，拉斯對現在可能有性關係感到興奮緊張。

　　個別治療進行一年後，薇莉亞再次要求治療她的性功能失調，也要求幫助艾歷克斯。在她的治療師要求下，我為夫妻和整個家庭都做了評估。我想隨著薇莉亞取得的進步，性治療成功的可能性應該大大提高了。家族治療的需要仍然是急迫的，在我評估艾瑞克之後，覺得也許更急迫了。艾歷克斯現在是六歲半，在興奮性藥物的影響下，他更能集中注意力，但是仍然是個破壞份子，幼稚、尿床、大便失禁。他的行為經常把家弄得亂七八糟。珍妮特現在四歲半，很積極地賣弄風情，她的發展已經越來越明顯具有性的意味。艾瑞克，現年八歲，仍然善於表達，行為良好，但是已經表現出認同那些傷害別人的殘暴者。

　　我每週提供性治療和家族治療，這是個折衷的方案。我一般是每隔一週見家庭所有成員，但總是每週為伴侶進行兩次性治療，因為我發現如果沒有更頻繁的治療作為支持，練習激起的焦慮強度會讓他們很難忍受整整一週。我向拉斯和薇莉亞解釋，這樣的安排將會要求他們更能忍受性治療引起的焦慮，然而，這是我所有能抽出來的時間。在提出這個建議時，我還考慮到薇莉亞仍在繼續密集的個別治療，每週去見治療師三到四次，我想這會幫助她處理焦慮，提供一個地方更徹底地處理伴侶與家族治療中產生的問題。拉斯也在看行為心理學家，處理記憶和學習方面的問題，這些會談也會幫助他管理自己的焦慮。

　　一月份，家族治療毫無困難地開始了，但是拉斯和薇莉亞給了一大堆理由，解釋他們那時還不能開始性治療。拉斯覺得自己的工作一週不能請假超過一次，他害怕。一次會談

之後，夫妻倆終止了性治療，不過堅持進行家族治療。

六月，薇莉亞在一次家族治療中報告說：由於她的治療師必須離開幾天，因為他不在，她感覺特別憂鬱，因而必須住院幾天。在進醫院之前，她下定決心說：「我會配合拉斯過夫妻生活，雖然我自己一點也不想。」對拉斯來說這是一個告別禮物。她想「他只是插進去一下子，不會煩擾到我。」產生這種想法之後，她墜入了更無望的憂鬱。

這次短暫的住院激勵了她的個別治療，夫妻倆看起來都強烈地認同了薇莉亞的想法，即崩潰不是解決問題的答案。兩人帶著共同的堅毅，要求重新開始性治療，他們覺得現在「起碼可以忍受」。治療最後開始於夏末，在他們第一次來求助後的一年半。

## 性治療的技術：簡單回顧

對拉斯和薇莉亞的性治療，遵循了大衛·夏夫修汀過的卡普蘭（1974）的順序，在第九章有詳細描述。這對伴侶被安排做一系列的行為練習，每一步都嚴格參照性反應循環的階段。這對伴侶的性關係被定義為「身心失調的伴侶關係」——這種關係就像母親與嬰兒之間最早的關係，完全是肉體上的關係，同時也完全是心理上的關係（Winnicott, 1971）。

夫妻倆被要求不要進行性交，也不要在身體接觸上超越他們先前已達到的作業水準。先從第一個任務開始——輪流按摩，給彼此快感，不碰陰莖和乳房——這對夫妻慢慢地擴大性互動的範圍：先是摸一下乳房和陰莖，沒有性喚起；然後用更聚焦的方式

觸摸乳房和陰莖；之後交替性喚起和放鬆；把陰莖「涵容」在陰道時不動；增加緩慢的、控制性的運動；增加手部對陰莖的刺激；特別關注女性；最後完全性交。

在這個過程中，我們補充了一些練習：私底下自慰並取悅對方的身體；對自己和對方的生殖器進行「臨床檢查」，以瞭解有關訊息，去神祕化；在練習時與不同練習之間，致力於交流的細節。除了標準的治療架構之外，我們也用了其他技術來解決特定問題──針對陰道痙攣慢慢放入擴張器；針對較難控制達到高潮的能力的女性，在自慰練習時使用按摩棒；以書面和視覺的色情媒介啟發性幻想；為了延遲高潮和射精而使用的技術──「擠壓」和「停止再開始」，或是引發射精的搭橋技術（Kaplan, 1987a）。在這些過程中也推薦一些相關的體位，並自由給予其他建議。

所有練習都由他們在家裡私下進行，並在下一次治療時向治療師口述。會談時，特別關注於他們遇到的困難。治療的每一階段聚焦於不同的發展水平。如此一來，體驗非生殖器快感的早期階段帶出的問題，可以被理解為投射出在基本信任感、母嬰關係間的涵容及身體整合感上的困難。後期相互給予反饋，投射出母嬰相互連結的情況，但也涉及分離與自主性的問題。用費爾貝恩的話來說，我們正在協調內部客體關係，將嬰兒式的依附變為兩個完整的人之間成熟的依靠，這兩個完整的人之間存在著生殖器之間的互動。在性治療的中間過程裡，從人為設計的性互動活動，可以看出來好的和壞的客體關係是如何協調的。

夫妻倆在家裡努力完成練習，從體驗──特別是從挫敗中得到理解時所產生的情感，對於治療非常有幫助。我經常感覺到，

在實施性治療時某些會談產生的影響，與特別感動人的一次精神分析會談，兩者產生的影響是一樣的。埋藏於深處的問題，被身體互動產生的壓力及互動中的成功與失敗有力地推到表層。治療中，我們會要求這對伴侶對這些事件進行自由聯想，帶入治療過程中發生的夢境，這是聚焦而加速度的心理治療。治療師從精神動力學的角度向這對伴侶詮釋這些材料，使其能充分理解。

## 性治療中客體關係的改變

拉斯和薇莉亞的性治療在很多方面非比尋常，我〔大衛‧夏夫〕已經提到自己每週和他們會面一次，雖然我通常的做法是一週見求助伴侶兩次。此外，這也是我在治療實務中，唯一一次同時進行性治療、家族治療和密集的精神分析式心理治療。第三，家族治療的一些部分被錄影，可以不斷地重新播放。出於以上原因，或許也因為薇莉亞在情感上很依賴，對移情的材料表達也很充分，因此有用的訊息比一般案主豐富得多。

當我們終於開始進行性治療時，拉斯和薇莉亞對於有療效的訓練很配合，但是他們對於性治療架構中的禁止事項深感痛苦。拉斯非常想打破「規定」，無視於不准接觸生殖器的禁令。甚至當他遵循治療師吩咐的注意事項時，他仍渴望更多接觸。

令人意外的是，薇莉亞也是這樣！從一開始，雙方高昂的性興奮就出現在彼此面前。回溯這些情況，我可以看出在薇莉亞原來的性憎恨背後是赤裸裸的壓抑，是一種熊熊燃燒

的渴望，也是被否認的興奮。費爾貝恩的理論中描述到：受
拒絕的客體情感對於令人興奮的客體和自體產生仇恨與攻
擊，深深地壓抑了性興奮，薇莉亞的表現正說明了這一點。
薇莉亞一開始進行的心理治療改變了她的內在平衡，現在使
得她和拉斯得蒙眷顧，早先被無情壓抑的興奮的內在客體得
以復返，這麼多年來他們一直把它隔離在外。

　　現在，儘管彼此愉悅的按摩任務仍不包括性器官和乳房
的接觸，拉斯還是給了薇莉亞「法國式親吻」，對於她來
說，這仍像一種侵犯安全感的行為，但是同時，她迫切地渴
望回應。這種由練習帶來的渴望，包含一種將面臨進一步危
險的感覺，拉斯和薇莉亞幾乎不能忍受這種令人痛苦而煩躁
的極度興奮狀態，這種興奮現在還持續而未被釋放。

　　此刻，我為他們出了單獨進行的練習，他們需要花時間
與自己的身體同在，包括自慰等，這種練習可以讓他們體會
到個體的性釋放，但目前兩人在一起的時候，性釋放還是被
禁止的。對於去體會這種私密的快感，兩個人都遇到了困
難，原因各不相同。薇莉亞從來沒有自慰過，也從來沒有性
高潮，她要學習的東西還很多，與此同時，還要懸在那裡痛
苦掙扎，這是她現在最害怕的。拉斯感覺到過去他為自慰成
癮而苦，自慰被他刻板地壓抑著，他幾乎不能承受再次嘗
試，因為他發現只是想著自慰，就可能讓他自我失控。

## 有成果的退行

　　十月初，性治療開始後的三個月後，薇莉亞第二次住

院，在醫院住了三天。有三個決定性的因素：㈠在性治療中重述青春期時與哥哥的性活動，引起她的不安；㈡在她的個別治療中，她開始喚起父親對她的身體傷害，這引起她對父親的憤怒；㈢那一週我沒有出席家族治療，她對此感到焦慮，並對我不滿。

她對我的缺席感到憤怒，並且需要住院醫生照顧，這兩點回顧完之後，薇莉亞回到因自己向哥哥求愛而充滿焦慮的狀態。在性治療中，她重現了在青春期與一個兄長玩性遊戲時，被喚起性欲望的經歷。她在不同的場合撫弄著他的陰莖，對陰莖充滿渴望。她現在能夠回憶起自己渴望陰莖的迫切心情，以及之後多年對性渴望的壓抑和強烈的憎惡。她害怕拉斯對她的坦白會心生厭惡，但是拉斯很有耐心，對她充滿同情。之後，她回憶起她十三歲時，她的一個哥哥與她確實有過性交。在治療中，她被喚醒了，但是她不太確定自己的性喚起是不是在十三歲。她在自我揭露時，伴隨著許多羞辱感。

## 轉折點

大約一個月之後，即十一月底，薇莉亞穿著一件帶荷葉邊的襯衫到來，看起來一點也不憂鬱，拉斯看起來也不再壓抑，甚至有點頑皮。我為他們出的作業是包括乳房和生殖器的按摩，但只能觸碰，不能嘗試進行性喚起。

在這個練習中，薇莉亞說她感到一陣陣迫切的渴求，渴求撫摸對方更多，也被撫摸更多。她說：「當他摸到我的陰

戶然後又挪開時，裡面感覺像要死了一樣。」她極力忍住眼淚，很害怕的樣子。她說：「我們結束之後，我讓拉斯用雙臂抱著我，因為我需要感到安全。」她體會著持續的「乳房和生殖器的飢渴」。在接下來的三次治療中，她努力忍受著這種強烈的情緒反應，之後，她感覺更能控制了。

但是，在接下來的練習中，拉斯把她的手放到自己的陰莖上，突然她「感到被撕成碎片」。

我問：「『撕成碎片』提醒妳什麼？」

她回答說：「它讓我想到在我十三歲時，與哥哥多次……我們在他的房間裡，他拉開拉鍊，把陰莖拿出來讓我摸。那種感覺一點也不好，它很硬，頂部看起來有彈性，還有一道溝，我不想摸它。」

我問：「妳是不是也感到被它吸引？」

她說：「不！」之後停頓了一會兒，說：「你知道嗎？我不知道是『不』，我那時沒有被吸引；還是『不』，我現在不想承認。我想這和其他事情有關。多年來，就算不回想這件事時，我還是會在每樣東西上看到一根堅挺的陰莖，孤零零地，飄浮在空中，跟我哥哥的陰莖一樣，從他的褲子裡伸出來，沒有睪丸。」

我問拉斯：「聽到薇莉亞的敘述，你有什麼感覺？」

拉斯苦惱地抬了抬眉，說：「她經歷這些，我很傷心。但是當她這個星期在家裡告訴我的時候，讓我想起一些我以前不記得的事情。我父親調戲我！」

對我來說，這完全是新的訊息，他之前從沒有提起過，儘管我為這對伴侶治療了九個月，也前前後後認識他們近兩

年的時間。

「說說看。」我說。

他繼續說：「這個星期我告訴了薇莉亞，在我十二、三歲時，我父親因為得了雙重疝氣而停止工作，他沒辦法拿任何東西。因此我母親去工作養活我們。我不知道是怎麼提到這個主題的，有一天在家，我記得我問父親性愛是怎麼回事，他說：『這兒，讓我做給你看。』他從我的肛門插入，這是唯一一次。但是後來，我跟我兄弟說起這件事，我撫弄他的陰莖，當他睡著之後——或者是假裝睡著之後，我在他身上做了兩次。」

「就這些嗎？還是有更多？」我問道。

「後來，我和父親及其他三個孩子坐車從童子軍活動回來，當兩個孩子到商店去之後，我告訴父親，我對我兄弟幹了什麼，我父親沒有說：『這不對！』他只是說：『你說這樣的事的時候，要當心一點！』那時車子的後座還有另外一個孩子，所以我猜測我父親和那個孩子也在一起性交過。

「我是那麼天真，以至於沒有注意到這些事的關聯。我十八歲時發現父親竟然是個同性戀，感到無比的震驚。但是這些也沒讓我想起以前的事情。在某種程度上我知道，但我就是從來不想。」

可以看得出來，拉斯談論這件事時十分不自在。他繼續說：「要說出我父親和我有性關係，這是難以啟齒的。有一次因為要出國，我接受了政府機關的安全檢查，雖然他們不該問，但還是有個人問我是否曾經和男人發生過性行為，我說：『沒有，但是我父親猥褻過我。』但是我十分不自

在，沒有再說下去。」

我說：「這跟你一開始告訴我的事情大相逕庭。你知道的第一件關於難以和父親相處的事情，是父親被捕。你認為你是一直有意識地記住這些發生在父親身上的事嗎？」

「是的，我這樣認為。」他說：「但是我一直不記得我和我兄弟之間的事情，直到薇莉亞告訴我她和她哥哥之間的事。」

我簡短地討論了一下這些事情與拉斯的性困難，以及長期以來與阻礙他工作的記憶問題之間的關聯。為瞭解決記憶缺陷，他甚至接受了行為治療。

我說：「你對整個童年的記憶喪失，看起來是極力阻止自己知道這些痛苦的事情。通向你的記憶之門的代價太高了，正像你說的，你不知道你的性問題與你的父親和父母離異有什麼關係。你的思想和記憶之間出現的困難，也是出於這一模式。」

他的記憶力迅速提昇，不久之後，他開始能把這些事情與自慰連結起來了。

「我以前有個習慣，自慰時，我會把馬桶吸把的頂端插入我的直腸。」他說，臉漲得通紅：「一想起我曾經這樣做就難為情！我想這種習慣來自於我與父親和兄弟之間發生的事。」

「我也在想為什麼你在練習自慰上有那麼大的困難。」我說：「這些練習讓你受到喚醒這些記憶的威脅，同時對父親和他的陰莖的渴望也被喚回了。」

現在我轉向薇莉亞，問她對拉斯這段記憶的反應。她

說：「用他的話來說，我為他感到傷心。這解釋了他的性障礙，讓我們現在多少可以理解那些性障礙。我們的某一部分對自己的行為感到道德上的責任，並深感驚恐，以至於很難想像會有人聽到這些而不斥責我們，因為連我們都在斥責自己！你怎麼能指望告訴別人，而別人還把我們當體面的人看待？」

薇莉亞的臉紅了，她重重地靠向沙發把手，繼續說：「我剛剛重新再問了你的那個問題：『妳是否對哥哥的陰莖有所渴望？』我知道答案是『是！』但是我不想回憶起它，因為……我不知道為什麼。」

我說：「也許妳真的知道關於『為什麼』的一些事。」

「我不知道。」她厲聲說道：「當我現在讓自己想起發生過的事，我就能感受到那種渴望，現在我想起那是誰的陰莖，我不想體會那種感覺，然後我就記不得了。」

我說：「記不得是有危險的，危險在於妳不得不持之以恆地抗拒並埋葬記憶。畢竟，當那些事情發生時，妳只是個孩子。」

她說：「我告訴我的治療師，我曾經為了有人陪伴，而把自己當做妓女一樣出賣了。」

我說：「妳和妳哥哥那時都是小孩，父母不能給你們安全感。妳的父母在提供安全感和照顧妳上一定有所欠缺，這為事件的發生提供了舞台。妳和拉斯仍然需要安全感，當安全感缺乏時，你們倆都會感覺很糟、很害怕，之後妳擔心的渴望就會呈現為緊張的性形式。但是讓妳的性渴望立即得到滿足，又會讓妳重回被強暴的不安全地帶。」

他們點點頭，拉斯半信半疑，半開玩笑地說：「那麼你認為我的記憶問題也源自於此？」

「我是這麼認為的！」我平靜地說：「你們兩人的童年經歷有一個共同的主題，就是陰莖侵入，陰莖侵入導致以痛苦的、令人興奮的、色情的方式尋求愛。作為被猥褻的孩子，你們有著同樣的痛苦，帶著這種痛苦，你們極力在幫助對方，卻又不知道怎麼幫。」

薇莉亞說：「這對我很有意義。」

之後，我們嘗試為下一次見面確定時間。拉斯很困惑，他搖著頭說：「太煩人了，我的問題無所不在。」

下一次會面是在十二月的第一週，拉斯和薇莉亞能夠更詳細地討論性渴望的問題。他們做的練習現在已經澄清了薇莉亞到底怎麼感到被威脅。

她說：「你說回憶起這些讓我深感痛苦的事情是很重要的，因為它們還會造成困難。我現在能感受到性喚起和性渴望，以前我想這些是多麼可怕啊，再次回憶起它們是件危險的事。」

在一個練習中，拉斯作為主動按摩的一方時，他看了看鐘，發現只剩下一分鐘了，他對自己說：「輪到我享受了。」他開始興奮地親吻她。

她卻開始痛哭，她說：「我會哭是因為我無法克制自己的性喚起。那種回過頭去親他的衝動是多麼強烈，我無法控制，儘管我想去親他。」

我說：「妳說妳親他是因為『妳想』，但是事實上妳是被驅使，不得不做的。這是妳曾經渴望哥哥做的。當妳覺得

沒有人會愛妳時，妳轉向哥哥尋求一個溫和的喚起，這是妳無法控制的渴望。」

薇莉亞搖頭說：「我沒辦法讓它和我的記憶吻合。」

拉斯說：「上次治療之後，妳曾經向我提起，妳說妳並不是想去摸他的陰莖，妳只是拚命地想要有個人撫摸妳。記得嗎？」

薇莉亞現在能夠記起男孩子們要摸她乳房的事情，以及自己又害怕又渴望的心情。她繼續說雖然她不讓他們那樣做，但是就她所知，她對其中一個哥哥做了所有的撫摸，另一個哥哥也摸了她。當她說這些的時候，臉脹紅得像紅蘿蔔一樣。她說：「渴望被撫摸的感覺很熟悉，讓我想起很久以前的事。」如此一來，薇莉亞將被撫摸的渴望與撫摸別人的渴望分開來了。

治療進行到這兒，已經成了一場掙扎，以誘人的、共享的、性感的性興奮客體為中心，此一客體帶來了傷害和虐待的威脅。行為主義的性治療以一種受保護的狀態，慢慢地一步步推進，其中一遍遍呈現出在性興奮中隱含的威脅。挖掘童年期侵略的性事件記憶，代表著治療的高潮，創建了彼此理解的新基礎。比如說，從中我們可以看到薇莉亞區別了被撫摸的渴望與撫摸他們的渴望，透過對於區分出對兩個哥哥的感覺，克制了與一個兄弟在性上面融為一體的衝動。拉斯的壓抑是如此之深，以至於破壞了他思考和將這一切連結起來的能力。拉斯渴望被撫摸的情結也得到了處理。

## 性治療的隨後過程

接下來的幾個星期，拉斯和薇莉亞仍在規定和限制之下掙扎，這些規定和限制是為了在他們彼此的渴求之下提供安全感。薇莉亞說，危險存在於她覺得她的渴望仍然會勾起那些她不願去想的痛苦回憶，這種痛苦幾乎是肉體上的，但是薇莉亞也能分辨那不是真正肉體上的疼痛。

她說：「你強迫我想起童年往事，我對你很生氣。我不想談論這些事，讓我一個人靜一靜。」

我說她表現出來的憤怒與她對撫摸的渴望很相近。我在想她是否可以多談談她對我的怒火。她的記憶中有一種幻想，好像對我說了些很粗魯的話，那是不存在於她日常詞彙中的話。拉斯問可不可以讓他猜一猜，他猜測那個詞是「滾蛋」（fuck off）。薇莉亞說沒有那麼壞，只是「狗娘養的（you son of a bitch），讓我一個人靜一靜。」

我問她可能是對誰講「讓我一個人靜一靜」。

「是我的父親！」她開始哭泣，說：「我不知道是從什麼時候開始的。」

「是一種渴望父親——渴望他的撫摸的幻想嗎？」我問道。

她輕輕地啜泣著，說：「我只記得拉斯和我剛結婚時，他擁抱我的時候感覺真好。他有個習慣，會在我後背拍三下，然後停下來。我會很氣憤地想：『不要用你的手拍我的後背。』我不想讓他停下來，彷彿擁抱結束之後，我又會陷

入孤獨之中，沒辦法知道他是不是還愛我，因為我不能再感受到他的溫情了。」

　　然後我說出在她的渴望和她多年孤獨經歷之間的關聯，這引發了她對於需要關注的害怕——身體上的關注。她害怕這樣的關注消失得無影無蹤。我想她也必須告訴我在移情中的渴望，但是此時我只是在出現置換的時候，針對移情做了處理。

　　當這次治療快結束時，拉斯隨口說：「順便提一下，我想你會想知道，我發現我可以為晉升考試讀書並記憶新資料了，這是我有史以來第一次有這樣的感覺。」

　　又過了幾個星期，拉斯可以理解那種渴望與禁止相混合的情感，這些雜陳的情感既是針對自慰帶來的刺激，也是對犯下猥褻的父親壓抑的幻想，同時也有對母親能拉他一把的盼望。但是伴侶之間主要的掙扎是控制。拉斯傾向於扮演侵略、入侵的客體，而薇莉亞傾向於設定明確的界線和方針，這樣她會感覺安全很多。當拉斯能夠克制時，並看到他們彼此之間會有更安全的性喚起，薇莉亞就能允許性喚起被慢慢建立起來。然而，很明顯地，當這樣的情況發生時，拉斯會覺得薇莉亞像一位拘謹的、總想控制別人的母親，這種形象是拉斯在自己的母親身上無法找到的，但是薇莉亞倒感覺這十分符合拉斯所描述的母親，她是一個很冷漠的婦人，拉斯從她身上感受不到溫暖。當這些內在感受累積起來後，他們慢慢進展到一種興奮水平，這種興奮在他們之間慢慢生成，不再那麼衝動、焦慮或者單方面，有了一種彼此都喚起的安全感和控制感。

## 分離的危險

　　到了三月，在性治療持續近八個月、家族治療近十四個月之後，我告訴他們我計畫離開大學，在這裡我會見他們都是免費的。薇莉亞極為震驚，不管我怎麼保證無論他們能不能支付治療費，我還是會和他們晤談，她都不敢相信在他們支付極低費用時，我確實仍願意見他們。

　　所有在性方面的進步都停止了，薇莉亞感覺心力交瘁。此時，他們正在邁向性治療中的「涵容」這一關口。在這一步中，薇莉亞將拉斯的陰莖放入陰道，控制著不動。不只是拉斯很快射精，薇莉亞也發現難以忍住自己不斷攀升的性喚起。他們一旦引入生殖器運動，拉斯的忍受時間就像以前一樣短。他們對於我會不會繼續幫他們，以及這個問題與他們的性退行之間的關係都感到掙扎。在這個階段，我們從他們的破壞中可以看到，問題以熟悉的方式再次擴散到孩子們身上，這是近期以來都沒有發生過的。（有關家族的治療會在下一章中詳細描述，性問題就是從這個階段開始變得特別突出的。）當這對伴侶在與我的關係整合上重獲信任，並感覺到我會在他們身邊時，拉斯慢慢地重建對性喚起的忍受能力，他開始可以維持好幾分鐘了。

## 最後階段——處理移情

　　最後一個問題持續了整個夏天。薇莉亞還是無法達到高

潮，無論是獨處或是在兩個人的場合。她現在感到性真的是太麻煩了，對性的憎惡又一次增長，並且擔心自己再也不可能達到高潮，性治療和伴侶間的功課永無盡頭。我解釋說，她害怕無法結束，是掩飾對解放性喚起的恐懼，而這一點與她害怕治療就此結束有關。因為家族治療也一樣進行順利，治療的終點近在眼前，成功的威脅比過去任何時候都更明確。處理過他們對結束所持的猶疑態度以及對失去治療關係的痛苦之後，他們又向前推進了，甚至第一次嘗試了口交，發現兩個人都很愉快。

最後，薇莉亞開始慢慢體驗性高潮了，一開始是在獨處時的自慰中，她體驗到一種骨盆血管的擴張，一種緩慢的、滲透式的鬆弛。在自慰的持續刺激之下，她慢慢獲得了更讓人滿意的高潮，這種感覺又強烈又令人愉快，慢慢地，更是變成擴散到骨盆的溫暖感覺。她還能在自慰時縮短達到高潮的時間，從四十多分鐘到十五分鐘左右。雖然薇莉亞仍然因不能在性交中體驗高潮而苦惱，但是當手部不斷增加刺激時，現在她能更愉快地被喚起，甚至是當拉斯與她分享自己的性幻想時——比如說在電梯裡與一個女人性交，同時，他告訴太太這些時也不再那麼難為情了。薇莉亞可以聽得下去他對他們的女性朋友產生的性幻想。

鼓勵他們共同分享幻想，並不意味著強化這些幻想。一般對於其他性伴侶的性幻想，代表著被隔離、被壓抑的客體，就像一些被壓抑的客體一樣，當他們被壓抑或者甚至被刻意克制時，就更容易施加無意識的影響。通過彼此分享，他們的希望和恐懼更容易整合到核心的關係中。

　　我認為雙方的這些性幻想，部分代表著對婚姻外的理想化關係的嚮往。談論這些基於理想化的興奮形象的性幻想，可以把那些破碎的客體帶入他們的性關係中，使他們在毫無生趣的兩性關係中，可能更新這些客體，並使之重現生機。

　　薇莉亞現在說，自從他們能夠彼此分享這些性幻想之後，她希望拉斯能夠受得了她說出自己對個別治療師和我有性幻想。我們之前經常會隱晦地提到移情的問題，但是薇莉亞現在可以更公開地講述自己的情感了。

　　她說：「是的，在性幻想中，確實包含某些我在我們的關係中無法體驗到的東西。有些是關於你的，夏夫醫生，不是對情人或對丈夫。在現實中，這是一個缺少的因素，是我覺得我沒有的。我理想的幻想是我可以更誘人一些，我能擺動、撫摸、表現性感，而無需擔心什麼後果，不會發生什麼壞事情。我告訴我的治療師我有一種感覺：『沒有人會理解我為自己的性幻想感到很骯髒。』我很害怕，因為我肯定這一件事終究會暴露出來：每個人都會認為我是多麼的骯髒。我就像自己的控訴律師，有詳盡的證據，突然間就威脅說要定我的罪，但是並沒有什麼證據。我的醫生幫助我理解，在我內在有一個充滿幻想的性感的人。我很難承認我可以是那個性感的人，因為她又危險又骯髒。」

　　「有沒有別的更具體的幻想？」我問。

　　「我真的不想告訴你。」她說：「但是，那些幻想是關於你的，我想像著和你發生性關係。」她的臉脹得通紅，停頓半晌之後，繼續說：「在我的幻想中，你會做一切我期待的事情，讓我的身體以我期待的方式運作。」

　　我瞥了拉斯一眼，想知道他對此是怎麼想的。我感覺薇莉亞將注意力放在我身上，看我是否可以接受她這種令人興奮的幻想，她似乎忘記了拉斯，以一種令人窘迫的欲望盯著我。我感覺受到挑戰，不是因為我在她的幻想中頻繁出現──這樣的色情幻想在性治療中並不是不尋常的事──而是她告訴我時的樣子，好像在要我答應。我覺得我們處在她興奮客體的情感魔爪中，這是一個亂倫的要求。我想立即撤退，以此打擊她──她已經把我塞進拒絕客體中，這個拒絕性客體害怕她幻想中表現出來的性興奮。在她熾烈的興奮中，也同樣埋藏著恐懼的種子，認識到這一點，讓我能夠討論移情。

　　「妳在擔心這些幻想，薇莉亞，因為妳感受到它們是多麼急迫，所以妳害怕我會像妳幻想中那樣行動，感覺它會失去控制，害怕會疏遠拉斯。」

　　薇莉亞淚流滿面，等她稍微平復之後，她說：「我想這和我對哥哥們的感覺一樣──渴望、性的渴望，然後是恐懼和厭惡。」

　　這次會談結束時，我問拉斯：「聽了薇莉亞對於我的性幻想，你有什麼感覺？」

　　他說：「沒關係，我知道她會有這些幻想。我希望這些幻想是針對我，但是我知道她對你有感覺。」

　　「薇莉亞的這些急切的性感覺看起來是針對我。」我說。「這些幻想中最重要的部分不是那麼個人的，這表現出來的是一種急切，急切地想找到一位支持、充滿愛心的父

母，但是性是唯一能得到的途徑，沒有別的辦法行得通。拉斯，她也說出了你內心的真實體驗。她這樣做，是為你們兩個做的，也是你想要從彼此之間得到的，但是你害怕透過性無法獲得這些。」

在這次治療中，薇莉亞和拉斯引出了他們共有的渴望，特別是透過薇莉亞集中呈現的移情。這幫助我體會滲透在他們彼此扶持中的急切渴望與恐懼，讓我從情感上加入他們的經歷中。

現在已經到了九月，治療的結案階段已經開始，這個家庭將於十二月搬到西雅圖去，因為薇莉亞在那裡有非常好的工作機會，同時也為拉斯提供了一個機會。他們這樣決定時，我也認為家族治療接近了尾聲，性治療看起來也到可以結束的時候了。但是從那時起，薇莉亞覺得越來越憂鬱，以至於在性交時再也不能體驗性高潮。

之後，在九月中旬的一次治療中，拉斯開門見山地說：「我們唯一的問題就是性。」

薇莉亞說：「問題是我不可能得到性滿足，除非拉斯在我耳邊一直悄悄地說一些性幻想。如果不得不這樣做的話，又會讓人心神不安。我們倆在一起時還好些，當我一個人練習時，要達到性高潮更困難。」

我愕然了，我以這種負面的方式，驚訝地發現她已取得的成績。很快效果出現了。薇莉亞在性交時第一次完全體會到了性滿足，他們增加了人工的和幻想的刺激。我對他們取得的進步表示祝賀，我知道我應該給他們更大的安慰，雖然

他們在報告成功時就像是抱怨一樣。

薇莉亞笑著說：「這是真的，我還是無法自己一個人，我需要拉斯，而且從某種程度上來說，我需要他的性幻想。」但是，她略帶苦惱地承認：「我想我最終還是成功地得到了我一直想要的東西。」

我說為了改善他們的性關係，仍然還有許多東西要學，但願現在他們可以自己做了。在治療結束的威脅下，最後的進步完成了，這激勵了他們最後的成長和釋放。

在接下來的兩個月中，治療進入最後階段，此時性高潮變得更自由、更可靠，我們仍有許多焦慮，擔心在離開治療室之前他們是不是真的能做到他們需要做的。拉斯的射精控制也有了顯著的進步。十一月開始的時候，他們覺得他們的性關係在大多數時候都運行良好，僅僅是偶爾有些倒退，而這些倒退是由生活中遇到的常見困難引起的。


## 討論

這個案例透過治療的過程，呈現了一對伴侶的客體關係歷史中未完成的情結，表明行為主義的性治療架構是如何透過關注移情，解決這些問題中未了的心結。

隨著治療的深入，我們可以看到客體認同的混合模式。薇莉亞承載著兩個人身體上的脆弱，而拉斯承載的是力量和保護的重擔。性興趣留在拉斯身上，他變成了兩個人的迫害壞客體，而薇莉亞退縮在一旁保護自己，但是在很多情境下，她變成憤怒的父

親，代替拉斯內心中親切的父親形象，以此壓抑並治療自己。

　　喚醒他們的性生活對於他們兩個人來說都是一種威脅，因為這使他們侵入性的壞父親死裡復活了。對於父愛，他們兩個都懷著渴望。他們原始的解決之道是共同克制兩人之間實際發生的性行為，但是這樣無可避免地引起被壓抑的受拒感捲土重來，在這一點上，他們以不同的方式各自感受，拉斯的方式是早洩，薇莉亞的方式則是透過拉斯壓抑的憤慨和持續的週期性壓力。她以急切但未被意識到的方式，忽略了自己渴望的身體性需要和親密感，那種親密是她從來沒有的理想父親形象。

　　他們兩個以另外一種形式呈現出不能保護他們的母親。他們用誇張的方式保護對方，而兩人也分擔無能的角色——薇莉亞憂鬱、非理性發怒且性無能，拉斯被動順從，陷於工作困境中。這些殘缺的角色看起來是把母親具體化了，因為他們的母親沒有發揮照顧孩子的作用，但是他們對母親的認同沒有像對父親的認同那樣被充分討論。

　　伴侶兩人共同擁有一種渴望，渴望被好父母疼愛、照顧，這樣的父母可以回應孩子的性興趣，但是不會採取亂倫的行為。薇莉亞與治療師交流她的性幻想，這種集中表現出來的移情，代表了他們期望得到好父母的意願。當治療師在反移情中親身經歷這種亂倫的不安時，他就能夠從內心體驗到他們在扶持中的情感缺乏，因此也理解了他們。治療師在心裡找到一塊地方容納自己的反移情，可以為過渡期的共生關係創造出新的心理空間（Winer,1989）。薇莉亞和拉斯的過渡空間沒有因為治療師興奮的、拒絕的、防禦性中立的或剝削的回應而被破壞。他們體驗到自己在性上面既令人感興趣，自己也有興趣。這個治療片斷對於解決伴侶

的性壓抑起了關鍵作用。

　　性治療成功地重建了伴侶之間具功能而值得享受的性生活，並且提高了在婚姻生活及養育孩子方面彼此扶持的能力。但是在治療的最後，薇莉亞也知道她仍然需要繼續個別治療，她計畫在西雅圖尋找治療師。

　　與性治療和薇莉亞的個別治療同時進行的，是辛普森一家的家族治療。在下一章，我們將描述其家族治療最後一個階段的一次會面，這將展現父母之間的性關係如何影響孩子們的成長。

# 【第十一章】性障礙的家族治療分支

　　在上一章裡，我們追蹤了一對叫拉斯和薇莉亞的夫妻，他們面臨了個人的、性關係上的及婚姻上的困難。在本章，我們將從他們的家族治療過程，看到這些問題對孩子的影響。家族治療可能是伴侶治療師關注的次要部分，但是很重要的是伴侶治療師能從代間傳遞中理解性和婚姻障礙的影響。所以本章描述了這部分內容。

　　這對夫婦很願意在治療中重建他們的家庭生活。他們很關心孩子，因此特別能著眼於他們兩人的困難與孩子問題之間的接觸面。

## 一次早期家族治療會面

　　在家族治療頭幾個月的一次會面中，長子艾瑞克，現在八歲半，他以一種克制的方式在和弟弟妹妹玩「無敵浩克」（Incredible Hulk）的遊戲。當拉斯和薇莉亞之間的氣氛變得緊張起來，艾瑞克演的「浩克」突然不管在場的所有人，不受控制地跑來跑去。薇莉亞立即失去了耐心，以言詞斥責艾瑞克，說恨他有這樣的表現。對於母親的憤怒，艾瑞克在絕望中崩潰了。在我的詢問下，薇莉亞說，艾瑞克的舉動讓她想起了她那不體貼的父親，總是以憤怒傷害別人。但是當她

如此斥責時，她恨自己，因為她變得像父親那樣。在這一事件中，艾瑞克一直在哭，但是拉斯會向他伸出援手，給他安慰，不過他任由薇莉亞從自己的角度解讀艾瑞克的行為，讓她內在壞父親的力量暴露出來。

這種一再發生的客體認同，是將艾瑞克推向一個壞的、有力的男性認同的原因之一，這種認同也因為拉斯的軟弱順從而得到支持。拉斯的軟弱也同樣源於內在對強勢男性的恐懼，他比較被動，從性別和性格理論上來說，因為他也同樣有一個內在的假設：武斷的男人一定是毀滅性的。艾瑞克承載了武斷的男人的共同投射，他的父母都希望他能成為這樣一個男人，但是他也開始內化他們確信的一件事：如果不變成父母害怕的、易怒的、自私的男人，他就不能成為父母都希望的武斷的男人。

我們可以確信，薇莉亞對艾瑞克潛在的惡行所產生的恐懼是一種客體認同，是她逃避內在父親的壞品質的一種辦法，透過艾瑞克的行為，她又感覺回到過去。艾瑞克的這種行為一開始是一種普通的兒童期侵略，兄弟姊妹之間吵吵架或是有點貪心。但是薇莉亞習慣性地理解，這一定是她父親那種以自我為中心的傷人品質在兒子身上借屍還魂了。因為這種轉世投胎的品質使她很憤怒，之後她就覺得自己變成了父親，在艾瑞克身上傷害自己。這種循環困擾著她，她變得很難容忍艾瑞克，僅僅因為他總是不斷提醒著她自己的掙扎。

對於拉斯，薇莉亞的憂鬱和憤怒也代表壓抑的重返。他希望藉由拒絕成為一個侵略性的男人，來照顧自己的犧牲自

我，結果對薇莉亞來說，正是侵略的重現。進一步來說，他無意識裡希望有一個和睦的家庭，做得比自己的父親更好，結果事與願違。當他看到艾瑞克和薇莉亞發生衝突時，他也為壓抑的事件重返而備受折磨，他無能為力，不知道該向誰提供安慰。

在這次治療中，薇莉亞在艾瑞克和她自己身上找到父親的影子之後，可以表達內心極度的痛苦了。這使她重新表達了對艾瑞克的愛與關心，而拉斯作為一個父親，幫上了一點忙，對此他也得到了安慰。雖然他的話語少了些，也沒有太多覺察，但他在向艾瑞克伸出援手的同時，也安慰了薇莉亞。他容忍妻子的傷心，對修復這個格外悲傷的時刻貢獻很多。治療師的做法是讓拉斯提供支持，這是他以前不能做的，以此重建、修復母子之間的關係。在當時，這是這個家庭在扶持上出現缺陷的最顯著症狀。這件事處理完之後，這個家體驗了一種修復、愛與原諒能勝過仇恨的感覺。

這次會談後不久，拉斯和薇莉亞開始了前一章描述過的性治療。接下來的幾個月，這個家學會了如何在治療中進步，這要歸功於客體認同、增長的同情心和對彼此成長的支持。另外，把一個家庭經營好的感覺與日俱增。在早期治療時，經常出現兄弟姊妹在遊戲中發生爭吵，彼此破壞；而隨著家族治療的順利進行，孩子們之間的遊戲更有序、合作。現在這個家庭剩下的困難，可以從遊戲中、在拉斯和薇莉亞以及在他們與孩子之間的談話中看到、聽到。

## 家族治療後期的一次會面

　　一年之後，在性治療中，拉斯回憶起與父親和兄弟肛交的片斷，薇莉亞則第一次記起她的父親曾經在肉體上傷害過她和她的姐妹。家族治療一切進展順利。之後我〔大衛·夏夫〕按計畫去渡假兩週。接下來的會談，即家族治療開始後第十四個月，在我回來之後開始了。這次會面特別顯示出成人的性障礙與孩子的問題之間的關係，但是這次不是像治療開始時那樣，產生激烈的衝突，而是在治療中出現退行。從第一次評估時算起，當時孩子們已經長了兩歲，珍妮特五歲半，艾歷克斯七歲，艾瑞克九歲半。

　　薇莉亞手托著頭，先開口說：「我頭疼，我覺得拉斯和我之間的性關係進行得不順利。我覺得無力改變任何事情，頭痛得厲害。」

　　珍妮特對她的母親打了個手勢，她做了一個能裝下一架小紙飛機的房子，她要展示給媽媽看，喊著說：「媽媽，看，我為它做了個防空洞。」

　　我一時看不出來，但是後來，我想珍妮特引進的遊戲主題，是關於具破壞性卻又被珍惜的男性，這個男性已消失（那架飛機），它必須要被抓住並藏起來。我被看做是具破壞性的，但對我的出場又滿懷期待。

　　我轉向拉斯，問道：「你對這些事有什麼感覺？」

　　珍妮特非常大聲地繼續對媽媽說：「沒有人知道它藏的地方。」

拉斯回答我說：「我也有性方面的問題，可能比薇莉亞更多。」

艾歷克斯在說話，我望向他，說：「你在擔心珍妮特從你的船上拿走所有積木嗎？艾歷克斯？」

珍妮特說：「我不會拿走所有的積木！」

我轉身對父母說：「我們這兩週沒有見面，所有的事情都變得糟糕了嗎？」

薇莉亞說：「是的。」

我氣餒地注意到薇莉亞是那麼憂鬱，頭髮亂蓬蓬的。珍妮特在建造飛機的藏身之所。我問拉斯：「這段時間以來，對你來說，事情變糟了嗎？」

「是的，變糟了。」他說。

薇莉亞繼續說：「昨天晚上我們討論了四十五分鐘，現在我覺得他和我在性生活上不會有任何成果，直到我們下週與你見面，否則不會有任何進步，我又感覺充滿怨恨。這最後幾天，我感覺事情像滾雪球一樣失去控制。我不知道是什麼原因。」她哭了：「我覺得我在拚命地踩剎車，害怕極了。」

「只是你們的性生活，還是有其他什麼事？」我問。

「也有其他事。」她說：「我把我的個別治療縮減成一週兩次。我覺得是時候了，但是自從我這麼做以後，就感覺糟透了。」

幾分鐘之後，這對夫妻告訴我說，在家裡的性治療練習有兩次進行得不太順利。他們認為性練習上的失敗，是因為沒有清楚的語言交流，與家族治療不吻合。

我問：「在你們兩個人經歷那些失敗之後，感覺更糟了，是嗎？」

薇莉亞說：「我不知道是不是真的能說這是失敗，經過一段時間的停滯不前之後，我感覺更糟了。」

艾歷克斯和珍妮特在玩兩隻恐龍，這兩個恐龍在彼此身上爬。這個遊戲有一個性主題，但是我並沒有中斷這個主題的發展。三個孩子都安靜地投入這組織良好的遊戲。艾瑞克現在占據了一個有利的地勢，開始穿梭往來，轟炸珍妮特的恐龍。

「噢，不！」珍妮特尖叫。這個遊戲繼續下去，艾歷克斯問道：「接下來怎麼辦，珍妮特？」

珍妮特說：「讓我的恐龍被你的恐龍抓到吧！」

我側耳聽到這些，聽起來他們的遊戲代表著成人性伴侶之間的關係被昇華後的回聲。

薇莉亞繼續說：「我生氣的是我那麼努力學習，但是他卻不能做好他的部分，結果什麼事都沒發生。」

我說：「妳覺得興致被撩起來了，卻又被晾在那兒，乾巴巴的？」我轉過身對拉斯說：「但是你又覺得無能為力，是嗎？」

拉斯點頭說：「是的！」

我繼續說：「你不想把這些困難與我的離開連在一起，儘管三個星期之前，事情還進展順利？」

拉斯說：「我是這樣認為。」

我繼續：「有些事情退步了。」

拉斯重覆：「我是這樣說過。」

　　我試著去引導他：「你想那些事彼此有影響嗎？」

　　拉斯大笑。艾瑞克拿著他的模型戰鬥機在空中飛向我。之後，孩子們開始玩一架飛機，互相追逐嬉鬧著。孩子們繼續演示著夫妻之間的關係，但是，在艾瑞克的影響之下，這個遊戲變得越來越具侵略性。拉斯對我的詢問做了回應，說：「你記不記得我在自尊上有問題？看起來這是週期性的，這個問題又回來了。」

　　我問道：「這是只影響到性，還是所有事？」

　　拉斯說：「影響到所有事。」

　　幾分鐘之後，珍妮特和艾歷克斯在一起玩。艾歷克斯的直昇機起飛了，珍妮特的玩偶喊著說：「再見！」之後她解釋：「它在向直昇機揮手。」

　　「你們兩個玩偶在浴缸裡幹嘛？」我問道。

　　珍妮特糾正我說：「這不是浴缸，這是船！它在向直升機揮手，並且在划船。」

　　拉斯注意到珍妮特的裙子幾乎在腰上面，拉斯說：「珍妮特，把妳的裙子拉下來。」珍妮特笑了。我注意到這種對與性有關的問題發生在特定的時刻，此時正是對分離與性產生焦慮的時刻。

　　艾瑞克在玩兩架飛機，一架在混戰中追趕另一架。他闖進艾歷克斯和珍妮特的遊戲中。

　　艾歷克斯發牢騷說：「艾瑞克，我們不跟你玩！」

　　珍妮特喊道：「再見，我們明天再會，我們回家後再見到你。」

　　此時，我被遊戲吸引，我問：「艾瑞克，發生什麼事

了？我看到你的那傢伙把他們幾個都打敗了。」

艾瑞克點點頭：「是！」

「他生氣了？」我問道。

沒有回答。

「他怎麼了？」沒有回答。

飛機墜毀了。

「我看到他墜毀了。」艾瑞克現在毀了那架之前被攻擊的飛機。我清晰地感到他不喜歡我注意他的遊戲，也許正像他的父親不喜歡我注意他一樣。我覺得這個遊戲與成人間的話題正好對應，於是我轉過身對拉斯說：「你的自尊出了問題，但是你不願意將此與我的離開連結在一起？」

拉斯說：「是的，我不覺得我的自尊問題與你的離開有關。」

艾瑞克重新撿起兩架飛機，一架追著另一架，這對我追著他父親問，是十分貼切的隱喻。

我對拉斯說：「你只是覺得很空虛？但是我真的認為與這些事情有關，拉斯。對我而言，我們都知道你不願將這些連結起來，這只是問題的其中之一。」

拉斯說：「是的！」

我繼續追問下去：「既然你很難將這些連在一起，讓我們猜看看。你和薇莉亞兩個人都因為我不在而備受打擊，你對此感覺喪失自我價值，失去性能力。我想這和你失去父親的感覺有關。」我可以看到拉斯在點頭，所以我繼續說：「你沒有從他那兒得到幫助，相反地，不久之前，你說過當你向他尋求幫助時，反而受到傷害。」我在想父親對他的性

侵害。

拉斯點頭，他看起來與我站在同一個立場上。薇莉亞沮喪地低頭看著地板。

突然，屋子對面的遊戲桌上傳來戲劇性的哼哼聲。艾瑞克跪在桌子後面，我們看不見他，他把一個粉紅色的豬木偶放在自己手上。

「呼、呼、呼。」他不斷地發出這樣的聲音。

「怎麼了，豬先生？」我問。

珍妮特立即加入說：「我們在玩木偶劇。」

「好，」我說：「請你問一下豬，它正在哼哼些什麼，好嗎？」

艾瑞克糾正我說：「應該是『他』！這就是為什麼。」

珍妮特和艾歷克斯也走到桌子前。艾瑞克的豬正吞食著桌上的魔術畫筆，貪婪地咀嚼著它們。

我說：「他肯定是要把那些筆全部吃掉，看起來他是一頭飢餓的豬。」

艾瑞克竭力以深沉的嘟嚕聲說：「我本來就是！」

薇莉亞被艾瑞克的木偶表演逗樂了。我繼續採訪這頭豬，「是什麼讓你餓成這樣？你沒有任何東西吃嗎？」

豬說：「是的，我以前沒有東西吃。」艾瑞克完全沉浸在這頭餓得要死的豬角色中。

「沒有東西吃，你會生氣的，是嗎？」我問道。

「是的！」他宣稱。

薇莉亞看起來不再鬱悶了。她說：「艾瑞克的胃現在應該是空空如也，因為他一路到這兒，把胃都清空了。」

我注意到拉斯也笑了。整個氣氛都改變了。

「他又暈車了。今天上午環城高速公路的交通讓他的胃一點也不好受。」她繼續說。

艾歷克斯和珍妮特現在已經完全融入了這個遊戲中。

珍妮特手上拿著一隻粉紅色的兔子，對著艾瑞克的豬說：「為什麼你要吃我的食物？」

「呼、呼、呼。」豬說。

「他吃我的東西！」兔子說：「好！我就吃他的東西！」

艾歷克斯拿著一個紫色的大鼻子怪物木偶，說：「有漢堡嗎？有沒有？」

豬看起來已經吃夠了，說：「我要休息一下。我吃累了。」

「你都吃些什麼？」我問。

艾歷克斯的怪物回答說：「胡蘿蔔，哪裡有胡蘿蔔？」

珍妮特的兔子說：「我進房子裡去看看能不能找到胡蘿蔔。」

「你們有什麼想法，拉斯和薇莉亞？」我轉過身來問道：「你們這兩個星期是不是也如飢似渴地想從我這裡得到關注？」

薇莉亞說：「我可以回答『是』。」

「你無法回答，拉斯？」我問道。

艾歷克斯的木偶的鼻子像按喇叭一樣按著珍妮特的兔子。我想這是在評論我找拉斯的碴。

「不要按我的鼻子！」兔子說。

艾歷克斯的怪物對艾瑞克說：「不要吃她的胡蘿蔔！」

拉斯回答我的問題說：「我的第一印象是：『你甚至不想要想那麼多。』」

我注意到他言詞中的口誤，看起來他真的是指我，而不是指他自己。我說：「你的意思是我沒有想那麼多？」

拉斯的眉頭皺了皺。

薇莉亞糾正我說：「不，他的意思是**他**沒有想那麼多。」

「他不是那麼說的。」我以一種滑稽的方式反駁說。我用玩笑的口吻使他們安心，並且直達主題。他們自己也經常以這種方式對彼此、對我。看來這一招奏效了。

拉斯笑著對薇莉亞說：「我是那樣想的。」

我重覆他的話說：「你說的是，『你，指的是我，甚至不想多考慮一些什麼。』」

「不，不，不，不！」薇莉亞的聲調很單調：「你那佛洛伊德式的口誤出賣了你。」

拉斯咧嘴笑了，拍拍大腿，友好地反駁說：「我沒想那麼多！」他重覆著前面那一句話。

「這也是真的！」我回應道。

薇莉亞補充說：「但是你沒有想到『他』也會想到。」薇莉亞知道如何通過拉斯的防線，她這樣說也是配合治療。

拉斯說：「我不懂這些，但是我知道我不懂。」

我說：「但是你的情緒低落，無法發揮功能。」

「這是真的。」拉斯承認：「我更難發揮功能了。」

「你覺得每況愈下，卻不把這種情況與自己的想法和情

感連結起來。」

「是的。」他說。

此刻，艾瑞克走開了，走向其中一架攝影機。

艾歷克斯喊道：「艾瑞克，你去哪兒？」

薇莉亞叫他：「艾瑞克，你在那兒想幹什麼？」

艾瑞克說：「我就是想看看，它們投射出來的是什麼？」

我立即想到「投射認同」這一個雙關語，但我沒有出聲。

薇莉亞厲聲說：「請你不要站在那兒！」

拉斯用一種少有的洞察力說：「你只是想讓我們不要再談這個話題了，是嗎？」對此，我很是欣賞。

現在珍妮特加入到這個轉移注意力的活動中來了，「砰砰砰，砰砰砰。」她哼著《星際大戰》主題曲的調子，把先前艾瑞克用的豬拿過來，在地毯上大步前進，環繞房間，她的鞋跟在治療室的硬地板上有節奏地踢踏著。

「你認為艾瑞克是在努力分散我們的注意力？」我問拉斯。

拉斯回答：「整個上午他都在這樣做。」

艾瑞克嘟嚷說：「我只是想看看它們會投影出什麼東西來。」

珍妮特打斷我們的談話，對我說：「嗨！我想給你一些東西。」

珍妮特和艾歷克斯拿了一些木偶給我，但我的注意力仍在艾瑞克身上，我問他：「這幾個星期我們沒見面，你有什

麼感覺？」

艾瑞克轉了轉眼珠，表現得一無所知的樣子。他有一雙很吸引人的藍色大眼睛，頭髮是亞麻色的。

「不要再學你父親那樣了，」薇莉亞說：「你明明知道。」

我把紫色的怪物木偶放在手上，繼續說：「你知道，艾瑞克，雖然你一路暈車到這兒，漫長而辛苦，（此時艾瑞克有力地點了點頭），你還是很想來，我很佩服你。」

「嗯，嗯！」艾瑞克說，不斷點頭。

珍妮特現在拿了豬玩偶，突然大聲地咯咯笑，吸引我的注意力。

「那隻豬在笑什麼？」我問。

珍妮特說：「他在咬鼻子。」她開始把我手上的怪物玩偶的鼻子放到她的豬嘴裡，還不斷地擠壓它，說：「咬，咬！」

艾瑞克拿了另一個玩偶，很確定地加入咬我手上玩偶鼻子的行列中來。

我看著拉斯和薇莉亞說：「也許這兩個小傢伙不是唯一想把我打倒的人？」

薇莉亞笑了，揉揉眼睛。珍妮特現在用兩隻手擰我玩偶的鼻子，他們又擰又捏，簡直是一場狂歡。

薇莉亞說：「一說到如果小傢伙們擰的是**你的**鼻子會怎麼樣，我就想笑！」

拉斯說：「妳很喜歡這個想法！」

我說：「是啊。不僅僅是他們想這樣做，對嗎？」

　　薇莉亞笑了，抬起頭來，讓我們想起了她的頭痛。

　　拉斯溫和地調侃薇莉亞說：「妳為什麼不過去擰他的鼻子？把鬱悶從妳的胸口除去。」

　　「不！」我說，立即感到防衛，感覺那一刻她真的會這樣做。「為什麼不談談這些感受呢？」我馬上覺得自己很傻，好像她會加入這個侵犯的遊戲裡似的。但這是一種跡象，投射認同的力量捕獲了我。待我回過神來，我說：「如果妳願意說出來，也許頭就不會痛得這樣厲害了。」

　　薇莉亞慢慢點點頭說：「可能吧。」

　　珍妮特插話說：「哈！哈！哈！」她和艾瑞克更使勁地擠壓我手上玩偶的鼻子，像是在瘋狂折磨它一樣。之後她拿起我的玩偶，踏著勝利的步伐繞房間踱步，還唱著：「都比，都比，都比！」她的腳步在地磚上又一次踢踏作響。她那得勝凱旋的正步結束之後，回到我這兒，塞給我一隻黃色的狗手偶。

　　「嗨！」

　　「什麼事？」我問，以我的新玩偶的口氣說。

　　她說：「我在按某人的鼻子！」

　　我說：「我聽說了，你們為什麼要這樣做呢？」

　　珍妮特回答說：「因為它對我們很重要，所以我們對它也很重要！」

　　與此同時，艾瑞克再次問薇莉亞他可不可以玩一下攝影機。我看著他說：「艾瑞克，你有很多困惑，想知道我們此刻會投射些什麼，對現在這裡發生的事情，你有什麼看法？我想你今天坐立不安，我看得出來，你的那些『壞人』在贏

……」

就在此刻，拉斯抓住珍妮特的裙子，一部分是為了防止她搗亂，另一部分是為了戲弄她。

「嗨！放開我的裙子！」她堅持。

我沒有分心，繼續問：「你知道別的一些什麼是嗎，艾瑞克？我想當你感覺不安、你媽媽和爸爸感覺不安時，你的那些壞人就贏了。」

「不！」艾瑞克說：「他們不會贏，好人才會贏。」

「我一開始就看到了。」我說：「但是後來你的兩架綠飛機追趕艾歷克斯和珍妮特的飛機，看起來他們發動攻擊的時機不對。我想當人們在家裡感到不安時，也會發生這樣的情況。當你的父親說他感覺不行，你媽媽感到什麼也不想說時，不安的感覺又開始了。」我轉身對薇莉亞說：「妳對拉斯、對於妳個別治療的次數減少，以及對於不能見到我，感覺都很糟。」

薇莉亞說：「聽起來很準確。」

我繼續對薇莉亞說：「妳也很清楚如果妳的情緒不變得如此低落的話，妳會發火！所以當孩子們擰我玩偶的鼻子時，妳開始大笑，讓自己感覺輕鬆點。」

「是的，是真的。」她大笑。

「拉斯」，我繼續說：「你也一樣。但是你不想把這些連結起來，也不想考慮這些。我們只聽到你說，我不在時，你一下子沒來由地變得很失敗，甚至不想知道自己為什麼生氣或者為什麼坐立不安。」

薇莉亞說：「一開始我沒有意識到，現在我比拉斯更容

易理解了。」

「是真的嗎，拉斯？」我問。

「當然！」他肯定地說。

我說：「在這個家庭裡，你們倆後退了，讓孩子們先發難。今天我們看到遊戲的模式是憤怒和壞人開始占據控制地位。這是你們每個人內心的情形，你們感覺被壞人掌控，以前這種情形是以孩子們亂成一團、打架表現出來。現在情況好多了，可以從遊戲的故事中看到一大部分。」

艾歷克斯在用積木搭房子，一架直升機在裡面。這讓我想起兩年前第一次家族治療時那個消防車和消防站的遊戲。當我跟這個家庭講話時，他開始用積木轟炸這個房子。後來直升機出現了，飛走了。同時艾瑞克把玩具飛機扔在地上。

我對艾瑞克說：「哇，我的飛機受到打擊，它們散落一地。艾瑞克，我確實認得你扔在地上的飛機是我的，真的！」

艾瑞克微笑著說：「是的。」

「你認為我的飛機活該被摧毀嗎？」我問道，雖然我已經知道答案。

「是的！」

「這正是我想的！你對我也十分生氣？」

「我不知道……只是玩玩而已。」他抗議說。

「我知道你是在玩，但是遊戲部分說明了一點什麼。救護車也受重創。」

他說：「不，它已經壞掉了。」此時，艾瑞克把自己一直在擺弄的玩具救護車拿起來，摔到艾歷克斯和珍妮特在一

起玩的積木房子上。

艾歷克斯抗議說：「艾瑞克！不要！」

「對不起！我不是故意的。」艾瑞克敷衍地說。

「艾瑞克，你是故意的。」拉斯說。

「我不是！」艾瑞克說。

「我在想這意味著什麼。」我若有所思地說：「救護車與醫生有關係？」

珍妮特對艾歷克斯談論他們的玩偶：「他們沒有一個媽媽或是一個爸爸。」

我繼續我的思路：「拉斯和薇莉亞，有什麼想法嗎？」

拉斯說：「我不知道。」

薇莉亞說：「很明顯，救護車——砰——醫生，把已經建好的房間撞塌了。」

「妳認為這很明顯？」我問。

「是的，當你將救護車與醫生連結起來時，就再清楚不過了。」她說。

「我喜歡妳說的那部分：『救護車——砰——醫生』。」我笑著說。

薇莉亞臉紅了，大笑起來，托著臉蛋說：「我原來只看到字面上的『砰』。」她一邊解釋，一邊用手劃了一下：「但是，是的，現在你把意思點出來，確實有『抨擊醫生！』的意思」她笑了。

艾瑞克打斷我們：「夏夫醫生，看！」他給我看他的遊戲。

我說：「那個人在跟一隻老虎跳舞？」我看著薇莉亞，

但是面對整個家庭，補充說：「如果你們很生氣，是不是有
一種老虎似的感覺在四周？如果你們不知道自己處於不安或
憤怒的狀態，這些事情就會使家庭崩潰，讓每個人都付出極
大的代價。這個遊戲和今天的治療讓我們看到這一影響。拉
斯和薇莉亞感覺更糟，因為你們覺得事情都失去了控制。這
就是一個惡性循環。」

　　他們點頭。我看了一下鐘，時間已近結束，我說：「今
天我們得到此結束了。」

　　珍妮特喊著說：「不！不！」

　　但是艾瑞克第一次發出歡欣的「耶」聲。

　　「耶？」我問道。

　　「這倒挺新鮮的。」薇莉亞說。

　　「你真的受夠我了，是嗎，艾瑞克？」我說。

　　艾瑞克哈哈地笑。

　　「我還想玩。」珍妮特說，但是她還是開始收拾玩具，
然後高興地走了。

## 討論

　　我們呈現這次會面，是為了說明從治療師到伴侶、到他們的
孩子、到整個家庭形成的一種連鎖影響。這次會面詳細說明了治
療師缺席的效應，以及這些效應引發的波瀾。除此之外，缺席創
造了一個機會，來理解家庭中的退行，以及成員如何從中恢復。

　　因為伴侶的困難經常圍繞著性問題，所以他們最常在性功能
方面感覺到失去了治療師。然而對這個家庭而言，顯然他們承認

了更廣泛的效應。薇莉亞變得十分憂鬱,這件事情再次把她的憂
鬱和移情中的失落連結起來。拉斯一開始感到迷惑又糊塗,他的
性障礙緊隨其後,忍受著失去思考能力的痛苦。除了生理因素導
致他的學習困難之外,他受性侵害的性歷史和父親帶給他的受傷
感覺,使他覺得追求知識和試圖從別人身上獲取幫助是危險的事
情,特別是從男性身上。所以男性家族治療師和薇莉亞的男性個
別治療師的缺席,使他置身於自己平常的狀態,即無法將事情連
結起來。在智力上或性能力上,他都不是那種強而有力的人。

當這對夫妻難以面對失落時,孩子也無法逃脫它的影響。對
於家族治療師的缺席,他們有自己的感受,因為他們三個人在治
療中都很投入。然而,在這個治療階段,他們因明顯的額外混亂
而困擾,繼而為這個家庭帶來更多苦惱。在治療之前,薇莉亞一
遇到拉斯向她求歡時,她就向孩子們發洩怒火,父母的性困擾由
此瀰漫到整個家庭中。現在基本上不會再發生這樣的事情了。但
是當母親的憂鬱和有關性障礙的談話出現在這次治療期間時,孩
子們在遊戲中表現出這些主題,一部分表現在退行的吵架和爭執
中,另一部分則表現在遊戲主題中。一年前開始治療時,一般來
說艾歷克斯表現得很具破壞性,導火線是生理上的注意力缺陷;
現在則是艾瑞克變得很具破壞性,而不再是艾歷克斯。但是隨著
治療效果的日漸穩定,遊戲變得更具組織性,更能表達貪婪、絕
望的客體,這一飢餓的客體將父母趕入憂鬱的深淵,帶來婚姻上
的壓力和性生活方面的阻礙。現在這在移情中得到了修正。這是
早先經常侵入到孩子們中的相同主題,並在孩子們身上放大了,
之後又傳回給父母,最後殃及整個家庭。

在此案例中,三個孩子都加入了指定移情的遊戲中,表達並

詳細闡述治療師正在詮釋的主題。他們聚焦在憤怒、貪婪和對治療師的需要上。按壓治療師手上的玩偶的鼻子，表達了很多意思，其中只有一部分以語言表達出來。最明顯的是對治療師的憤怒，治療師離開他們，變成分離的怪物父母形象，但是他們還是如飢似渴地需要它。治療師手中的玩偶的鼻子是乳房，是陰莖，是得到滋潤的所在，他們以撕咬玩偶鼻子的方式表達內心的需要；在展現憤怒的同時，也讓其他感情和需要得到表達。

當孩子投身於遊戲之中時，拉斯和薇莉亞也如釋重負地以幽默的方式表達憤怒和需要。薇莉亞很直接，而拉斯用催促妻子的方式代替，就像平常一樣。

這次的治療模式以夫妻詳細闡述問題開始。問題的元素被孩子無意識地理解並分享了。但是一開始，治療師沒能理解這些說明。當夫妻倆探索他們的難題時，孩子們的遊戲和無意識的理解變得越來越有邏輯。最後治療的高潮出現了，從移情中獲得父母之愛、支持和供應的資源被中斷之後，孩子們一針見血地表達出潛藏的重要主題，正是需要和憤怒。

當這些發生之後，遊戲和談話戲劇化地加入問題的表達和分享，就像移情中明確表達的一樣。這個家庭因為治療師的缺席而感到被剝奪，再次體驗到親子關係中受到的傷害和忽視，這種體會植根於他們的客體關係歷史和性障礙中。之後，他們將這種彼此共享的主題，以遊戲和互相討論的方式帶回治療中，特別呈現在對治療師的移情中。治療師也同樣體會到被這一主題牽引，在治療中吸收了投射認同。他有罪惡感，需要因自己的缺席而巴結這個家庭。他也對治療過程中表達出來的意思感到困惑，且對家庭成員的退行感到鬱悶。治療師清楚，但只是短暫地意識到他們

的憤怒是針對他，而不是這個家庭存在確實的危險。在澄清了這種移情之後，治療師對於移情的具體化既高興，也很慶幸，因為這使他與這個家庭的長期工作得到了更多的解釋和說明。

這次治療的結果顯現，這個家庭的恢復能力提高了，他們彼此間的關係緊密，互相提供連續而圍繞中心的扶持能力也提昇了。這次治療比其他的治療更具戲劇性，但為這個家庭培養出這些能力絕非一朝一夕之功；兩年來對這個家庭的治療工作既投入又辛苦，退行和重建的過程顯現了治療工作的成果。這個家庭很快將進入治療的結束階段。

本次治療在成人的對話中展開，談到他們的退行問題，顯現在他們的性生活、在對治療師的移情，以及在孩子們的遊戲中。這次會談也使夫妻性障礙下潛藏的問題得到表達，幫助了家庭成員和治療師理解這一問題，也將孩子們內化客體關係的方式呈現出來。

在治療之前，孩子們只會透過內攝認同吸收這些問題，並在過程中以無意識的方式努力平復父母之間的衝突。但是在這次治療中，他們的遊戲展現出整個家庭內的扶持能力有所提昇。現在是孩子們清楚地表明並探索夫妻性退行背後對客體的渴望，他們邀請父母和他們一起在移情中表達出來，用已修改過的更成熟方式，將內攝認同返還給父母。正因為如此，這次治療催化了夫妻的性治療，讓性治療馬上接近成功的尾聲。孩子們這樣做，有效幫助了父母在接下來的幾年中，為孩子提供更好的家庭扶持環境。

# 特殊主題

# 【第十二章】婚外情的治療

　　婚外情一般作為症狀而引出婚姻治療，或出現在婚姻治療中。有些夫妻不和，多年來婚姻一直處於不慍不火的狀態，而發現配偶不忠的行為，通常會將這種不滿意明朗化，從而促成伴侶尋求治療。在整個評估過程中，經常會有一方或雙方承認有不忠行為。

　　在評估中，詢問伴侶一方或雙方現在或以前是否有婚外情，這個問題很重要。當然，什麼時候問、如何問，經常決定了治療師會得到什麼樣的答案。比如說，當夫妻兩人在場時，或單獨會見其中一位時，我們得到的回答可能是不一樣的。婚外情很普遍，可能有一半以上的婚姻都發生過婚外情，配偶在伴侶治療的第一次評估會談時就向另一方承認的情況，並不是很普遍。但是提出這個問題可能會帶來之後的揭露。如果配偶已經知道出軌的事，夫妻倆經常會在一起會談時盡其所能地討論這一個問題，但是可能會等我們先提出問題。

　　所以在最初兩個人一起參加會談時，詢問他們任何一方有無婚外情，這是很有益處的，對這個問題的非口語回饋訊息特別有價值。經常會出現的情況是，比如其中一位配偶，假設是丈夫，他會很輕易地回答：「不！我沒有，我太太也沒有。」與此同時，太太很焦慮地看著丈夫，或者腳不停地輕敲地板，像時鐘報時一樣。「不！我也沒有。」從這樣的表述或非口語線索中，我

們不能斷定太太有外遇，也不能斷定丈夫沒有外遇，但是我們可以在瞬間一瞥中，評估這個問題在伴侶之間引起的焦慮程度。事實可能是太太以前有外遇，或現在有外遇，或者雖然沒有，但是因為常這樣想而覺得受傷害。或者當她的腳輕敲地板，也可能表示了一種防衛態度，她在等著看丈夫會說什麼。

在伴侶關係評估中存在的主要爭議是：治療師是不是應該分別會見配偶。這基本上是一個治療架構的問題。兩個人一起會談或單獨會談時配偶說法不一的情況，並不僅限於不忠這個話題。給配偶個人一個私人空間是重要的，讓他們詳細闡述自己的難題，比如說具有威脅性的私密性幻想、對於婚姻的困惑，或者質疑對方身為父母的不稱職。但是在婚姻治療中，婚外情的祕密是個別會談中最重要的自我揭露。如果夫妻倆總是在一起晤談，單獨會面的機會受阻，那麼兩個人都不會有足夠的安全感來告訴治療師自己的事。

## 聯合會談的利弊分析

一直與伴侶一起會談的缺點，是聽不到個人知道但不能說出來的事情。治療師們在這種情形下，無法知道伴侶可能瞭解的所有事情，然而益處是處於這種情境中，治療師無須因為知道了一些不能說的事情而產生心理負擔，這是一種自由。比如說，當治療師從來沒有單獨會見過伴侶的任何一方，但在他們互動的過程中發現了可疑之處時，治療師可以很自由地說出來，甚至可以推斷這樣的感覺使治療師猜測存在外遇這樣的祕密。當治療師未被告知時，他們可以猜測，而不會有出賣祕密的嫌疑。

## 分別會談的利弊分析

　　私下分別見配偶一方的益處，是治療師可以得到更多訊息，比較容易獲得問題的真實答案。所謂問題都是關於祕密的，不僅是外遇的祕密，還有私密的性幻想、隱藏的情感和令人痛苦的觀點。治療師以這種方式工作，可以更開放地理解求助的伴侶，並與不忠誠的一方討論婚外情的意義及其對婚姻關係的影響。

　　知道一些另一方配偶不知道的祕密，弊端在於治療師不再有推測的自由，在回應他們的性幻想時也會有阻礙。有祕密的配偶會要求治療師保持沉默，而治療師將被反移情束縛。伴侶一方經常會給治療師一種親密的感覺，要求治療師對另一方保守祕密，這雖然也可以作為反移情來進行分析，但治療師還是無法完全自由地談論。這種情況的解決方法之一是與有祕密的一方個別晤談一段時間，使其明白外遇本身以及恪守外遇祕密兩者在客體關係支持性上的影響。當這一工作進展順利時，有祕密的配偶會懷著重建婚姻關係的期望，準備好告訴對方外遇這件事，如此一來，婚姻關係中的不平衡狀態重新得到糾正，擁有祕密經常會帶來這種不平衡。這種做法可能會產生危機，但這是在治療中「計畫好的危機」，一種以達到治療效果為目的的危機。

　　如果求助者不肯合作，治療可能會受阻，配偶一方有了一個很好的理由變得暴躁或迅速脫離婚姻關係。治療師可能會想採取這樣的立場：當訊息的不對等已經妨礙了伴侶投入治療的能力時，治療師可能不得不說出來。在不洩漏祕密的情況下，這是完全可能做到的。如果治療確實走進死胡同，治療師可能覺得因為

存在著祕密，必須推薦個別治療，或者從進行中的治療協議中退出。治療師可以告知伴侶因為治療沒有進步，或感覺治療不再有成效。無論會不會出現是否說出祕密的兩難，治療師都沒有特權洩密。

在這樣的案例中，治療師也許可以讓求助者明白伴侶治療現在面臨僵局，或者可以說僵局的出現是因為個人原因，而伴侶之間不願意分享。後者是直接向伴侶施壓，讓他們說出不想讓對方知道的事情。唯有在事先就已經知道有祕密存在，才能採取這樣的立場，比方說，雙方都有這樣的祕密，兩個人都同意無須說出來。如果不是這種情況，治療師還可以說伴侶之間缺少祖裎相見的態度，而這是治療走進死胡同的根本原因，這樣的聲明可以避免未被授權而說出祕密的道德困境，治療師也沒有推卸責任。

只和伴侶一起會面或者結合個別的評估會談，是同樣可以接受的。在我們的實務工作中，我們採取這兩種方法。在性治療評估伴侶關係時，與配偶一方單獨見面，並對性生活的歷史做全面的瞭解是很重要的，這也是我們的標準程序。我們這樣做是因為性治療本身容易導致額外的危機，如果對投入治療至關重要的面向沒有發掘出來，治療會很不順利。一旦婚姻或性治療開始之後，我們就只和伴侶雙方一起工作，除非伴侶因為特別的理由計畫一次個別會談。如果配偶一方出差或病了，我們不會見另一方。總而言之，兩種治療安排都各有利弊，經過深入理解後運用到治療實務，才是有效果的。

# 婚外情的原因和影響

在一些婚姻中，婚外情是夫妻雙方認可的，他們以此挑戰傳統；而在另一些婚姻中，婚外情被視為合乎同輩人的文化，甚至被推崇。作為婚姻治療師，我們不認為存在著婚外情的婚姻是成功的，因此我們很難說婚姻生活中婚外情的價值所在。

在我們所有的臨床個案中，婚外情是問題婚姻的一種症狀表現。婚外情源於雙方的扶持與核心關係不足，以此方式理解婚外情是最有用的，這樣的理解避免了討論婚外情從文化上來說是否很普遍。伴侶來找我們，是因為從他們自己的定義來說，他們處在困境中。在這種情況下，他們和我們需要集合我們能找到的所有力量來理解他們。我們將婚外情看作是從伴侶關係界限中分裂和游離出來的代表性主題，理解婚外情發生的原因是重建婚姻關係的第一步。

如果伴侶之間的關係基本上是安全和充滿愛的，只是某些事出了狀況，或者是如果夫妻長期爭執，互相不信任，婚外情只是在一系列的痛苦中再加一筆，這兩種情況是截然不同的，這一點迪克斯（1967）在上一個年代就已經注意到了。婚姻的潛在品質是評估的主要內容，這將決定婚外情是為婚姻注入愛情的有益嘗試，還是在原來的基礎上雪上加霜。

## 婚外情的原因

婚外情很難進行分類，人類對三角關係的研究也十分複雜。很多人有婚外情，其原因也有很多。但是我們可以從理性上的因

果關係到個體的個性差異方面，大致列舉以下不同的心理因素
（見表 12-1）。

### 表 12-1　婚外情產生的可能原因

一、婚姻契約中允許婚外性行為。
二、文化期待中認為婚外性行為是婚姻契約的一部分，或是可以
　　被接受的。
三、婚姻中的緊張削弱了伴侶保持親密關係的能力，使一方或雙
　　方難守防線，或是主動在其他地方尋找其他出口。
四、基於個人的個性特徵或心理原因上的不忠誠。

## 婚姻契約的條件

在婚姻中有些情況，可能使一方或雙方覺得性關係和情感關
係只能在婚姻之外得到，一位男士就是選擇了這樣的安排，他的
太太因為嚴重的腦傷多年住院，照他的邏輯，他不能經由離婚拋
棄她，但是他們之間又沒有婚姻生活。對他而言，婚外情使他在
不放棄性與感情生活的前提下，遵守照顧太太的承諾。他的行為
是可以被理解的，按照他的價值觀，甚至可以說是崇高的，但是
他很少想到他的情人們的需要。

還有其他情況，當配偶覺得受宗教信仰約束不能離婚，或因
為孩子必須留住婚姻，但是彼此又沒有感情或性興趣，夫妻倆會
選擇透過婚外性行為滿足自己的性需要和關係需要。如果這種安
排是令人滿意的，我們就不會在臨床上見到他們，儘管我們常常
會見到有些孩子在父母親無愛的婚姻中承受著家庭生活的緊張和
壓力。然而，我們確實看到不管存在多麼大的矛盾心理，有些夫

妻還是嘗試著一起保持這樣的狀態，這種情況被轉移為其他兩大族群之一。

## 婚外性關係的文化或哲學思考

在某些文化支流中，是允許已婚配偶自由戀愛的。然而隨著愛滋病的到來，這種觀點已不那麼普及了。支持者們仍然認為自由戀愛是有趣而使人成長的，而且不會導致什麼麻煩。我們在臨床上的確見過這樣的伴侶，他們在某種程度上對婚外情抱持支持態度，或者對婚外情睜一隻眼閉一隻眼，他們之間沒有衝突，也就輪不到我們上場。然而，在我們的文化中，這種生活隱藏著危機，我們相信這些婚姻中大部分都是失敗的。這種「開放式婚姻」，常常在其中一方遇到一位關係更投入的人時告終。所以，我們的印象（無可否認是建立在這些失敗之上的）是：在這種關係背後的理論，只是一種合理化的藉口，因為持續維持這樣的婚姻是很困難的，一段開放性婚姻往往只是通往公開表示對婚姻不滿這條道路上的一站。

邁克和麗塔‧米內利（Mike and Rita Minelli）已年滿五十歲，生活一直循規蹈矩，彼此感覺都很忠誠，在撫養兒女的過程中多多少少感到些幸福。但是當孩子們離開之後，他們感覺性生活貧乏，麗塔先提出何不試一試開放性的婚姻。她很享受婚姻外的性關係，並且發現這讓她比較能容忍自己的婚姻狀態。相對之下，邁克覺得膽怯而不適合，他說：「我不是一個好情人，所以我感覺自己不會做得很好。」然而邁克卻遇到一名女子，並開始墜入愛河。這對夫妻前來求

助，他們三十年的婚姻將毀於一旦，面對此威脅，麗塔抓狂了。

　　事情是這樣的，麗塔缺少性高潮，她用婚外情中燃起的性喚起來代替性交中的挫敗感，她也用這種安排來處理長久以來對邁克的憎恨。邁克一開始聽到太太的建議，感到很受傷，雖然他也沒有堅持。但是當他遇到一個更年輕、讓他感覺更有自信的女人時，他如釋重負。

　　他們倆的婚姻處於長期的緊張狀態，只是到現在才開始被檢視。麗塔渴望父母的關愛和贊同，同時又覺得被纏人的母親控制。她的父親有許多婚外情，還在妻子面前炫燿。一天夜裡，她母親要麗塔去求父親不要出去，但是父親拒絕了，大步地離開她們。對於母親要她去扮演的角色和父親的拒絕，麗塔覺得十分羞辱。她之所以選擇邁克，是看中邁克的可靠，不會有被他背叛的威脅，但是因為對父親的認同，她感到不安分。她提出開放式婚姻的建議，是嘗試找到認同輕浮的父親的感覺，也是在父親的輕浮與邁克的可靠安全之間玩弄平衡。

　　邁克覺得被父親壓倒、忽視，父親喜歡他的哥哥，他則轉向母親，希望母親支撐他那脆弱的自尊心。當麗塔提出開放式婚姻的建議時，他很焦慮，部分原因是這不是他喜歡的，另一部分原因是這威脅到他對麗塔移情的依賴。所以最後當他遇到一位女子公開表達對他的愛慕時，他無意識裡感覺到這是建立依賴性關係的另一個機會，他感覺好極了。

　　此時他們尋求治療，邁克不確定他是否會選擇放棄這段新感情，回到麗塔身邊。他同意針對關係和性進行一段時間

的治療。最後邁克真的重回婚姻中，這次，他們兩人都認定
他們的婚姻是排外的。

## 婚姻關係緊張

作為婚姻治療師，我們在臨床上見到的大部分個案屬於第三
類婚外情。婚姻的困境很少是因為個人精神上的因素造成的，有
許多不同因素導致關係緊張——家庭發展中的危機、性障礙和由
此引起的挫敗感、長期的憤怒，以及失落。婚姻壓力有無窮的變
數，從發展的壓力到經濟的壓力、不同價值觀或信仰、長期分居
或類似牛郎織女般的婚姻、太多孩子、雙方太多親戚等等。雖然
有些主題的分類已經被列舉出來（Strean, 1979；Moultrup,
1990），壓力似乎是最可能導致婚姻困難的因素。然而，伴侶之
間無意識的客體關係層面上相互適應不良，才是真正的壓力源。
適應程度的好壞決定了長期婚姻關係的品質（Dicks, 1967）。在
許多婚姻關係緊張的案例中，以下這個案例可以給我們一些關於
婚外情產生原因的啟示。

連恩和克莉絲朵‧羅瓦斯基（Len and Crystal Rowalski）
結婚二十年，有兩個孩子。他們婚姻生活的早期有幾段時間
分開過，但是後來又復合了。因為丈夫服兵役而使得兩人分
居過幾個月，此外還搬過家，兩個人的關係經歷了這些後還
是存續了下來。克莉絲朵認為丈夫需要婚外情，也容忍這種
無法避免的事情。當丈夫在家時，他們相處得不錯，對於丈
夫是否忠誠，對婚姻是否投入，太太並不擔心。但是，當太
太檢查出患有乳癌之後，丈夫很情緒化地逃走了。一天，太

太被送進急診室，丈夫卻被人發現與一名兩天前在酒吧裡認識的女人同床共枕。

在這個案例中，夫妻兩人以地理上的分隔和見不到對方為理由，為婚外情辯護，婚姻也重修舊好。現在危機的出現，使得婚姻面臨更大的壓力。很快情況就明朗了，連恩無法面對他所依賴的乳房帶來的衝突。因為他對克莉絲朵的依賴性認同，他也感到極度焦慮，尋找一種陽具崇拜的表達方式來處理自己的生活，並用與他那種反恐的防禦方式相適應的途徑尋求獨立，這種防禦方式在危險的軍事任務中保護了他。儘管克莉絲朵感覺受到背叛，夫妻倆還是能夠用治療來達成調解。他們彼此說出因分離產生的痛苦，這種反應使他們因為理解婚外情的涵義，而得到快速成長。

另一個案例出自成年發展壓力，丈夫是唯一可觀察到的原因。

威爾和莎迪‧鮑溫（Will and Sadie Bowan）來見我〔大衛‧夏夫〕，因為威爾抱怨莎迪在性生活上不能令他滿意。威爾三十七歲，莎迪三十五歲，他們大學時就結婚了，看起來婚姻關係不錯，彼此相愛，也享受家庭生活，有兩個不到十歲的兒子。莎迪喜歡做家務，威爾事業有成。除了丈夫對性不滿意之外，看起來沒有什麼問題。性生活雖然是例行公事，但是對太太而言肯定還是親密而令人滿意的。太太享受性愛，但是缺少丈夫尋找的那種冒險品質。他想嘗試一些新的花樣，比如說口交、新的體位，希望享受更多種類的性生活。太太覺得這些花樣不適合她。雖然問題已經很清楚，但

是我還是對情勢的理解感到不滿意，心中存著疑問，而這種疑問經常預示著實質困難背後存在著沒有說出來的重要事情。

當我單獨見威爾時，他不承認自己有婚外情。最重要的討論是關於他職業生涯上的障礙。他是一位級別比較高的官員，感覺因為沒有上過法學院，在職業發展上無法更上一層。他的兒子將步入青春期，他覺得自己的人生基本上要結束了。他現在對改變性生活的堅持，讓我感覺他在嘗試解決中年危機中的自信心問題。

但這不是故事的全部。莎迪不久打電話給我說，她聽到威爾打電話給辦公室一位女同事，這通電話暗示她，他們之間有婚外情。當她質問威爾時，他承認自己因激情被這個女人抓住，婚外情比婚姻更令人興奮，讓他有一種從孩子、抵押貸款和無休止的工作中解放出來的感覺。莎迪逼他在婚姻和那個女人之間選擇，威爾選擇放棄那個女人，與此同時，莎迪在性生活上能積極主動一些了。

威爾能夠將自己的危機連結到在父母身邊時的成長經歷。他父母的婚姻波瀾不驚，但充滿痛苦，他害怕被家庭對他的要求套牢。他很恨母親，指責她妨礙父親的事業發展。莎迪則感覺被自己的父母撫養長大很幸福，她父母的婚姻看起來調整得不錯。他們那種否認的方式使她看不到困境正在慢慢形成。她承認自己像父母一樣，不知道自己和威爾之間的問題。在僅有的六次簡短會談後，婚外情和中年危機問題（婚外情是中年危機的一部分）都得到了相當大的改善，夫妻關係得到鞏固。這樣簡短的治療過程只出現在我們處理發

展和情境危機時。

## 個人問題對婚姻造成的影響

第四大類是個人問題對婚姻造成的影響。有些婚姻從一開始就有婚外情，因為其中一方害怕委身於婚姻之中，他們最主要的情感連結分割給了許多人，這樣就沒有一個人能強烈地要求他。性格上的病態使得一些人無法在一個長期的伴侶身上保持性興趣，他們在無意識中喚起分裂的客體，只會對不合適的女人感興趣。當這種情況被辨識出來後，通常會在伴侶治療之外再加上個別治療。然而，事實是由於害怕承諾而不斷變換性伴侶的情況，意味著案主對治療投入的能力也一樣微薄。

男同性戀者或女同性戀的婚外情結果是特例。有些同性戀的婚外情出現在決定公開認同同性戀傾向之前，但是更多的婚姻危機是發生在性身分的轉變上。很多有同性婚外情的配偶並不會像那些有異性婚外情的人一樣，為自己的出軌感到不安。男同志婚外情現在也因為更可能染上愛滋病而承受額外的壓力，因為這一類婚外情不但存在失去婚姻的危險，還面臨可能染上慢性疾病、丈夫去世、太太被感染的威脅，所以令人不安。我們會列舉一些不同的案例，描述在涉及同性婚外情的情況中，配偶內部客體關係議題的容忍度或內部一致。在第十三章中，我們會討論在異性戀婚姻中的同性性行為此一重要主題。

## 婚外情的影響

不管是什麼原因造成的，婚外情的次級影響是暗中全面破壞現有的婚姻，以此催化一種全新方式，以便建立更好的婚姻，結果取得重大勝利的情況並不少見。婚外情是婚姻的一個症狀，它的被發現或自我揭露常常蘊含著危機，可能是一種危險，也可能是一個機會。危險是它將好的和壞的割裂開來，出軌的一方承擔所有的壞感覺，而被欺騙的一方承擔著好感覺。另一個危險是長期隱藏外遇的祕密，常常使另一方感到迷惑，就像下面這個例子一樣。

麥特和麗拉・米契爾（Matt & Lila Mitchell）已結婚十年，他們很早婚，生了三個孩子。麗拉放棄了大學學業，和孩子們待在家裡。麥特表現很優異，之後被選進法學院。這對夫妻來見我〔吉兒・夏夫〕，要求諮詢，因為他們發生爭執，麥特經常晚上在外面唸書到很晚，麗拉很鬱悶。

在伴侶治療中，麥特責怪麗拉太黏人，要他付出太多時間，他常在家務上挑麗拉的錯，不斷地貶低她。面對丈夫的指責，麗拉拚命地討好他，主動提出和解，但是丈夫固執地要求太太必須停止發火，停止對他的所有要求。我發現麥特一點也不合作，並且總是很生氣。他對治療不屑一顧，就像輕視麗拉一樣。麥特的強硬態度和對麗拉無法深究的恨惡，讓我懷疑他另外有女人，他認為那個人比麗拉好得多，他對此堅決否認。

因為丈夫拒絕承擔任何責任，我很懷疑繼續治療有沒有

用。當我這樣想時，麗拉出現在我的辦公室，說她的一個朋友告訴她，麥特與一位同學有婚外情。她幾乎要崩潰了，但是也鬆了一口氣，麥特對她的傷害行為終於得到瞭解釋。這個祕密以及麥特用婚外情美化另一個女人，進而貶低她的行為，幾乎要讓她發瘋。當她發現丈夫在撒謊，這使她開始重拾自尊。她離開了這段婚姻，並透過個別治療來埋葬這段歷史，重建自己的人生。

賈克和猶蘭德‧狄格瑞（Jacques and Yolande deGrey）的案例展現了一對老年伴侶間長期的背叛和傷害。太太的性無趣和主要的無高潮狀態治癒之後六年，丈夫又有了陽痿。他們以四海為家，是一對極為挑剔的夫妻。他們告訴我〔大衛‧夏夫〕，他們看過世界上最有名的治療師，現在他們希望為新的難題尋求幫助，這個難題看起來與賈克勃起困難中的興奮因素及老年生活中的憂鬱情緒有關，賈克是一位世界級的建築大師，事業十分成功。但是好幾次年輕的同事取代了他，他覺得就像渴望已久的兒子反覆地拒絕他。這些插曲喚起了他與自己的父親很疏遠的感覺。最近因為公司缺少年輕的同事，迫使他決定要出售公司。自此以後，他越來越鬱悶了。

當我單獨與他會面時，他告訴我，他一生充滿了婚外情。他對妻子十分挑剔，總是很生氣、很壓抑，婚外的性行為使他勉強能容忍下去，其中一次婚外情是與妻子的姐姐。當我們討論他在晚年生活中保持完整感的困難時，他決定告訴太太這些情況，努力尋求一種更誠實的關係，他感覺可能會與太太親密許多。我沒有催促他，他還是告訴了太太，只

是沒有說出他與她姐姐之間的關係。

　　結果出乎意料，但是沒有特別的幫助。當他在治療中告訴太太自己婚外情的模式時，太太看起來很吃驚地說：「我早就已經知道這一切了！你在擔心這些事嗎？」然後列出了一連串的名單，顯然，這些名字都是對的。然而，太太認為丈夫承認有婚外情，再度證明他心裡只有自己，她以此作為終止她繼續參與治療的理由。她說她已經受夠了，不打算再加入挖掘以前的痛苦，不管是關於婚外情的事，還是她自己痛苦的成長經歷。這對夫妻離開了治療，恢復了他們以前的調節方式。當然，這對夫妻也沒有從揭露最隱私的婚外情（丈夫與太太的姐姐之間的關係）中得到益處。這件事也許能刺探猶蘭德的防衛，她習慣於將痛苦與自己隔離開。

　　在一些婚姻裡，即使沒有婚外情，也可能處於不斷的衝突中，婚外情可能會清空婚姻中的緊張氣氛，但也通常會在客體關係中保留一個裂痕，這會使婚姻關係大傷元氣。賈克和猶蘭德的案例說明了保守祕密的一般惡果，兩個人的祕密使好的客體與壞的客體處於曠日持久的分裂狀態。

## 有祕密的生活

　　婚外情的影響還有一方面是來自於祕密本身在無意識裡的意義。格羅斯（Gross, 1951）從不同的心理社會發展階段上，分析了祕密在無意識方面的意義。他寫道，比如在肛門期中衍生的祕密，表達的是擁有控制感的需要，在保守祕密或告訴客體祕密的

兩難處境中，向客體隱藏實情。在陽具崇拜的自戀階段（stage of phallic narcissism）中，祕密被用來表現。最後是在伊底帕斯階段，祕密被用作發展友誼、保持信任與發展親密感的手段。格羅斯認為在伊底帕斯階段，嬰兒期精神官能症（infantile neurosis）可能將祕密的性質定為：「孩子可能把成人的生殖器定義為祕密，透過這一方式，將祕密內化成他（她）伊底帕斯願望的替代品，並將其整合到他（她）的自我當中（p. 44）。」

格羅斯的洞見可以延伸到透過祕密來表達關係這一方面，這種表達是無意識的。當孩子們在為接受和分離討價還價時，他們拒絕說出某事，以此來保持獨立，之後又急急忙忙地把祕密全盤托出，以提高親密的程度。

在與配偶保持距離及隔離上，隱藏婚外情的祕密可能比性關係本身的意義更為重大。祕密可能表達的是肛門的控制、一種自戀性的正義、對合為一體的防衛，或者是在配偶身上取得的一個伊底帕斯的勝利。根據不同發展階段，以兒童的語氣來說，可以這樣表達祕密：「你抓不到我。」「你拿我沒輒。」或「你打不到我。」也可能是說：「等著瞧。」「我會贏。」或者「我有你否認的東西。」這些都說明了，不能因為婚外情引進了三角關係，就自動將其定義為伊底帕斯現象。對祕密的婚外情的無意識溝通會有很多種，「我可以有別的父母，你只要知道，就會否定我。」這種想法只是其中可能的一種。

從客體關係的角度來看，有關婚外情或其他事情（比如說錢或性幻想）的祕密，是一種與客體建立關係的方式，根據相關的發展階段，建立關係的方式各有不同。祕密可以是使自己與客體保持距離的一種方式，用來控制客體，或者說出祕密以增進親密

感。祕密——特別是關於婚外情的祕密，在婚姻關係中容易導致客體分離。保持一個祕密的理想化情婦形象，會將妻子隔離在外，讓她憤怒不已，不僅是因為她被欺騙，更常見的是因為她被蒙在鼓裡，無形中被貶低。

因為祕密具有分割與凝聚的作用，所以如果可能，應該請伴侶討論構成婚外情裡核心祕密的主要因素，這一點很重要。有些時候，這個因素是第三者的身分。基於保護另一個男人或女人的考量而產生猶豫，是一種合理化的理由，代表的是一種持續的詆毀，與希望重建婚姻關係的聲明是背道而馳的。哪怕是有關婚外情的一個祕密幻想，都會為實際發生的戀情帶來情感的力量。

## 祕密比婚外情更重要

法蘭西斯·西門（Frances Simon），四十二歲，表示她不介意告訴她的丈夫杜夫（Dolph），她最近在藝術課上認識了一位男士，並發生了婚外情。但是她不想告訴丈夫在整個婚姻過程中，她一直對她的一位高中老師懷著滿腔熱情。這位高中老師年紀很大，現在已經六十多歲了。他們之間從沒有發生過性接觸，但是她一直幻想著他是一個多麼完美的男人。比起她笨拙的丈夫，老師會讓她幸福得多。

在檢視分裂的客體關係後，很快事情釐清了，目前婚姻中的困境表現在實際發生的婚外情中，在她眼中丈夫是被詆毀的，而那位高中老師卻被理想化、被奉為神聖，將兩者做對比的過程中捲入了投射認同，更加劇了裂痕。這個祕密比婚外情本身影響更為深刻，它被用來助長幻想中的興奮客

體，而這一客體在她的婚姻關係中受到排斥。在這一個案例中，就像在許多案例中，說出祕密為找回投射認同提供了一個機會，結束了從婚姻界限之外引入理想的興奮的事物。只有那時，她才會開始評估這段婚姻給予了她多少，以及從現實的角度看，應該期待些什麼。

祕密的另一頭是配偶，他們被蒙在鼓裡，也「不想知道什麼」。有些人在無意識中感覺不知道那些可怕的祕密會更安全，因為他們有一個無意識的假設，瞭解那些祕密將會是一個無法忍受的打擊。無意識採用的方法使被欺騙的配偶忽略了那些婚外情的線索，他們是出於防衛，但是這並不意味著這一方配偶無意識地「想讓婚外情發生」。我們不應當責怪被欺騙的配偶，說他們導致了婚外情的發生。對於存在婚外情的伴侶，治療師既不能譴責被欺騙的一方，也不能責備尋求婚外情的一方，以此來確立無意識中的同盟關係，這一點是至關重要的。

## 可能不需要催促求助者說出祕密的情況

有些時候，祕密與最重要的婚姻問題關係不再緊密，此時說出這些祕密可能不再那麼重要。在有關婚外情臨床研究的早期階段，大衛・夏夫認為追究祕密的揭露是一個普遍策略（Scharff, 1978）。後來的臨床經驗動搖了這一論點的普遍性，雖然祕密的揭露具有建設性的這個原則仍被保留下來。下面這個關於一對老夫妻的案例便是其中一例，祕密沒有被說出來，但仍有不錯的結果。這個例子提供了部分證據，證明在適當的情境中，即使不說

出祕密，仍有重建婚姻的可能。

蘿絲和吉尼・何爾特（Rose and Gene Holt），兩人年過六十，為他們的性生活求助，因為吉尼最近持續陽痿，蘿絲也從來沒有過性高潮。在他們四十五年的婚姻生活中，蘿絲從來沒有享受過性，她也從來沒有指望過。二十年前，她有過唯一的一次婚外情，那時她很享受與那位男士在肉體上的親密。蘿絲感謝他在好幾年裡給了她這樣的經歷，她再也沒有指望過還會有那樣的體驗。蘿絲覺得那個男人又溫柔、又有魅力，而吉尼總是馬馬虎虎，只對自己的性釋放感興趣。

在這個案例中，婚外情看起來發生在遙遠的過去。即使如此，很明顯地，肉體關係和情感上的柔情應該被整合在一起，而這對夫妻是在他們自身之外尋求溫柔的可能性。蘿絲的婚外情至今還保存得像木乃伊一樣。治療師沒有堅持要求蘿絲說出這個祕密，而是與蘿絲一起喚醒她的希望，看看她在婚姻中有沒有可能增加一些溫情。在性治療中，她能夠學習如何變得更興奮，並將新學到的身體反饋整合到與吉尼的關係中。吉尼也能學習以更開放、更專注的態度對待太太的需要，這在以前從沒有發生過。在婚外情中表達的主題，早就已經轉變為夫妻內部壓抑的情況了，而非被分裂到現在的婚外情中。因為這個案例中沒有要求揭露婚外情，因此無需將婚外情中相關的主題運用到伴侶治療中。

## 治療和分裂客體的角色

我們的治療目標是認識無意識的合作模式，建立一種途徑，

處理婚外情與分裂的投射認同之間的關係，以及處理伴侶之間無法控制壓抑客體關係的痛苦。

分裂是這一過程的核心。婚外情不僅將客體分裂成好的和壞的，還把基本婚姻連結中的肉體聯繫分裂開了。被壓抑的拒絕性內在客體的某些方面被放置在配偶身上，而在別處尋找引誘性的興奮客體。例如，一位丈夫可能認為太太是值得信任的，能相夫教子，但是對他而言，性總是與危險、引誘人的興奮客體緊密連結在一起，因此他可能只能和聲敗名裂的女人，也許是一個妓女成功做愛。或者一位妻子可能選擇一個能提供穩定支持的好人做丈夫，代價卻是缺少興奮，而這種興奮不得不在夫妻關係之外被投射出來，只有這樣才不會動搖夫妻那種可靠的滋養形象。然後，太太可能很愛丈夫，很珍視他，但是卻害怕與他一起經歷性興奮。或者她可能將拒絕、迫害的客體投射到自己的生殖器上面，以無意識的方式保護丈夫和自己，避免兩人在性交中釋放興奮。

如此一來，在很大程度上，這些動力與其他那些性障礙沒有什麼區別。當某些特質不再在伴侶或個體中分裂出來，卻只能在別人身上顯現，這標誌著這對夫妻特別容易出現婚外情。這種分裂已經逾越了夫妻的界限，分裂出去的客體關係在新的身體連結中表現出來了。婚外情中新建立的伴侶關係，為已婚的伴侶點亮了一盞燈：這種新的婚外情關係是否具有長久而投入的品質？或只是短暫的關係？婚外情中有很強烈的性興奮嗎？還是只有一些？或者這段婚外情中雙方很少有性活動的興趣？婚外情中顯現的分裂有無窮的意義。

此外，我們還必須理解有關投射認同的議題。在婚外情開始之前，伴侶間彼此的投射認同是怎樣的？分裂到婚外情的新對象

身上的是哪方面的內容？因為婚外情，在被詆毀或被欺騙的配偶身上承載了些什麼？這些議題與婚姻治療中的其他主題沒有什麼差別，但是婚外情的存在經常讓雙方迅速進入危機狀態。當這些問題被理解之後，壓抑的壞客體的性質就變得越來越清楚，能被伴侶二人回收，並在個體內被整合。

## 在伴侶治療中處理婚外情的案例

一旦婚外情的事實被知曉，不管是因為在治療時被揭露，或被告知，或是因為治療師為了推動成長中有計畫的危機，催促求助者說出祕密，那些想重建婚姻生活的夫妻實際上總是面臨同樣的任務：在他們繼續維持下去的關係中，將分裂出來的主題重新整合起來。下面的這個案例，我們先前已經在其他文獻提出過，描述的是性方面的問題、說出祕密的必要性，以及父母性障礙對孩子們造成的影響（Scharff, 1982；Scharff & Scharff, 1987）。這讓我們有機會做長期的追蹤。

馬克斯和金吉兒‧威勒（Max and Ginger Wheeler），他三十七歲，她二十七歲，他們在一次婚外情中相遇，金吉兒在馬克斯的辦公室裡工作，除了馬克斯的太太之外，幾乎每個人都知道他們之間的事情。在這次婚外情中，金吉兒很享受與馬克斯身體上的親近，但是對性並不在意。但是兩人結婚後，她變得痛恨性交。在女兒出生後，金吉兒不再假裝享受性生活了，所以馬克斯帶她來做治療。在評估過程中，丈夫的問題浮出水面：在太太懷孕時，丈夫又有了婚外情。面臨來自孩子的競爭，他害怕了。治療師〔大衛‧夏夫和一位

女性協同治療師〕表示他們無法提供性治療，除非馬克斯告訴太太他的婚外性行為，並且停止婚外情。他很恐慌，在將要進行詮釋性的晤談時，他打斷男治療師〔大衛‧夏夫〕，說他會說出所有事情，除了他與太太最要好的朋友之間的婚外情。這是第一次出現呼應這對夫妻婚姻的反移情，後來又出現過很多次，治療師感到被設圈套，並且被「粗暴地對待」，突然間覺得知道太太過的是什麼樣的生活。治療師感覺自己進退維谷，經驗不足以處理婚外情的揭露，但無法忍受知道這件事。在下一次會談中，馬克斯全盤托出了。

金吉兒在知道真相的壓力下，搖搖欲墜。告知她之後，丈夫和治療師努力解釋婚外情發生的意義，以及婚外情與她逃避並且不喜歡性生活之間的連結。金吉兒思考著自己的選擇。把祕密說出來的第一個影響，是把兩個人推到同一立場上。金吉兒現在理解發生了什麼事，很快地，她說她意識到在未被告知之前，自己早已經知道了。長期以來，她一直避免去馬克斯的辦公室；她在性上面拒絕他，在情感上又十分依賴他，用這樣的方式，她將丈夫推入了婚外情。她再也無法容忍更多婚外情了，在治療中，她很快付出努力，重建婚姻。

治療師覺得他們共謀了婚姻的敗壞。之前金吉兒對治療師抱持懷疑，馬克斯則期望治療師能幫他達到他的目的，治療師感到迷失而缺乏聯盟，處於被伴侶濫用的危險中。從說出婚外情的那一刻開始，治療師覺得心裡踏實多了。他們很清楚這段婚姻將不會從性治療中受益，於是推薦了伴侶治療。因此金吉兒和馬克斯選擇了一位治療師〔大衛‧夏

夫〕，開始進行伴侶治療。

在伴侶治療中，很快發現金吉兒在她的家庭中是一個伊底帕斯勝利者。她認為父親實際上從來沒有愛過母親，父親詆毀母親，卻喜歡並讚賞金吉兒。當金吉兒有了自己的女兒，意味著她開始將自己認同為母親，之後無意識地預期會被馬克斯拋棄，也被在襁褓中的女兒拋棄。現在她認為，她以自己的性厭惡來表達這種恐懼，也促使相同事情發生。

馬克斯是年紀最小的獨子，有四個姊姊，父母對他充滿期待。他的父親有無數豔遇，總是讓馬克斯的母親感到憤怒。他的母親對姐姐們也很無情、挑剔，所以馬克斯有一種被誇大的獨特感，但是他一直感到受威脅，怕母親對其他人的憤怒最後轉向他。結果，為瞭解決這個內在客體關係問題，他藉由在無數的婚外情中分裂客體，不讓金吉兒和前任太太靠近。後來發現馬克斯也有早洩現象，這是一種無意識拒絕女人或陰道套牢自己，因而引發的身心失調症狀。

在說出婚外情之後，很快這些無意識的拒絕就被界定出來了，但是治療還是花了很長的時間。馬克斯和金吉兒都有一段個別治療的階段，之後是更多由夫妻一起參加的治療會談。馬克斯放棄了婚外情，但是在兩年的個別治療後，金吉兒在性生活上還是沒反應。她發現丈夫又在計畫開始另一次婚外情了，馬克斯說這是真的，如果她還是不能面對性生活的話，他打算要不就是兩人繼續生活下去，但他要去找婚外情；要不就是如果太太願意的話，就離婚吧。在新的衝擊下，太太透過參與無性高潮的女性團體治療，第一次變得有反應了，也體會到了高潮，之後馬克斯和金吉兒在性治療的

模式中處理早洩的問題，在他們的伴侶治療中引進了性治療。然而，金吉兒堅持要馬克斯更新他的個別治療，他也這樣做了，而且是心甘情願。

這對夫妻的生活平靜下來，持續了好幾年。有一天，治療師〔大衛・夏夫〕接到金吉兒的電話，當他們會面時，她說她現在有了婚外情。她知道在這種情況下，治療師不會治療他們，她也不要求接受治療。一段時間之前，她已經下了決心，如果她能夠重新規劃自己的生活，與馬克斯的婚姻不會是她的選擇。這次婚外情突顯了一個事實，那就是她和馬克斯不屬於彼此。她來是為了討論如果離婚的話，如何安排兩個孩子。

在這個過程中，馬克斯也來見了治療師。對於婚姻的失敗，他很傷心，但是他告訴治療師說不要為治療效果感到失望，他覺得整個家庭都得到了極大的成長，現在生活品質完全不同，他非常感謝治療師。他詢問了離婚後如何安排孩子的問題，然後繼續走自己的路。

在這個案例中，婚外情的意義在伴侶生活中發生了根本的改變。一開始是表現為不成熟的個人和兩個人共有的病理問題，結果表現為雙方共同的決定，至少兩個人在某種程度上都有所成長。

## 奠基於外遇的婚姻

哈維和安娜，我們在第八章詳細談到過他們（一對看起來不可能在一起的伴侶），他們倆就是一對在婚外情基礎上

誕生的伴侶，這種情況有時候發生在第二次婚姻。兩個人以前都結過婚，各自以自己的方式感覺婚姻像一座墳墓。安娜與一位成功建築師的婚姻很快就變成了互行方便的模式，她可以容忍前夫對家庭沒有興趣，因為這讓她可以隨自己的心願經營這個家及養育孩子。她也渴望情感的親密，而她的處理方式是進行一系列偷偷摸摸的婚外情，前夫既不好奇，也沒注意到。當她遇到哈維，她發現他們之間的關係比以前的外遇都更激情、更有趣，但是同時她也發現這段感情以全新的方式擾動她。在婚外情中，哈維經常出現的勃起困難困擾著她，但是這並不能阻止她決定與毫無生氣的前夫離婚，投向哈維的懷抱。

對於哈維而言，他的前一次婚姻是壓抑的，他那位毫無要求而憂鬱的前妻帶給他無盡的失望，處理這個問題的辦法就是一樁接一樁的露水姻緣。這些婚外情對他來說不是什麼大不了的事，像婚姻一樣，帶給他的仍然是感情上的孤獨。與安娜相遇讓他返老還童，因為到了五十三歲，他才開始面對那種能力消退的感覺。以前在婚外情中，他也不時地經歷過陽痿，但是，這次吸引人的外遇抓住了他，他的勃起問題有了更多的麻煩，十分矛盾地陷入困境中。在短暫而祕密的幽會中，他們是能相互依靠的，但是當他和安娜現在決定長時間在一起時，例如當他和安娜出差參加學術會議時，他開始經歷更多的陰莖勃起問題。在他們結婚之後，這個問題更頑固了，這也是他們結婚十八個月後前來尋求幫助的原因。

在這個案例中，兩個人以前的外遇，現在可以看作是用來將激情及承諾拒於千里之外，從各自安全穩定但冷漠的婚

姻中分離。這種婚外情對於維持他們穩定但沒有感情、基本
上也沒有性生活的婚姻有重要的作用。哈維與安娜有各自的
理由需要這樣的婚姻。哈維害怕與女人親近，因為他的母親
依賴又酗酒，她總是將自己的需要強加在兒子身上，這一點
一直到現在還折磨著他。安娜小時候被燙傷，在多年癒合的
過程中，她感到被父母忽略，雖然留下來的傷疤幾乎看不
見，她還是覺得自己不可愛，並將丈夫的缺乏性趣看做是她
不可愛的證據，覺得這是她應得的。婚外情使她與渴望的興
奮客體發展出一種分裂的關係，不用冒險體驗那種侵犯性的
拒絕，這種感覺是她在燙傷後從父母那裡感受到的。

即使婚外情最終引向了成功的婚姻，但它的餘波仍然包含著
痛苦的成分。破碎家庭中孩子所懷的怨恨，常常提醒父母需要妥
協。這些孩子因為失去完整的家，面臨著不斷出現的種種困難
（Wallerstein & Blakeslee, 1989），他們面臨的困難也常是再婚中
的問題。再婚配偶還有經濟拮据的壓力，需要不停地跟猶疑不定
的前配偶談判。

但是更核心的問題，是要將游離在原來婚姻之外的內在客體
的各方面，整合到後繼者的身上。例如，為了讓婚外情發生，罪
疚感被遠遠地隔離在一邊，現在，這種歉疚必須由婚姻本身吸收
進去。通常來說，經由分裂而被拒絕的壓抑壞客體，以及對前配
偶投射的貶損，現在都需要在新關係中得到處理。如果再婚為治
癒和成長提供另一個更好的機會，婚外情就不容易發生。正因為
如此，第二次婚姻比較少因為婚外情而變得複雜，但是當然也並
非總是如此。

在哈維和安娜的例子中，交替出現的激烈爭吵和激情與溫柔，與他們第一次毫無生氣的婚姻形成鮮明的對比，這讓他們在新處境中很難認清自己。在婚外情或求偶期中，尋求另外一個新的人，也是在尋找一個新的自我。哈維和安娜在新的關係中希望找到另一個完全不同的人，結婚之後，他們各自找到了一個完全不同的自我。現在他們對前配偶的輕蔑又回來了，力度之大，以致投射認同宛如砲彈般四射。安娜和哈維新發現的自我都是神祕而恐怖的——也就是說，這些代表了他們部分的自我，是放大而不穩定的形象，這部分自我與他們那極度誇大的興奮、拒絕客體形象緊密相連。特別是安娜，在這一段新關係中，自己的新形象讓她感覺受到背叛，以至於她一遍遍堅決聲稱她再也不能相信哈維。他們現在的婚姻讓他們迷惘，這使我們可以理解他們為何選擇將自己成年後的早期生活浪費在穩定但令人失望的婚姻裡。在前段婚姻中，他們可以保持穩定的自我，將自己身上那部分興奮的、充滿渴望的自我，分裂到不會威脅到他們的客體身上去。

## 在個別治療中看到的婚外情

在個別治療中，治療師看婚外情的角度是不同的，並不會把主要重點放在婚姻的意義上。雖然這一點也可能意義重大，但治療師的職責是幫助個別的求助者，對其婚姻和配偶並不承擔責任。當然，如果求助者明確表示有興趣探討婚姻問題，那麼我們以上討論的問題將會很有意義，也會被引入治療中，加以討論並詮釋。求助者可能想在個別治療中討論這些問題，也可能接受伴侶治療的推薦，或者可能決定沒興趣討論婚姻問題。

　　然而，個別治療中的求助者經常是猶豫不決的。在以下的個案中，一位女士對其婚姻顯示出強烈的興趣，但是表現出來的卻是長期對興奮客體的分裂，甚至越來越嚴重。

　　拉寇兒‧加迪斯（Raquel Gaddis）的丈夫奈吉爾（Nigel）相當冷淡，毫無感情，但是穩定可靠。與丈夫之間的關係為拉寇兒帶來痛苦，為此她進行很多次精神分析了。她渴望一段親密的、更有感情的關係。丈夫卻對他的工作、音樂和政治比較感興趣。她開始進行一系列的婚外情行為，想讓丈夫發現，認為這樣也許能推動丈夫。那些男人們總是比奈吉爾更有趣，更有熱情，但是不如他可靠。分析師覺得她的憂鬱來自於她難以就她不滿意的地方與奈吉爾對質，但分析師也瞭解，當她這麼做時，幾乎感覺得不到什麼反應。

　　拉寇兒安排越來越多的旅遊行程，幾乎不掩飾她的外遇，她也為自己的不滿對奈吉爾提出了質疑，儘管如此，奈吉爾仍然不為所動。拉寇兒最後終於告訴丈夫自己的那些婚外情，並催促他也嘗試去發展一段，好看看他是否願意學習如何變得更性感、更激情。她認為婚外情也許可以使奈吉爾關注婚姻，但是她說她也理解婚外情可能也會終結婚姻。她願意冒這個險。當丈夫透過他的音樂而結識一位女士，因而向拉寇兒徵求建議時，拉寇兒感到很失望。丈夫與這位女士並不是一開始就發展性關係。拉寇兒覺得丈夫對待她的方式更像是媽媽，而不是太太。後來，丈夫真的開始了一段性關係。此時，分析師把他們轉介到一位同事那裡去，奈吉爾和拉寇兒開始進行婚姻治療，但是成效甚微。他們之間仍保持著距離，在奈吉爾身上表現的感情淡薄以及拉寇兒的非理性

要求都無法改變。最後，拉寇兒認為奈吉爾永遠也不可能改變到讓她滿意的程度，她決定退出了。

在這個案例中，雙方的婚外情由太太首先發動。拉寇兒已無法忍受她的婚姻生活，她越來越無助，婚外情成了另一種選擇，治療師的這一意見被他們忽視，夫妻倆的生活在婚姻死亡之前變得越來越混亂了。拉寇兒用婚外情使自己在很長的時間內延遲喪失，但是她最後還是無法確信她的拖延是有用的。

另一個求助者費莉希亞・馬帝（Felicia Marti），她在婚姻失敗後接受心理治療。早在高中時代，她就已經有了類似婚外情的經歷，當男友不在鎮上的時候，她就與男友的一位朋友來往。大學畢業後不久，她嫁給了現在的丈夫，她很害怕如果不這麼做的話，她就要全靠自己了。她的丈夫比她年紀大很多，讓她想起自己那粗魯但令人著迷的父親。父親和丈夫就像是一個豆莢裡的兩個豆子，相處得非常好。

馬帝太太的婚姻極不穩定，有時會受到暴力威脅。她發現丈夫不像她在六個月旋風似的戀愛過程中認識的那樣，而更像是她那暴躁的父親。托丈夫的福，她在附近的城市找了一份工作，並在那裡開始一連串的婚外情。她總是與那些比她大、比她丈夫世故得多的男士交往，他們一般都結了婚。一天晚上，她丈夫酒醉後拿著槍威脅她，就此婚姻破裂了。即使是在婚姻結束之後，她還是無法與年齡相近的適婚男士交往。這種自我挫敗式的模式持續六年之後，她越來越孤獨，最後來尋求心理治療。

密集的心理治療一開始，馬帝太太就試圖引誘分析師，

說：「凡是我喜歡上的人，從沒有拒絕過我的。」當這樣的
嘗試失敗後，她又開始另外一連串的婚外情，要不就是跟已
婚男士，要不就是那些可能更適合、但年齡大許多的。她還
冒充顧客在商店裡偷些小東西，比如說一瓶酒之類的，明顯
是幫男朋友拿的。在治療中，詮釋使她理解到這些偷來的東
西既代表她母親的陰道，又代表父親的陰莖。她因為治療師
缺席而感到被拋棄，引發了她到商店去偷東西的行為。婚姻
存續時的婚外情、私通和現在的偷竊，都是她早年喪失父母
的愛以及嫉妒父母而產生的無意識反應，當她認識到這一點
時，她表現出與之相稱的憂鬱。差不多有兩年的時間，她停
止了一切的違法行為和所有性活動，之後她恢復約會了，約
會的方式也更恰當，而且更有目標性。嘗試和不同人交往三
年後，在她三十六歲時，遇到　位只比她大三歲的男士，並
且結了婚，她與這位男士發展出一段穩定的關係。

　　這位女士的婚外情模式開始於青春期，在第一次婚姻中
一直持續，最後在移情中重新上演，並在移情中被理解了。
只有在那時，她才能夠放棄該模式，開始一段緩慢的旅程，
這條路通向穩固關係。這一切會發生，是因為婚外情的模式
在治療早期移入移情中。當喪失的父母形象發展起來時，求
助者對治療師產生了強烈的移情，只有到此時，治療產生的
作用才能幫助她理解，最後形成一個持續終生的行為模式。

## 治療處理原則

當婚外情是伴侶困擾的重要部分時，我們會有一系列的評估

和治療任務，正如表 12-2 中所總結的。

## 表 12-2　處理婚外情

一、評估承諾程度。
二、檢查婚外情中所包含的分裂客體和投射認同。
三、揭露出婚姻中的祕密，以便建立一個新基礎。
四、建議停止婚外情。
五、重新整合婚外情中分裂出去和投射出去的涵義，並予以詮釋。
六、在治療中重述婚外情時，用移情和反移情理解婚外情的意義。

### 對承諾的評估

　　治療一開始，需要對伴侶雙方的承諾程度做評估。這一點最能預測治療效果的潛力。儘管存在著婚外情的壓力，治療中的配偶如果能彼此承諾，還是會全力以赴，或者說至少他們希望能全力以赴，如果情況有所好轉的話。一旦其中一方感覺不可能再承諾對方了，他們也就不可能做得太好。

### 檢查客體的分裂和投射認同

　　婚外情的治療開始於探索這一類事件和祕密的意義，這些意義從伴侶客體關係中而來，並影響客體關係。

### 揭露

　　如果可能的話，完全揭露婚外情和婚姻中的祕密，能為修補伴侶關係釐清頭緒。有一句格言說：「沙土上的房子站不住。」把所有的傷害攤開是一件痛苦的事，但是如果這樣做不是為了傷

害，而是為治療性的修補打下基礎，那麼這樣做幾乎總是很有幫助的。

　　然而，如果一對伴侶到我們這裡來，真正的期望是婚姻解體或離婚時，我們就不能催促他們說出祕密。如果夫妻倆打算分居，祕密可以當作隱私保留著。此時說出祕密對婚姻沒有益處，在離婚的法律程序中反而可能連累個體。然而，這樣的婚姻中的孩子，可能會因為知道父母即將離婚的家中到底發生了什麼而受益，不過，這是另一個議題了。

　　為了尋求治療上的改變，說出祕密往往能夠使伴侶第一次站在平等的立場上。被貶低的太太現在得到了同等的訊息和權利，她可以選擇離婚，也可以選擇自願留下來，不再受無意識中那「不知道」的需要脅迫。丈夫透過未說出的祕密掌握著某種權力，說出祕密後，也自願放棄了這種權力。現在他們可以好好地站在同一立場上，平等分享人的弱點，消除自我防禦，為重建關係打下堅實基礎。

## 無正在進行的婚外情

　　我們堅持認為治療過程中不應有正在進行的婚外情，這種行為實在太貶低待在家的配偶和治療師了。一段還在繼續的婚外情一定要在個別治療中被處理，在評估和衡鑑的最初階段結束後，如果一方仍保持婚外情，那就與伴侶治療中重建婚姻的努力背道而馳了，這一努力是以誠信為基礎的。容忍這種不安定的因素意味著串通，我們相信與其這樣，不如退出伴侶治療，然後對夫妻一方或雙方提供單獨治療的機會。

## 詮釋和整合

具有治療效果的工作，總是大量集中於幫助配偶重新整合夫妻關係中分裂出去的各方面——興奮的、害怕的、否定的——這些被投射於婚外情中。在這個任務中，針對夫妻性議題的特別治療可能很重要。

## 移情和反移情

在所有客體關係婚姻治療中，移情和反移情的作用都十分重要。治療本身包含與第三方——治療師——所發生的婚外情的品質，以及原本的婚姻品質如何。治療師體驗到對婚外情的罪惡快感，對於祕密的犧牲者懷著同情，或者對不正當和冒險的行為感到焦慮。在絕大多數情況下，對伴侶來說是第三方的治療師，會經驗到求助者在他身上的投射。對治療師的扶持的攻擊以及透過個別移情而產生的直接吸引，這些很可能是伴侶在表達他們在共享扶持中的匱乏，這種匱乏正是導致他們一方或雙方違背夫妻界線的原因。

當治療師在治療過程的移情中願意吸納這些投射認同時，他們便開始改變分裂和病態的投射認同，重新將夫妻關係的身體和情感方面結合在一起。治療師忍耐來自投射的焦慮，但是最後拒絕與他們為伍，透過這一方式，治療師對更新婚姻中的扶持系統提供可能性，重建的婚姻是無法包容任何一個婚外情碎片的。

婚外情的處理在婚姻治療中是常見的問題，它們如此常見，以至於要深入探討這一個問題，可能會涉及幾乎所有婚姻治療本身需要談及的問題。然而，相對來說，這個議題在著作中不常被

論及，在精神動力學治療的著作中特別被忽略。這一章的目的，
就是幫助全才的婚姻治療師瞭解婚外情中的議題，並使這些知識
成為他們標準治療工具中的一部分。

# 【第十三章】婚姻治療中的同性戀和性倒錯

　　當配偶一方存在同性戀或性異常（perversion，現在用專有名詞「性倒錯」〔paraphilia〕）時，治療師面臨一個特別困難的問題。對異性戀的那一方來說，性別身分的轉移造成的影響或是身分的交替出現造成的困擾，對於伴侶作為一個整體是否可以存續下去，是一個根本性的問題。確實有一些伴侶到治療師這裡來尋求幫助，對性別轉移的問題進行談判、調節破碎的婚姻，或為孩子們做打算。婚姻治療師更常遇到的情況是，因為伴侶其中之一的同性戀傾向還猶疑不定而來訪，他們至少願意看看婚姻是不是能維持那位配偶的異性戀傾向。

　　同樣地，如果配偶一方強烈傾向於扮異性癖（transvestism）、戀物癖（fetish）或暴露，或者與兒童發生性行為，那麼面對這些性倒錯（或性異常）也是充滿挑戰的。社會無法容忍這些情況，因為這對孩子造成了傷害，所以性倒錯被認為是嚴重精神問題的證據。然而在我們見到的伴侶中，性倒錯傾向經常是以潛伏的方式存在，只是在某種壓力下才會顯現出來。我們的工作是檢視在伴侶的生活中或伴侶任何一方是否存在著壓力，讓同性戀或性倒錯問題變明顯，以及評估個案是應該進行伴侶治療還是個別治療。非常常見的情況是我們認為這是一種嚴重精神問題的表徵，在伴侶治療中是難以治療的，與異性戀婚姻不相容。在治療中，這類問題可能發展到一個轉折點，即離開婚姻。之後，持

續的治療將使伴侶能夠恢復較平穩的生活。

　　也有情況是，有性倒錯傾向的那一方仍留在伴侶關係中，雙方決定試著去適應性倒錯。最常見的例子是異性戀伴侶中，有一位是男性的扮異性癖者。在許多城市，有這些伴侶正式組織起來的團體，在他們的社交聚會上，男人們穿著女人的衣物，太太也出席聚會，有些很熱情，有些不太情願。類似的調整也大量存在於其中一方是同性戀的伴侶中，同性戀那一方有足夠的雙性認同，希望留在婚姻中，甚至與配偶有性行為，但同時也有同性戀行為。當然這種特別的調適方式，在這個愛滋病時代，很明顯造成更多問題。

　　不熟悉這類適應方式的治療師會對此感覺不舒服，也許很難表示支持態度，這些治療師也許可以從下面兩方面訊息中得到幫助。首先，非常多的伴侶在尋求這些調適方式，對他們來說，這種調適是舒適的。如果因為我們自己感覺不舒服而努力勸說他們不要如此，這只會使求助者遠離我們。在這種情況下，如果治療師甚至連容忍這樣的調適都感到不舒服，那麼還是說出來比較好，之後再轉介給別的治療師。

　　第二，這種伴侶關係的存在突顯了細微但更重要的一點：對於那些為尋求和解之道而來的伴侶，甚至是因為對方在性別認同上猶疑不定而尋求解決之道的伴侶來說，配偶另一方需要對性別認同的內在衝突有極大的容忍度。治療師個人如果無法容忍配偶一方的同性戀或性倒錯的衝突，就無法認清這樣一個事實：能夠包容如此個體衝突的伴侶，沒有他們不能容忍的伴侶矛盾。在這些案例中，正如其他婚姻一樣，在內在客體關係的問題上，特別是在性別認同上的灰色地帶中，兩者存在著非常多的一致性。這

些考慮適用於性倒錯和同性戀的所有階段——從性幻想到公開行為。不經過一段時間的試驗性治療，我們沒有理由在本質上認定這種狀況注定是性別的持續混亂，會損害伴侶之間滿意適配性的可能。

在婚姻治療中，這些情況的涵義需要進一步考量，在這之前，可能先從精神分析和客體關係的角度，簡短地解釋同性戀和性倒錯的起源會比較好。

精神分析思想的開始階段，佛洛伊德（1905b）認為同性的性行為只是許多性倒錯中最普遍的一種，只是後來個體的客體關係中複雜的因素，被看成是同性客體選擇的發展基礎，也是客體分裂的中心，這一點在性倒錯中表達出來了。

有關較容易發生同性性行為的人，他們身上的荷爾蒙起了什麼作用，這個問題眾說紛紜。梅爾（1985a）總結說：

> 就目前的理解來看，沒有確定的荷爾蒙或其他生物因素導致性別認同或客體選擇上的不同。更確切地說，生物、環境和心理因素之間複雜的互動關係，影響了性的二元行為的表達方式，是「天生的」還是「後天的」此概念之爭似乎已過時。

存在爭議的還有同性性行為的自我協調（ego-syntonic）是否是一種病態過程，這個問題超出我們在這裡討論的範圍，但是可以就臨床上的一些困擾加以評述。我們如何解釋未受損傷的性認同與同性性客體選擇共存的現象？許多作者將親子關係困難和同性戀發展連結起來，一個顯著的模式是：母親很跋扈，父親總是

缺席或沒發揮作用。羅菲和蓋倫生（Roiphe and Galenson, 1981）用充分證據證明個體生命開始的第二年經歷格外重要，而梅爾（1985a）重新探討了伊底帕斯的發展過程中的事件。遲至青春期，期間常有額外的關鍵轉折點（Scharff, 1982），因此現在可以這樣理解：在同性性客體選擇的發展過程中，發展心理學裡貫穿青春期所有節點的事件和問題都在發揮作用。

在同性性行為中，正如在性倒錯中，童年性特徵的表達是成年期性活動中必需的組成部分。薩克斯（Sachs, 1923）描述了人們用一種殘存的嬰兒期性行為方式，來代替對他人的性表達。前性器期的性行為組成成分是非常令人恐懼的，很容易遭到壓抑。薩克斯是第一個描述此機制的精神分析師，因此這個機制被稱為薩克斯機制。其描述現在看起來不是很準確，但是他早期在此方面的貢獻還是很重要的。近年來，從客體關係的角度，肯伯格（1975）和索卡瑞德（1978）提到：同性性行為可能表達了一種建立在自我成熟度提昇上的一系列內化客體關係，如此一來，他們認為在伊底帕斯層次上的同性戀行為，是將嬰兒化的自我屈從於強勢的同性父母。在高層次伊底帕斯前期的同性戀行為中，性客體一部分代表自己，一部分代表伊底帕斯前期的母親。在不太成熟的、以自戀為標誌的伊底帕斯前期的同性戀行為中，客體純粹是同性戀者誇大自我的代表。其中關係是短暫的，很少關注作為客體的另一個人。在分裂型同性戀（schizo-homosexuality）行為中，同性戀與精神分裂共生，缺少自我與客體的分離（Socarides, 1978）。

無論對男同性戀還是女同性戀來說，家庭因素都有影響，家庭因素對潛在客體關係的形成發揮著至關重要的作用。畢柏和他

的同事（Bieber and colleagues, 1962）發現在嚴重同性戀傾向的男性及家庭中存在一種模式：父親孤立而不友善，母親則過於親密，比較有魅力，對丈夫抱持支配的態度。從根本上來說，同性客體選擇與早期成長中的重大困難有關。女性同性戀也表現出一種伊底帕斯前期和伊底帕斯期議題的混合狀態，對與父親和母親的關係都很失望。薩吉爾和羅賓斯（Saghir and Robins, 1973）提到女同性戀有不同病因學模式，從跋扈而帶著敵意的母親與沒有決斷力而疏遠的父親，到特別有魅力的父親和自戀、疏遠的母親。他們總結說，普遍潛在的因素是家庭中存在強有力的反異性戀模式。麥克道格爾（Mcdougall, 1970）描述了她對女同性戀的精神分析的理解：女同性戀者犧牲了自己與父親之間的關係，以換取與母親間的關係，為的是把母親當作自我的理想形象保留著。

　　同性戀者與母親的關係常是親密又充滿矛盾的。後來成為同性戀的男孩子未能放棄早年對母親的認同，以建立對父親的適當認同。後來成為女同性戀的女孩在鞏固以父親為客體選擇時，不敢讓母親不高興，或者說她面臨一個明顯的危險：父親令人興奮，但拒人於千里之外。他也許很具侵入性，或甚至有性騷擾的舉動。這樣說來，一個孩子的潛伏同性戀，可能發生在嚴重扭曲的家庭互動中的父母困擾。

　　從我們的觀察來看，可以加上這樣的印象，即父母雙方對同性戀都有一些影響，但是孩子和父母各一方的關係也有影響。首先同性戀是被與父親或母親一方的關係影響。第二，如同奧格登（1989）提到的，父母任一方代表的是一個無意識的形象，是將對方當作內在客體。這就意味著，父親的第一個形象（或者說單

親家庭中唯一的形象）可能是母親的內在父親客體，無意識地呈現在孩子面前。與此類似地，父親將自己對女人、對母親內化的客體呈現給孩子。最後，成長中的孩子將實際上父母之間的夫妻關係內化成什麼樣子，這一點非常重要——這常不同於孩子與父母各自單獨相處而內化的關係。當異性戀婚姻中的異性戀者或性欲倒錯的配偶，基於對異性戀父母關係認同建立起來的內在配偶形象而再創造一個配偶時，這一點對我們檢視成年配偶的問題意義重大，在內心裡，這個創造出來的配偶是可替代的，發生婚外情時，這個配偶形象可能和幻想或實際的婚姻關係發生競爭。

　　總體來說，外顯的同性戀傾向如果得到父母有意識或無意識過程的鼓勵，就會得到發展（Kolb and Johnson, 1955）。當父母的需求壓過了孩子在分離－個體化時期的自主性需求，當家庭廣泛存在的意識層面互動和無意識投射認同皆支持內在客體的分化和分裂，那麼較安全的內在客體便會被同性認同，而異性則變成了威脅客體（Scharff, 1982）。與此相同的原則也決定了性倒錯的出現：家庭中的關係讓直接的性表達變得非常危險，但是也把建立關係的一般問題變成充滿危險和興奮的性化問題，這造成了性倒錯的發展。

## 配偶一方為同性戀的婚姻

　　讓我們現在再回過頭來談：當夫妻中有一方表現出性別認同和客體選擇方面的同性戀傾向時。在一些案例中，夫妻兩人可能以前都有同性戀經歷。經常出現的情況是伴侶一方對另一方明顯的同性戀傾向持容忍態度，這說明了在客體關係問題上雙方有重

疊部分。

　　同性戀的問題可能在配偶之間已經表達過，從尚未實際進行的性幻想到短暫簡單的婚外情，到長時間或反覆發生的同性婚外情，直到最後個人成為主要的同性戀者。我們作為婚姻治療師的工作限定在這些案主中：部分同性戀是透過性幻想表達，或是夫妻一方只週期地有所行動，而沒有堅持將同性戀作為主要性取向。

## 同性戀性幻想

　　伴侶中一方或雙方有同性戀性幻想的情況很常見。出於羞恥，這種幻想經常被一方守為祕密，如果情況的確如此的話，這些性幻想常會漸漸產生影響，產生控制性的力量，就像對性幻想或祕密的壓抑一樣（Scharff, 1978, 1982; Wegner et al., 1990）。在夫妻之間分享性幻想通常是有所助益的，之後，這些性幻想的能量和強制特性往往會消失。其中部分原因是配偶一方頻繁又令人出乎意料的容忍，這種容忍度經常比有祕密的那個配偶想像的更大。在任何案例中，如果伴侶之一保守祕密，治療幾乎不可能進行得很深入，所以分享祕密是給治療一個機會，這一點至關重要，即使結果不盡然全都是正面的。如果這些性幻想對於那個有性幻想的配偶來說是厭惡的，或者如果這些幻想不消失，這可能被認為除了進行伴侶治療，同時還需做個別治療的徵兆。

## 同性婚外情

　　有關丈夫或妻子的同性婚外情的意義和結果，是一個很難回答的問題。有一些同性戀婚外情預示著一方決定認同同性戀身

分，而更多的是發生在婚姻生活中的一種危機事件，而不會有永久的性別認同改變。我們要知道，很多遭遇同性婚外情的夫妻，當一方得知配偶婚外情的對象是同性戀者時，並不會比得知對象是異性更不安，這一點很重要。當然，愛滋病的問題現在使男性同性戀更危險，這一點肯定會讓夫妻倆感到生命受威脅。

康納德和珍妮佛・貝利（Conrad and Jennifer Bailey），丈夫是一個四十七歲的海軍上校，太太是四十四歲的家庭主婦，他們來訪的原因是丈夫對太太缺少性趣。後來發現，丈夫在航行時有過無數短暫的私通，至於是與同性還是異性私通，他並不太在意。珍妮佛對此大為惱火，但是先生的同性婚外情並不比異性婚外情更讓她憤怒。她堅持如果還想繼續維繫婚姻的話，丈夫必須斷掉所有婚外情。

康納德的童年有一個重要標誌，就是嚴重受父母忽略。一個又一個的女傭代替了他那長期不在家、一心在工作上的父母。在他十一到十四歲期間，其中一個女傭邀他到她的房間進行性交。在寄宿學校時，代行父母之職的制度也有缺陷，在這個學校裡，代替父母一職的是男老師，其中一個老師多次誘奸他。在這些關係中，比他年長的男人和女人都激發了他的性需求，以代替他對基本照顧的需要，這種關係在他成年後同性和異性的婚外情中得到延續。在婚外情中，他將客體分裂成一個穩定提供支持的妻子型客體，以及其他的興奮客體，或男或女，他能和他們產生性方面的連結。這保證了他與珍妮佛的基本關係是安全的，但不是令人興奮的。在他童年受照顧的環境中所鑄造的散佈的性客體選擇，一直延續到他成年後的私通中。

　　珍妮佛以前容忍康納德的婚外情，可是現在對他左右搖擺的性取向覺得難以理解。她看起來也在童年中承受了許多的忽視，這使她願意承受許多意義不明的狀況，以換取她認為可靠的照顧。

　　容忍不加區分、散佈的性認同和客體選擇，這種無意識的適應，很明顯使這對夫妻之間存在著重新努力的空間，這是他們可以做的事情。康納德同意進行個別治療，並且聲明斷絕婚外情。在進行了幾個月以內在洞察為導向的心理治療後，他的成年生活中第一次發展出一種容忍，能夠容忍足夠的憂鬱，讓他開始理解童年的種種失落。在他於治療中容忍憂鬱的過程中，他對珍妮佛的性趣回來了，向外尋求婚外情的壓力開始消失。雖然這次治療絕不是一次充分徹底的治療，但追蹤顯示康納德顯然得到充分的幫助，他從與珍妮佛的連結中得到力量，放棄婚外情。幾年後，他們的關係達到了一種平衡狀態。

　　第二個例子從一個完全不同的角度說明了同性婚外情的問題，這是關於菲比・歐麥利夫人（Phoebe O'Malley）的案例。歐麥利夫人把婚姻看作是繼續過日子的背景，沒有激情，但是要維持下去。她有過幾次異性婚外情，但是她同時與一位她雇來照顧女兒們的年輕婦女有一段暴風驟雨式的長期婚外情。在她與丈夫的權宜婚姻中，這段同性婚外情並沒有比異性婚外情引起更多騷動，它就發生在她丈夫的眼前，但他就是不願意去瞭解這件事。這場婚外情導致的問題是那位婦人與歐麥利夫人的長女發生密切關係，這個女人在歐麥利夫人離婚後一直引誘她的女兒。這段關係把歐麥利夫人試

圖從其婚姻中分裂出去的問題又帶回來了，而且還帶到她女兒身上，這些問題在許多年間持續不斷地以令人驚恐的方式存在著。

我〔吉兒·夏夫〕在歐麥利夫人的第二段婚姻中見到她，是在她與那個女人發生婚外情的幾年後，那個女人不斷地拖著她女兒，這一糾葛仍在繼續。然而，曾經捲入同性婚外情中的雙性客體選擇的問題，在第二次婚姻中已不再突出。歐麥利夫人的第二位丈夫是一位藝術家，他對她的雙性戀傾向十分寬容，因為他自己也有類似的問題。他從來沒有實際涉入同性戀行為，但是他開放地對太太表示同情。然而，在他們的婚姻生活中，兩人同意他們有興趣的是保持一種排外的關係，如此一來，性別認同和客體選擇的問題便是一種無意識的適應，而不是行動。

## 性倒錯

性倒錯——暴露癖（exhibitionism）、偷窺癖（voyeurism）或戀物癖——是重覆發生的、不由自主的性喚起或自慰行為，以不尋常或變態的行為或意象為特徵，使用非人類的客體作為性喚起的對象。性倒錯可能會有所變化，性喚起的情境會伴隨強迫性的羞辱或痛苦——也就是施虐受虐的（sadomasochistic）性異常；或是性行為涉及未經同意的對象，或者太年幼的孩子無法同意——強暴和戀童癖。靠著引發特殊的性幻想而獲得性喚起和性興奮，這種特殊的性幻想有意識和無意識的成分，但是它的影響和對它的闡述已超出性範疇，滲透到個體的生活中（Meyer,

1985b）。史托勒（Stoller, 1975, 1979）幫助我們這樣理解：性和攻擊性往往是這些現象的導火線，因此對性客體病態的憤怒表達總是與性喚起相伴。

性倒錯包括戀物癖、扮異性癖、性施虐狂（sadism）和受虐狂（masochism），暴露癖和偷窺癖、戀童癖（pedophilia）、戀獸癖（zoophilia），還有一組與排泄功能有關的表現，比如戀糞癖（coprophilia）、戀尿癖（urolagnia），以及一連串更少見、更怪異的綜合病症。性倒錯者中男性遠比女性更常見，梅爾（1985b）將此歸因於男性生殖器在解剖學上更外顯，因而閹割威脅更明顯出現在男孩的陰莖上。

「男性的性異常是外顯的，經常是進攻型的，有具體的表現，講述的是戰勝閹割恐懼的故事。女性的性異常大多是非侵入性的，表現為特別願意配合性伴侶的性異常行為……以暗中反叛的形式對抗生殖自卑的感覺（Meyer, 1985b, p. 1069）。」

作為內在客體關係的一種表達，性異常症狀的形成在每個人身上是不一樣的，但是就它的經濟性而言是類似的：此折衷方案使個體和家庭的衝突都得以表達。這種功能一般在性表達中扮演重要但次之的角色，也通常是童年期早期性欲的短暫表達方式。在這些個案中，焦慮和攻擊無法擺脫地與性渴望和性喚起被綁在一起。

在古典的精神分析理論中，認為性異常背後的動機是男孩對閹割的擔心（Freud, 1905B）。為了平復閹割焦慮（castration anxiety），他用無意識的性幻想重複地建立想像的母性陽具，透過說服自己母親有陰莖，他抵制了害怕失去自己的陰莖的焦慮（Bak, 1968）。

　　透過一個嬰兒期戀物癖患者的研究，羅菲和蓋倫生（Rriphe and Galenson, 1981）得到這樣的假設：通常來說，在孩子身上很短暫的過程可以延續不同的長度，而在此連續光譜的外限，是成年後持續的病態行為。在這些綜合症狀底下的無意識性幻想，被認為只有在深入探索時才會暴露，如精神分析或詳細觀察孩童期成長經歷。然而，當我們探索有性倒錯的配偶與協從的配偶之間的互動行為時，性幻想也會出現在伴侶治療中。

　　然而，性倒錯也被古典精神分析認為是代表著早期發展的普通、短暫片斷，在發展過程中因為受到很多無意識因素的影響，變成固著的、模式化的性喚起方式。汗（Khan）、麥克道格爾（Mcdougall）和寇恩（Coen）在近代對性倒錯研究有所貢獻。

　　汗（1979）認為性異常是「兩人的自體性欲」（auto-erotism à deux），是「兩個人之間重新設計的自慰活動，補償了沒有獲得充分的父母照顧，而父母照顧是嬰兒期自體性欲和自戀的必要條件」（p. 24）。這與麥克道格爾（1970, 1985, 1986）的觀點相符，他把性異常看作是一段內在的性腳本，在此腳本中，劇情反映了一個僵化、貧乏的性幻想，以及一種讓內在客體關係發生的需要，而不是透過象徵的思維處理它們。這引出西格爾（1981）對於性異常的觀點：因為缺少象徵形成（symbol formation）的能力，使得個體用一個「象徵等同」（symbol equation）的行動，即以具體的或相同意義的行為來代替幻想或比喻。

　　麥克道格爾（1985）寫道：「心理上的否定和被遺棄比壓抑更甚」，對母親形象進行控制的破壞渴望，「是為了對抗父母客體或他們的部分客體代表，父母客體在其內心世界的精神代表已經支離破碎，並被損壞。」它們之後在被作者稱為「新的性劇

本」中演出，以隱藏其意義的方式。

然後性伴侶不只被要求具體表現主體渴望的理想化形象，還要代表所有主體不想承認的不道德成分。在每一個新的性衍生物中，自我危險的部分和有價值的部分都被發掘出來，同時被掌控，或是以無關痛癢的方式被呈現出來。如此一來，我們瞭解到：為了扭轉內在心理衝突，主體試圖在外部世界中尋找解決途徑。而性伴侶參與其中，並樂在其中，以此證明內在心理壓力無須存在、閹割是無害的、性別間的生殖器不同不是性欲的泉源，以及真正原初的場景呈現在新的性行為中……另一個人的角色……是讓否認和驅散更容易，不但是針對性器的伊底帕斯罪惡感（phallic oedipal quilt）和閹割焦慮，也是針對更基本的焦慮，以及那些攻擊和破壞內在客體的性幻想。那些性幻想必須將另一個人閹割──或者是以犧牲另一個人成全自己……要求對原生客體做幻覺性的修補，並表達原始的性感覺，其中身體的某部分和某個物品作為修復品被交換。

寇恩（Coen, 1985）對性倒錯的客體關係概述做了總結：在自我和父母客體關係之間存在的整體早期問題，集中在性化的解決方式上。他引用了一些作者，他們描述了母親的角色，母親以性誘惑的方式建立與孩子之間的關係。在精神分析或心理發展方面的文獻中，較少充分描述的是家庭的支持和鼓勵，這一點很明顯是十分關鍵的。透過投射認同，家庭支持並鼓勵了這種性倒錯的解決方式，以處理整個家庭裡面在關係上的問題。

## 性欲倒錯表達出在家庭內的經歷

我見到一個有扮異性癖的十歲男孩，他將父母共有的恐懼以及他自己發展過程中產生的恐懼內化，並表現出來。他的父母恐懼的是占支配地位的、所謂陽具型的婦女，以及閹割威脅。他的母親公開說，男人沒有一個是好東西，她把男孩子的父親趕走了，並以引誘的方式逼近這個男孩。當新的繼父登場時，這個家庭前來尋求治療，家人必須將焦點轉移到無法容忍這個男孩的扮異性癖，才能維持平衡。

另一個案例是一位婦女懇求她的丈夫在性交時把她綁起來，鞭打她的生殖器。這位婦女在有虐待狂的父親身邊長大，然而父親是她僅有的情感支持。她的母親憂鬱而消極，似乎完全被父親忽略，除非他喝醉酒。母親在她大多數的個人關係中也是一個受虐狂。這位婦女看起來承受了來自父母的雙重折磨，不管在總體的性格上，還是明顯的性行為方面，都表現出自己和父母被挫折之渴望的內化。

## 配偶一方有性倒錯的治療

拉夫和奧黛莉（Ralph and Audrey S.）結婚已經十二年，是兩個孩子的父母。他們來尋求諮詢，是因為奧黛莉無法再容忍拉夫總是要她在性交之前穿無袖背心和短褲，並要她同意先「摔跤」。拉夫抱怨說沒有這些條件，他無法達到高潮。在一次聯合晤談後，顯示出他們性生活中義務的這一面

在婚姻初期沒有呈現出來，但是在八年前兒子誕生後，這一面轉為緊迫。拉夫體驗到孩子成了潛在競爭對手，激發出他那種怕被父母排除在外的恐懼。他的父親曾經有很長一段時間在家庭生活中缺席，他對父親的唯一記憶是：當他很小的時候，他們有過幾次打打鬧鬧。拉夫的母親很勤快，但是很嚴格，她比較喜歡他的兩個姐姐。拉夫打鬥式的性倒錯的第二個原因，來自於在童年的許多下午時光，他與他喜歡的祖父在電視機前看摔跤表演。當他告訴我他的故事時，青春期的影響漸漸浮現浮現。在他青春期的時候，他父親去世了，在失落中他感到特別孤獨，並感覺被他的家庭排除在外，很快地他開始熱衷於和男性同伴「鬧著玩」，在此過程中，他體會到性的喚起。

相反地，奧黛莉則是在一個大家庭裡感到迷失。她的父親也是長期缺席，在她看來，只要他在家的時候，她的父母總是在吵架。奧黛莉是四個孩子中最大的，母親偏愛弟妹們，她感到被排除在外。當她的母親病了，她還不得不照顧家裡其他人。

在諮詢的面談中，我們可以確定對於拉夫來說，摔跤象徵了要求被愛，也釋放了被排除在外的憤怒。和朋友多次的「鬧著玩」，促成了青春期性行為和攻擊性的甦醒，這導致了他強迫地選擇摔跤作為性喚起的必要行為。

對於奧黛莉來說，屈從於摔跤也是一種病態形式，這種屈服的性異常在梅爾（1985b）的著作中有所描述。拉夫的要求含有某種形式的痛苦，在婚姻早期，太太在無意識中覺得她應該忍受，就當作是丈夫的一種興趣。然而，隨著時間的

推移和成熟，她解決這種性異常的要求日益強烈，毫不令人意外的，是太太無法忍受這種性異常並要求治療。而此時，拉夫依賴太太，他自己也希望能發展更好的客體關係，這些都促使他尋求幫助。在治療幾次之後，這對夫妻可以放棄以前的性行為模式了，但是還留在治療中，探索被拒絕的問題和焦慮，正是被拒絕的經歷導致了他們原本客體關係的妥協。

這段簡潔的描述說明了：第一，夫妻之間整體上對於性異常的態度是雙方共享的，滿足了性伴侶雙方的客體關係。他們雙方對性異常都有作用，如果確實如此的話，共享的性異常行為可以被保持在穩定的狀態下。第二，變異的性行為表達並象徵了一個人的客體關係和性幻想。拉大和奧黛莉的成長史和他們的關係，使他們的症狀充滿意義，並讓他們轉向求助心理治療。

最後，像所有症狀一樣，包括所有性方面的症狀，性異常的嚴重程度也有光譜般的變化，從普通的變異到嚴重的病理狀況。最溫和的個案可能只是在性表達上稍有不同。在這道光譜中，後者是那些對患者和（或）性伴侶產生困擾的性異常，比如說，男性不時表現出扮異性癖，此時婚姻處於不尋常的壓力之下，這些案主之中有很多相當容易治療，另一方面，嚴重的個案會很難處理。將性異常視為存在於連續光譜上，其重要性在於對那些立即對婚姻治療有反應的較輕微案主，我們能夠抱持希望。

## 婚姻中無法治癒的性別認同障礙

　　下面是一個在性異常連續光譜中處於更嚴重一端的例子，這個例子顯示許多治療師有一種很普遍的刻板印象，認為性異常是一種毫無希望、無法治癒的情況。

　　　奧利弗・溫徹斯特（Oliver Winchester）來尋求幫助，希望治療師幫他獲得變性手術。十年前，他的第一任太太去世之後不久，他開始認為自己真的是女人。然而，他留在海軍蛙人這樣一個很有男人味的工作崗位上，然後他再婚了。他的第二任太太莎莉一起來第二次晤談，她拚命想挽回婚姻。在勸奧利弗放棄變性手術的談話失敗後，她想讓丈夫試著穿穿女人的衣服。她提議幫助他，讓他學習做女人的技巧，為他做頭髮，和他一起撫養他處在青春前期的孩子們。奧利弗一度被這個解決方式吸引，但是後來越來越激進地要求變性。治療師從來沒有鼓勵或甚至支持奧利弗像女人一樣生活，或者去做變性手術，而是將目標集中於有心理治療意義的方法上，保持奧利弗目前穩定的狀態，避免更具強迫意味的生活方式。奧利弗與莎莉分居，堅定地邁向變性手術，手術最後成功了，他把名字改成了奧麗芙，並拒絕再做進一步的個別治療。他在與以前工作相關的領域裡找到了新工作，並且一直堅定地撫養著孩子，然而，孩子們再也沒辦法就這一變化的議題進行深入探討了。

　　很明顯，這類個案不會從目標設定在重建婚姻的婚姻治療中

獲益，因此我們應努力為案主提供支持，讓他們對諸多喪失進行調適。其中一項需要做的重要工作是為孩子們提供支持，使他們對父母之間巨大的變化進行調整，儘管在這個案例中成效甚微。

## 可治療的扮異性癖

　　羅爾和瑪蓓爾‧岡薩雷斯（Raoul and Mabel Gonzales）被瑪蓓爾的個別治療師轉介到我〔大衛‧夏夫〕這裡來做夫妻關係的評估，因為他們之間出現了性方面的麻煩症狀。之前他們不常做愛，現在因為瑪蓓爾想懷孕，在她要求增加做愛頻率的壓力之下，羅爾開始提出要求，要在他們的性生活中加上一些必要條件：他需要一些女人的內衣。漸漸地，當沒有這些東西時，他無法再接近瑪蓓爾。他對太太說，他現在瞭解到這種願望長時間以來一直存在，他一直克制自己，直到去年為止。之後，他開始建議如果他們可以一起到商店去買女性內衣，那將對他意義重大。或者如果在兩人一起出門之前，他把女性內衣穿在身上，這可以是他們之間的祕密。他也很有興趣讓太太穿上特別的女性內衣，比如說黑色比基尼內褲，他喜歡聞這些內褲的味道，之後自己穿上。他回憶起在他們確立關係的早期，他體會過一次特別的興奮，那時太太將她的內褲蓋到他頭上，這樣他就可以聞到內褲上的氣味。

　　他們八年的婚姻是暴風驟雨式的，他們經常吵架，瑪蓓爾對羅爾尖叫，有時痛打他。按瑪蓓爾的說法，羅爾也有脾氣控制不住而爆發的時候。羅爾認為瑪蓓爾的憤怒是他們婚

姻生活的主要問題，而且瑪蓓爾貶低他。在最後的伴侶治療中，我提到這些不同的觀點，他們相視而笑。羅爾說：「是的，這真的很美！」過了一會兒，他又補充道：「太糟了，我們不想再這樣繼續下去了。」他們的爭吵是壓力的釋放，可能比明顯的性行為更充滿激情。

在他們關係中的大部分時候，羅爾的戀物癖是潛伏的。最近，在想懷孕的瑪蓓爾施壓之下，羅爾發現自己如果穿上女人的內衣，感覺更願意做愛，特別是將很緊的「陽具環」套在陰莖上，或者當瑪蓓爾像個小妓女一樣地說話。他想讓太太對他這麼說：「快一點，我整天都沒得到。你只剩下五分鐘了。」他希望太太更具侵略性一些、更自信、更占主導地位。他告訴太太，從他五歲開始就對支配性的冷酷女人有一系列希望和幻想。是的，正是在這種持續多年的背景下，他始終抱著這種想法。就我所知，他這種想法在近兩三年特別突出。

瑪蓓爾努力滿足這樣的要求，最後發現羅爾的要求不斷升級。雖然一開始她不怎麼在意丈夫小心翼翼的請求，但她發現一想到羅爾只能透過女性內衣或施虐才能勃起，她就感到十分痛恨。幾個月之後，在她的個別治療師支持下，她拒絕再接受丈夫的請求了，並要求他們應該尋求伴侶治療。

羅爾和瑪蓓爾的背景都比較艱辛，都內化了一種被剝奪的感覺。瑪蓓爾說她恨自己的母親，母親也十分恨她，因為正如她經常被告知的，她是父親的最愛，雖然父親總是沒時間陪她，她覺得最後自己誰也沒有。她在十七歲那年與母親大吵一場，因為母親不同意她交的男友，那位男友辱罵母

親。之後她離家出走，自給自足地上完了大學。

　　羅爾覺得他是在母親和姐姐的折磨下成長的。家中共三個孩子，相隔十二歲，他是最小的一個，他的姐姐們無情地嘲弄他，笑他長得小，但也不斷地引誘他。他三歲時，姐姐們發現他躺在床上，身邊是她們的內衣。之後的一個萬聖節，姐姐把他打扮成女孩。她們不斷地說他不是女孩真是太糟了，因為如果是的話，他會很可愛的。女孩們不只一次派他到商店去幫她們買衛生棉，之後卻拒絕給他承諾過的一角硬幣。他十歲時，有一次二十二歲的姐姐和他在同一個房間裡換衣服，他記得那個場景，姐姐穿著透明的胸罩和內褲，試圖引誘他。他太害怕了，以至於沒有什麼反應。青春期的時候，他一邊想著兩個姐姐穿著內衣的樣子，一邊自慰。

　　羅爾憎恨媽媽，一方面母親允許姐姐折磨他，另一方面她自己也侵擾他。他出生時，母親四十二歲，她覺得他很特別，這意味著母親對他很挑剔，除非他表現十分完美，達到很高的標準。他的女朋友中沒有一個是夠好的。在早期的治療中，羅爾發現他出生後的頭兩年裡，他對父親而言是個特別的孩子，但父親突然對這個小男孩的自信感到憎恨。他的父親退縮了，把羅爾剩下的童年時光都交給母親和姐姐。失去父親疼愛的記憶被喚回來了，這一點讓羅爾瞭解到為何他一生都憎惡女人。

　　羅爾在遇到瑪蓓爾之前，與女人發生過很多次關係。他想這是個一再發生的模式：對性產生好感覺，並享受了一段時間後，他開始覺得她們是像他母親和姐姐一樣的「婊子」，之後他便會從性和情感中退出。他從不懷疑這種模式

是他個人的問題，遲早他需要自己解決它，不管與瑪蓓爾之間發生了什麼。

在對羅爾進行評估的過程中出現的移情是很有趣的。他報告說，他從來沒有同性戀經歷或性幻想，除了在與我第一次個別晤談後發生了一次。那次諮詢之後，他一邊興奮地幻想著與一個男人進行口交，一邊自慰。這個幻想暗示：他已經發現了那次晤談所勾起的明顯性問題，他的體驗是把我看成像他的姐姐那樣引誘他。與我面談的親密感喚回了對拒絕的父親的性渴望，而這種渴望具有性意味。他的幻想也讓我警覺，他的個性可能比他呈現出來的更具有多樣性。

我們探討的總是夫妻倆的性生活是否有改善的可能性。他們已陷入僵局，因為瑪蓓爾在個別治療中取得了進步，不願意再與羅爾共處下去，而羅爾越來越將戀物癖視為是必需的。因此兩個人看起來是面臨對抗階段，分居可能是符合邏輯的結果。

在評估的過程中，我問自己：戀物和其中暗含的異裝傾向是固有的問題，植根於羅爾的歷史中，只是現在才揭露出來？或者它們代表的是在目前壓力下的退行？在我們繼續治療時，我從瑪蓓爾那裡得知她治療的進展，這些進步使她越來越持強硬態度，她不願意繼續在婚姻中受罪。羅爾提出那樣的要求，她則成為性倒錯中的受虐狂，現在她的自尊已經發展到她不再願意成為犧牲品。但是從一開始就不清楚羅爾能不能從對女人內衣的戀物癖中後退，還有能不能脫離這逐漸擴大的影響。

夫妻兩個人都接受密集的精神分析心理治療中。這個案

例說明伴侶的個別治療出現衝突，並不是不尋常的邏輯結果。他們各自的個別治療方向是相反的，我的意思是他們治療的矛盾之處在於：瑪蓓爾的治療是幫助她鞏固、堅定維護自尊的權利，縮小了她對受虐與虐待的容忍範圍，這些已經經過一段時間的探索了。

羅爾幾年來一直探索如何調適自己，並且取得了可喜的進步。然而，最近他開始與一位新的治療師工作，他以前的治療師去世了。遭受了這種喪失之後，他有兩年時間不再接受治療，後來他的婚姻問題重新浮出水面，他又就此尋求幫助。現在將戀物癖推到表面的問題還包括一些額外壓力——對婚姻和生育孩子的考慮，以及那位治療師的去世，他對他來說一直是很好的父親形象。但是有進步的一方面是他相關能力的增加，他可以容忍自己開始探索透過戀物表達的問題。

基於這些考慮，我得到結論：對於有效的伴侶治療來說，戀物癖並不是無法逾越的阻礙，這是處於危機中關係破裂的複雜產物。雖然羅爾覺得自己的戀物癖已經有很長一段時間，但是他也證明直到需要永久地對婚姻和孩子做出承諾時，這個問題才出現，這是問題產生的背景。從其他方面來說，這一個危機基本上與他在以前的關係中出現的情況是同質的。過去的幾次關係中，就算沒有女性內衣的幫助，他也能很舒服地發揮性功能，但是當每段關係向全心投入的方面發展時，他就開始把女人想成是婊子，然後中斷關係。他對瑪蓓爾有憤怒、有憎惡，正是這些情緒使他現在試圖用內衣來做愛。

　　這對夫妻的關鍵問題是對彼此的承諾，這種承諾以決定是否要孩子來表現。在評估接近結束的時候，他們告訴我一些事，讓我非常吃驚，這是羅爾的個別治療師還不知道的事情——雖然他們兩個人表現得像已婚夫妻，但他們實際上沒有結婚！幾年前，他們因為稅務上的一些原因離婚了，後來並沒有再婚。我清晰地記得羅爾曾經告訴我說，他嚴重懷疑婚姻的生存能力以及瑪蓓爾作為母親的能力。在經歷一段時間的不情願後，他終於想要一個家，也想要孩子了，但是他不確定瑪蓓爾會不會是他的孩子的稱職母親。瑪蓓爾說她想清楚地判斷這段婚姻的命運，雖然她也說還是想維持——儘管他們還沒結婚——並且努力改進。

　　夫妻倆同意我的意見，也認為他們因為稅務原因離婚，表達了深層的隱含問題，那就是他們兩個都害怕承諾。他們回憶說，離婚之後他們曾公開討論過，認為保持未婚狀態可能會強化彼此的關係。他們都遲疑不定，以保持未婚狀態的關係來逃避對彼此的控制。

　　這對夫妻共享了性異常，羅爾以外在行為表現了性異常，這是一種對母親的尋找，她的冷酷不會變成閹割，因為他安撫並控制了她。另一方面，他以依戀其服飾的方式，認同了令人興奮的母親形象。瑪蓓爾代表了這個情況中常見的互補的女性面，她屈服於輕蔑和控制，變成了被貶低的客體，在被控制、擁有、貶低的感受中，無意識地得到一種慰藉和熟悉的感覺，直到她在個別治療中對自己有了新的看法。

## 評估時的移情和反移情

在這個案例中，移情和反移情可以看作是對伴侶共享的
性異常的回應，並將性異常帶入評估過程。這對夫妻來的時
候，帶著對彼此的聚焦投射認同。羅爾無意識地將令人害怕
的、折磨人的、傲慢的客體放到瑪蓓爾身上，而瑪蓓爾將虐
待但又受歡迎的、興奮的客體放在丈夫身上。在評估之前，
這些對彼此的聚焦移情是有共同基礎的，這些移情支持了他
們內心的恐懼，他們對愛上對方的能力表現出懼怕。在有療
效的諮詢中，他們聯合起來將這些東西投射在我身上，試圖
從他們共有的疆界中跳出來，相互支持合作而貶低我。在這
個過程中，他們提高了彼此承諾的感覺，這是他們之前無法
做到的。他們把我當作拒絕客體和一個愧疚的提供者，給予
幫助與安慰。當他們把注意力集中在我身上時，他們找到了
彼此承諾的感覺。在會談過程中，他們很少努力與我一起工
作。如果他們覺得我有些誤解（即使他們確實說過，而我不
過是引用他們的話罷了），他們就會把它視為是我無能的證
據。羅爾根本就不認為他們需要伴侶治療，在這一點上對我
充滿懷疑，雖然他確實聽取了我的結論——個別治療雖然對
彼此都很重要，但是無法幫助他們理解兩人共有的恐懼是如
何影響夫妻關係的。另一方面，瑪蓓爾覺得她來之前就知道
他們需要幫助，正因為如此，她要求知道為什麼我要說那麼
多她已經知道的事。在與我對質的過程中，她抹去了和我共
有的擔心：她擔心戀物癖是她不能接受的，而且很懷疑自己
還能不能與羅爾在一起。

　　他們兩個人每次與我在一起工作時，都表現出不同的態度，這部分支持了我的評估過程。在最初的伴侶晤談中，存在著一種身處危機的感覺。之後在我與瑪蓓爾的個別面談中，她看起來對羅爾既絕望又惱怒，懷疑婚姻是否還能存續下去。當我與羅爾晤談時，他對婚姻也持保守和懷疑態度，但是他後來很快轉變了態度，拒絕我提供的服務，也拒絕他們對伴侶治療的需求。之後在伴侶會面中，他們同意接受伴侶治療，就像任何一方都沒有表達過懷疑婚姻是否該存在下去一樣，他們還達成一致意見，認為我的理解毫無價值，我的結論也無關緊要。

　　然後，讓人驚訝的是，當我開始轉介，為他們尋找一個更適合的治療師時，他們卻對我施加壓力，要我治療他們──他們覺得自己有權利在提出的條件下進行治療：費用降低，並在晚上進行會談。我無法再降低費用，並從家庭時間中抽出其他時間進行治療。這是一種自相矛盾的情形，他們提出條件繼續見我，是一種愛和信任的表示，而我的態度看起來是拒絕的；就像羅爾堅持某些條件，瑪蓓爾卻不能接受，這對婚姻的生存可能提出了疑問。所以他們對我提出的挑戰，超出了我願意考量的治療架構。

　　他們透過輕蔑的奚落試圖占有我、控制我，這使得整個過程中他們對我產生的移情的貶低和不贊同，現在都可以得到解釋。他們可以一起嫉妒我，因為我擁有某些他們想要的東西，這讓他們不用感覺自己那麼微不足道。也就是說，羅爾的戀物癖現在可以看作是為母性的移情客體穿上外衣，以控制它並保護自己免受危險──也許是閹割一個令人恐懼的

陽具母親。在移情中，他們試圖以輕蔑的態度控制我，以此聯合起來處理被客體控制的恐懼，掩飾了令他們更加痛苦的渴望和嫉妒。在反移情的過程中，我感覺到被置於對治療無能為力的危險中。

　　簡單地說，我對瑪蓓爾和羅爾在移情中形成的威脅，也就是瓦解他們共有的模式，實際上讓他們緊密團結起來。他們共享的背景移情與共有的性異常混在一起。他們共同努力貶低我，然後以輕蔑的態度控制我，好像我是一個被捕獲的客體一樣，這種努力是在嘗試保持自己扶持的能力。


與上述這對伴侶一起工作，展現了婚姻治療並不僅僅發生在相對比較順從的界限內，不是簡單的愛和侵略。內在客體關係可能十分複雜。與存在公開性異常的夫妻或與同性戀團體一起工作時，我們都需要瞭解這一點。它幫助我們理解更多伴侶，他們呈現出的相似問題可能有更細微的形式。

　　處於同性戀或性倒錯的伴侶，他們所呈現出讓人心神不寧的症狀群，可能是治療師不熟悉的。我們希望在本章中清楚指出：存在這些問題並不意味著婚姻治療是不可行的，或者肯定不尋常地困難。症狀呈現為一道光譜，從常態中的稍有變化；情境或發展危機下輕微的壓力反應；中等緊急程度的潛在病理症狀；到嚴重的偏離而不可能解決婚姻問題。在評估過程中，我們的工作是評估哪些個案是可以治療的。不管是評估還是治療，移情和反移情的症狀群都會出現，它們反映並表達了同性戀或性倒錯的客體關係。治療這些案主的治療師必須具備彈性、知識及安適。

# 第五部

# 結束

# 【第十四章】結案與追蹤

## 結案的標準

伴侶治療可能順利結束，治療工作的結果很好、很全面，也可能因為存在不成功的理由而告終。有時，求助者和治療師在結果的品質上能達成共識，有些時候不能。

比如一對伴侶前來諮詢，一方希望重建婚姻關係，另一方不希望。在治療師看來，這種婚姻是很難修補的，因為另一方已經決定結束，或者出於其他不同的原因，永遠無法達到重建婚姻的條件。如果治療師在這點上是正確的，伴侶治療可能因為重建婚姻失敗而結束，或者可能繼續分居，直至離婚。對結束婚姻治療感到困難，可能投射出伴侶的能力不足，他們無法了結一段令人不滿的婚姻。有時，治療師對婚姻無望所表達的對質，會挑戰伴侶重新去更新他們的承諾，這會對之後的治療帶來意想不到的好結果。

在結束治療時，無論是在一次令人失望的會談後，還是在多年頗有成果的治療後，都存在一個很普遍的議題，那就是喪失，範圍包括失去婚姻、失去已婚者的典範形象、失去治療機會、失去作為夫妻關係基地的治療架構，以及失去與治療師的關係。

喪失不僅在結案時會受到關注，從一種重要的意義來說，每

一次會談結束都是為最終的結案做準備。有時,這個問題處於公開的焦點上,比如說夫妻分居,或者治療師離開。更常見的是伴侶在每次會談結束時,對失去支持的反應經常是一種感覺,當突然出現一些細微或憂慮的感覺時,求助者的反應最能說明將要來到的分離會是什麼情形。

在本章中,我們將描述在不同的情況下結案的性質和特點,重點放在需要完成的治療任務和治療的侷限性上。

## 治療開始之前就結束

在這種情況下,治療經常會在轉介之後很快結束,而且相當突然,可能伴侶一方或雙方已經決定或很快決定他們不想再維繫婚姻了。有時,他們來進行第一次會談,只是出於一種盡義務的感覺。在這些案例中,治療可能迅速結束,或者夫妻一方可能留下來進行個別治療,而這種個別治療本身可能很短,或者像精神分析那樣徹底而全面。

　　唐(Don L.)打電話給我〔吉兒‧夏夫〕,迫切地約見我。過了二十年的婚姻生活,他的太太莉娜爾(Lenore)說她想分手。他願意盡一切所能來阻止這件事發生。他在電話裡告訴我,這完全在他意料之外。據他所知,他們一直很幸福。他問我能不能儘快和他們見面?

　　當我兩天後見他們的時候,莉娜爾說她的觀點完全不同。多年來,她總是對唐說他們的婚姻不太美滿。幾年前她就感覺自己開始疏離這段婚姻,現在她認為不到十歲的孩子們已經可以面對父母的離婚問題。讓她傷心的事情之一是唐

對他們的兒子漠不關心，兒子有學習障礙，是最讓人不滿意的孩子。她痛恨丈夫把兒子推給她。

唐抗議說太太應該再給他一次機會。因為他處於工作危機，換了好幾份工作，而莉娜爾有足夠的錢。他說莉娜爾對他不公平。然而莉娜爾意志堅定，說唐無法理解她在講什麼，多年以來都是如此。多少年來，她總是同意照顧他，從一個危機到另一個危機。她來是希望我可以讓唐進行治療，因為她知道分手對唐來說是很困難的。

唐仍舊迫切地希望能找到力挽狂瀾的方式，而莉娜爾有幾個星期沒有堅定地拒絕唐。我對他們說，如果她真的想結束婚姻，最好讓形勢明朗一些，這樣可以減少一些焦慮。在一次個別會面中，她第一次告訴我她和別人有了感情，但是她想唐如果發現此事，他會極端地進行報復。她鐵了心要結束這場婚姻，但是對唐仍十分同情，希望他能得到需要的幫助。

當我單獨見唐時，他迫切、焦慮又恐懼。他強迫性地認為現在的情形是不公平的，無法洞察婚姻關係失調的程度，對此，他的配偶已經抱怨了很多年。當莉娜爾準備離開家的時候，他越來越焦慮，嚴重憂鬱，甚至想自殺。一位同事為他開了抗憂鬱劑，他反應良好，但仍毫無洞察力，堅持他有權得到公平的對待，這更讓他太太堅信對他的判斷。

最後，唐無法處理任何哀傷。相反地，在邁向離婚以及財產分配的每一步中，他都與太太爭吵，他用憤怒的戰爭代替為婚姻和家庭哀悼，直到兩年後，開始一段新感情之後才安穩下來。另一方面，莉娜爾也試圖避免哀傷，很快投入一

段理想化的新關係。這降低了她吸收心理喪失的需要，雖然方式與唐不同。直到第二段感情也變調時，她才開始比較兩者，發現她選擇了兩個非常依賴、不斷要求的男人，他們一開始都表現得很有吸引力、很合作。到後來，她才開始用心理治療來理解自己的經歷：她的父親讓人開心，但又令人失望，她以前試圖藉由選擇的兩個男人來處理這段與父親共處的經歷。

這段婚姻治療很難開展。治療師做了一些工作，幫助伴侶各自處理已經發生和他們即將經歷的喪失，但即使是這些工作也不是特別成功，婚姻中一方顯然很理智，保持和藹而「樂觀」的拒絕態度，而另一方糾纏不清、偏執、惡語相向，又喊著說「來照顧我」。反映在治療上，這對伴侶的治療結結巴巴的，很不完整。唐沒有取得任何實質上的進步，而莉娜爾就如何處理孩子問題方面得到一些支持和建議。但是即使是她，也沒有進行任何實質治療，直到她的第二段關係失敗後，情況才有所改變。

## 治療師失敗後結束治療

在心理治療這種高難度的工作中，有一些治療會結束，是因為治療失敗了、求助者和治療師的適配度不夠好，或者治療師犯了某些使伴侶很難繼續與治療師合作下去的錯誤，或者更糟糕的是，根本無法再進行任何治療。我們很難說失敗僅是技術問題，還是移情的問題，或者是伴侶的問題過於嚴重，導致治療在任何情況下都無法取得進展。

　　菲爾德先生和太太（Mr. And Mrs. Field）被轉介到我這兒來，而我〔吉兒・夏夫〕騰不出時間來見他們。但是轉介的人是一位和我關係很好的同事。他說他們是很值得也很有趣的一對夫妻，特別希望我能治療他們；他認為和他們會面會讓我很享受。因此我為他們挪出時間，但是當我見到他們時，他們看起來不知所措，完全沒有動機的樣子。丈夫菲爾德先生抱怨太太善變，而太太抱怨先生被動，根本不能指望他。事實上，她認為自己已經無法再忍受下去了。她在考慮離婚。

　　我很快意識到她好像已經忍無可忍，考慮分手。但是下一次見面時，她譴責我對分手推波助瀾，而她並沒有這種意思。我覺得身陷虎穴。她告訴我，她覺得自己被誤解了，在這種形勢下，她不確定還願不願意再回來。

　　下一次治療，她真的沒來，雖然菲爾德先生來了，他簡短地通知我要取消這次的約。我的規定是不論發生什麼事，取消的時段還是要收費的。但是檢視現在的情形，即使不經細想，我都知道如果不與菲爾德先生討論就直接將帳單給他們，菲爾德先生也會感到受傷。他後來確實沒有支付取消的那次晤談的費用，也沒有打電話來安排以後的會面。

　　回顧這個案例，我感覺好像受到轉介個案給我的同事誘導，這一點使這對夫妻的問題變得很困難。一想到我已經答應治療，我覺得還沒準備好承受這對伴侶的移情帶來的普通傷害。沒有意識到自己失望的感覺，我把這種失望傳染給這對夫妻，他們理所當然地提供了更多失望的機會，這是很容易做到的。然而，我假

定這對夫妻根本不會比其他求助夫妻更難治療。對於這對伴侶，失敗必須歸因於我。

## 結案後求助者找到更匹配的治療師

在我們的早期著作（Scharff and Scharff, 1987）中報告過一個處在灰色地帶的案例。克萊夫妻（Mr. And Mrs. Kyley）被太太的個別治療師轉介過來，丈夫五十五歲，太太四十一歲。這對夫妻結婚以來就爭吵不休，會談時也是硝煙瀰漫。為此治療師〔大衛·夏夫〕感覺受到虐待、被遺棄，而且這對伴侶丟給他難以控制的重擔。克萊太太需索無度——什麼也不能滿足她。克萊先生長時間以來被動地吸收著太太對他的刺傷和攻擊，最後他崩潰了，有時他猛力撞擊辦公室家具，幾乎要把家具撞壞了。當他按太太的要求做時，太太很少給他讚賞。然而大多時候，他快活地做自己想做的事，認為無論如何太太遲早會來遷就他。幾次治療之後，他們有了進步的跡象，但又經常帶著其中的一次爭吵來，似乎破壞了所有進步。對他們共同的破壞行為進行詮釋並沒有產生作用。在這段時間，克萊太太不斷地談論離婚的事，並對她丈夫表達輕蔑。

這些循環重覆了可能十多次，我〔大衛·夏夫〕與他們對質，指出他們在這種反覆出現的模式中無法向前推進，並懷疑治療會不會有用。我說我感覺治療不會有用。克萊太太說不管怎樣，她都會分手。要不是我的話，她不可能再跟丈夫在一起。克萊先生被動地聳聳肩，他說他不想結束這段婚

姻，但是他同意沒有感覺到進步或者改變。我們同意再用兩
次會談的時間來檢視這個決定，但他們仍持續暴風驟雨般的
爭吵，這是這對夫妻鮮明的互動模式。最後，他們離開了，
太太陰沉著臉，丈夫看起來挫折喪氣，我的感覺也一樣。

　　兩年後，克萊太太的個別治療師告知我這對伴侶的後續
追蹤：他們沒有分手，而是要求再次轉介。在後來的伴侶治
療中，這一次的治療過程看起來更平靜。也許治療的品質提
高以及他們後來關係的提升，反映了克萊太太密集的個別心
理治療取得了持續的進步。也許是我在結案時對他們的面質
起了作用，或者也許他們與另一個治療師有更好的適配度，
也許那位治療師對他們取得的進步更有耐心，對施虐和受虐
的互動模式有更多容忍。得知這些無疑讓我停下來思考，我
曾經晤談的夫妻失敗地離開了治療，但是至少帶著一種感
覺：我已經盡我所能。他們繼續活下去，而且做得更好，也
許我在他們的進步中起了一點作用，或者從另一方面說，也
許我能做得更好。


　　從根本上來說，兩難選擇是我們在任何時候都需要處理的問
題。我們努力學習技能，按自己的經驗和直覺行事，之後必須承
認還有很多我們不知道的事。一些求助者對我們很好，可能比我
們對他們更好。其他伴侶讓我們面臨考驗──我們沒有必要都通
過。在此，我們想以文字形式記錄這些案例，結果不太完美，而
且治療師有時犯了一些錯誤。我們能做的是誠實面對這樣的可能
性，不斷努力磨礪我們的技術，理解人類的努力就是這樣的。如果
治療進行不順利，確實是求助者的損失，同樣也是我們的損失！

# 簡短介入後的治療終止

　　對伴侶進行簡短介入也會產生很有用的治療作用。一些處於危機中的伴侶，雖然其婚姻面臨挑戰，然而其中仍有許多可取之處。如果我們能幫助這樣的伴侶解決危機，他們能很快上路。在這樣的個案中，結案與我們的短期介入工作結合在一起。對這些伴侶很有幫助的是，在結案時讓他們知道治療室的門向他們敞開。他們可以再回來，但是其中很多伴侶再也不覺得有這方面的需要。其他人會以短期介入為促進因素而再回來，他們經常是為伴侶一方尋求個別治療。

　　如果伴侶在短期治療模式中進行順利，他們通常帶著正向的移情，這一點會在治療過程中對他們發揮支持作用，也使他們能夠帶著自己修復好的共有扶持離開。

　　琳達（Linda T.）二十五歲，在一次個別諮商中來見我〔吉兒‧夏夫〕。她抱怨她的丈夫尼克（Nick），一個二十八歲的成功律師，在最近一年完全忽略她，她再也無法忍受下去了。她很喜歡自己的電視節目工作，但是他們現在計畫要孩子。她懇求丈夫投入更多精力在婚姻和家庭上，但丈夫不以為然。我提議他們做伴侶關係評估，她欣然同意，她的丈夫也同意參加。

　　在第一次聯合會談中，尼克反對琳達或我說的任何話，後來，琳達將他們的關係與尼克父母的婚姻做比較，尼克父母住在一起，但多年來始終憎恨彼此。突然尼克開始大哭。他說：「妳是對的，我就是有這樣的想法，妳不讓我那麼努

力工作，是一種嫉妒。但是妳剛剛在講的時候，我突然看到有孩子會讓我害怕我們的婚姻會像他們的那樣。」他不願意談的抗拒化解了，他也似乎有了變化。

他們安排了另外兩次會談，但是幾乎沒談什麼。丈夫不再繃緊神經，也不再視太太所做的為理所當然，在一種如釋重負的氣氛中，丈夫願意更投入婚姻中。結案在三次面談的最後一次時進行。夫妻倆考慮的問題是，他們是不是能夠自己應對。我們回顧了他們的優勢和存在的困難，他們同意如果彼此之間再出現緊張局勢，任何一方不能妨礙另一方尋求治療。我對他們在修復過程中的承受能力感到猶豫，但是沒有充分的困難感支持繼續進行治療。所以在分手時，我心懷憂慮。

六個月之後，尼克捎來一張短信，感謝我的幫助。琳達已懷孕兩個月，他們覺得又找回了自己想要的婚姻。三年後，我在一家速食店偶遇他們。他們已經有了第二個嬰兒，琳達留在家裡照顧兩個孩子。她說，尼克仍然是她希望他成為的那個男人，而且已經成為一位了不起的父親。這次偶遇，讓我希望我的其他介入工作能像這對伴侶一樣，進行得如此輕鬆，效果如此好。


我們發現所有從短期治療中受益的伴侶，都因為採取了發展性的步驟而度過危機，但是他們的婚姻都建立在堅固的基礎上。而其他伴侶可能在幾次會談後感覺很滿意，如果我們認為他們的婚姻存在長期的危險，那麼我們會在與他們告別時表達更多的關心。

## 終止治療後進行個別或家族治療

　　無論是成功的或是不成功的伴侶治療，都可能引向個別治療。桑德（1989）將此轉變描述為一種策略，他經常有計畫地將伴侶治療作為伴侶一方或雙方進行個別治療的前奏。我們的經驗是，個別治療也同樣可能引向一段伴侶治療。也就是說，治療的一個階段或聚焦的某個問題會導入其他議題，看起來可以很符合邏輯地進入下一階段的介入。

　　例如，讓我們這樣解釋：伴侶治療的成功允許伴侶取回投射認同，使他們可以在更廣泛的家庭成員中提供相互支持，並攜手合作。這可能為雙方進行個別心理治療或精神分析留有空間，或者可能為他們更廣泛的家庭生活提出了議題，可以是與他們的孩子，或者伴侶與自己的父母、兄弟姐妹之間的問題。如果案主出現這種情況，這種轉移對他們來說感覺是一種進步。當伴侶放棄這一個提供支持、豐富其生命的架構時，治療的終止便可能涵蓋喪失的全部力量。如果雙方繼續進行家族治療或平行的個別治療，結案的痛苦就會緩和很多，然而還是會有真正的喪失使求助者悲傷。在伴侶治療結束之前要盡量做好這部分工作，以促進下一階段的治療。

## 成功的伴侶治療引向個體的心理治療

　　碧雅和迪克・尼爾（Bea and Dick Neill）來求助於伴侶治療時，沒有抱太大的希望。對丈夫來說，第二次的婚姻已

日落西山，他覺得自己能做的事情有限，無力挽回頹勢。他和碧雅搬到華盛頓，在他的電腦設計專業領域裡找不到工作；而碧雅正在接受外交的相關培訓。她開始改變以前不要小孩的想法，但是覺得迪克在追求事業上很被動。當她接受一項海外派遣後，這種情況將會繼續下去，因此她在想如果她真的決定要小孩的話，迪克會不會是一位好父親。

然而，夫妻倆在治療中進行得十分順利。碧雅領悟到自己願意做出讓步，而且這種讓步會很有幫助。她認識到害怕自己的婚姻像父母的那樣，老是打罵不休，這一點促使她選擇迪克，因為迪克比較被動，而現在她又希望迪克變得更主動一些。迪克在治療中所說的不多，但是他在傾聽，也在努力。他理解碧雅對他的期望改變了，也談到這些期望加在他身上的壓力。大多時候，他在說自己的工作及在這個領域裡的困難，幾乎沒有晉升的機會。

後來，幾乎令人察覺不到的是，他在找工作方面表現得越來越主動，並且得到一個引人注目的新職位。他開始變得容光煥發。他們之間出現了新的生機，看起來關係越來越好。伴侶治療完成了使命，但是碧雅現在要求轉介去做個別治療，處理她的自尊問題；低自尊使她以極為妥協的姿態開始自己的婚姻生活。她覺得她的婚姻已經比她有權期待的發展得更好，她想瞭解她先前為什麼試圖以妨礙自己個人成長的方式來處理婚姻問題。

這對伴侶懷著被鼓舞的感覺對我說再見，同時也有一絲傷感。治療持續了十五個月，改變了他們共同的生活，他們對於自己能不能保持下去有點焦慮。一年後他們與我聯繫，

碧雅完成了一年的個別治療，第一次被派往海外，這是她一直夢寐以求的。迪克的工作表現十分優秀，以至於他的公司設立了一個海外專案，讓他可以在新地點運作。

## 失敗的伴侶治療引向成功的精神分析

在另一個案例中，我們會談到婚姻治療擱淺了，或至少是陷入僵局；婚姻關係破裂；或者其中一方退卻了。這些伴侶可能因此轉入個別治療。經常出現的情況是：在伴侶治療的末期，只能對那位留下來的配偶做個別治療。然而，後來進行的個別治療可能對那位接受治療的配偶大有裨益。

布琳達・列維茲（Belinda Levitz），現年四十歲，為了她的婚姻打電話來要求接受治療，她認為自己的婚姻處於嚴重困境中。她打電話給丈夫的治療師，治療師把我的名字給了她。夫妻倆第一次來談時，她的丈夫喬表現良好，對於太太對婚姻不滿，他表現得很意外的樣子，並說他願意盡一切努力。然而，事情很快弄清楚了，他又酗酒，又虐待家人。他經常在外面表現得很和藹，在家裡卻深更半夜地喝酒，然後恐嚇布琳達，對孩子大喊大叫，甚至有一次在強暴太太的時候，打斷了她的肋骨，他說這是給她一個「有點魯莽的友善擁抱」。雖然在公眾面前他很有魅力，但在家卻很恐怖。這一點不久以後也控制了伴侶治療的過程。

布琳達無法放棄充滿焦慮的受虐依賴。在伴侶治療中，她看到自己成了害怕孤獨和低自尊的抵押品，她現在在治療中開始跟喬對質了：要不就停止喝酒，要不然就離婚。在這

種壓力下，喬的問題行為增加，他開始與他的祕書發生婚外情，很晚回家，還喝得醉醺醺的。

面對心理治療，儘管連喬都投入個別治療了，情況還是迅速惡化。布琳達要求預約個別晤談，但是我不同意這樣的請求，認為要等到婚姻問題解決後再說。我確實感覺到單獨面詢布琳達會離間喬，過早地使伴侶治療的所有希望破滅。喬確認了這一點。他同意在我和他的個別治療師之間諮詢，但這卻沒有阻止這種頹勢。最後，布琳達決定她已經受夠了，她設了一個期限，要求丈夫改善他的行為。直到期限到了，事情仍沒有變化，於是她帶著孩子搬離了家。在下一次的夫妻會談中，她宣布對於以後的治療，她只關心如何照料孩子。喬發怒了，他開始打一連串的污辱電話，從夫妻共同帳戶中拿走錢，並且拒絕合作。雖然在下一次會談之前，他表面上不喝酒了，但是他的舉動卻變得像從前一樣。他拒絕治療師，指責我和布琳達站在同一陣線上，說這是不道德的行為，之後咆哮離開治療室，結束了治療。

布琳達現在面臨的哀傷既是伴侶治療的結束，也是婚姻生活的結束。她很不情願地承認自己遭受著身體和語言上的雙重虐待，這是她多年來不為人知的命運。現在她不得不哀悼這一段她從來沒想過要放棄的婚姻，她問伴侶治療是否可以挽救這段婚姻？事情的發展可不可以不一樣？但是她自己都不這麼認為。她相信我，儘管仍有強烈的失落感，這一點在之前治療的面質中，我已經為她打過預防針了。布琳達要求進行密集的個別治療，她想探尋自己忍受虐待這麼長時間的原因，並處理自己的憂鬱和低自尊問題。現在她理解到這

些議題促成了她無望和犧牲品的地位。全面的精神分析最後使這些問題得到全面探索，包括之前未明的童年經歷與成年早期失落事件，這些都導致她在婚姻中總是先妥協。個別治療使布琳達在內在心理上產生了根本的改變，這表示她投入治療的能力處在一個很高的水平上。最後她與一位強壯而溫和的男士建立了恩愛的關係。

## 治療以妥協結束

有一些治療以妥協結束，對於處於不完美情境中的人來說，這是所能期望的最好方式。在這些案例中，放棄治療顯示了對不完美情境的哀悼。

安迪和瑪可欣（Andy and Maxine W.）的婚姻充滿動蕩，為此他們向我們的一個學生尋求伴侶治療。瑪可欣怨恨安迪對他與前妻所生的兒子過於關注，卻忽略了他們的三個孩子。太太嫉妒心很強，脾氣火爆，而丈夫則當冷靜，保持著防禦性的距離。治療中充滿憤怒和嫉妒。治療六個月後，他們的治療師表示夫妻倆做了一個重大的生活決定——搬家。安迪在猶豫不決中離開了他第一次婚姻中的兒子，希望可以常去看望這個現在已經上大學的兒子，以保持兩個人之間的關係。瑪可欣覺得這是一個很好的機會，他們可以有一個新的開始。

當治療快接近尾聲時，安迪和瑪可欣的婚姻仍然動蕩不安，但是已有了一些協商，稍微多了一些支持彼此的表達。瑪可欣有一種樂觀的感覺，從治療師的角度來看，這種樂觀

以躁狂式的否認（manic denial）保持著。最後一次晤談是安迪一個人來的，他說瑪可欣說她不需要來了，因為所有問題都解決了。他為太太的變化向治療師表示感謝，並且說目前很多事處於一種平衡狀態，他為了挽救婚姻，已賭上了自己的生活和資產，還不清楚這是不是一個成功的賭注。不管怎麼說，他下注了。要離開治療師讓他感到很抱歉，但是又不確定如果有機會繼續，是不是能做更多事。最後，我們和這位治療師討論他對於他們的婚姻所感覺到的危機。

那些進行性治療的伴侶則呈現出不同的面貌。他們的問題可能得到部分解決，或者性治療很成功，只是發現婚姻關係中的問題沒有那麼容易解決。我們曾見過一個性治療案例，性治療對那對伴侶的關係有很大幫助，但是他們發現依然不能控制性功能失調，因為丈夫的性無能轉變為有器質性基礎的問題。夫妻倆拒絕注射罌粟鹼或植入人工陰莖，他們帶著複雜的心情離開了治療，一方面帶著感謝，太太鬆了一口氣，因為她不喜歡被人窺視；另一方面又感到傷心，丈夫的勃起困難已經持續了一輩子，現在還加上器質上的問題。離開治療後一年，丈夫回來了，要求幫他轉介一位泌尿科醫生。夫妻倆後來都學會成功使用陰莖罌粟鹼注射。丈夫對此深表感謝，他們從來沒有像現在這麼享受性愛過。

## 當治療過早結束時

我們使用結構化的方式結束治療，以控制治療過程中常會遇到的退行。很重要的是治療師應該對治療安排有信心，這些退行

應該被理解，不應改變架構而使其順利通過。

　　但是這通常是最佳過程，而不總是如此。在結束過程中可能出現新的情況，讓治療師認為還有更多事要做，也應該做。以下案例說明了這一點，讓我們追蹤從第一次過早結束，到後來的另一次結束，這次結束在某種程度上仍然是不完全的。僅僅在治療的最後幾分鐘裡，治療師有了一點希望，但仍然對治療結果感到不確定。

　　莉迪亞和艾歷克斯・高登（Lydia and Alex Gordon）是一對年屆五十的夫妻，孩子們一離開家上大學，他們就發現夫妻之間的親密被怨恨代替。莉迪亞是一個結實、有活力的紅髮婦女，有無窮的精力投入於工作和騎馬的愛好中。丈夫在運動方面大不如她，在畫板前完成一天的工作後，他喜歡的放鬆方式是聽音樂和烹飪美食。艾歷克斯覺得不斷被太太煩擾和指責，而莉迪亞覺得自己像是一位巫婆被拋棄。艾歷克斯的個別治療師將他們轉介過來進行伴侶治療的評估，看看是否能夠避免離婚。

　　接下來和我〔吉兒・夏夫〕一起工作的艾歷克斯和莉迪亞，他們走過一條漫長的道路，從離異的邊緣到重新墜入愛河。他們有自己的投射認同，以直接的溝通發展出更合作的關係。處理完他們對自慰幻想產生的罪惡感之後，他們驚奇地發現彼此的性關係是充滿活力的，這為他們的關係帶來安全、親密和興奮。當他們幾乎準備要結案時，他們新發掘的性活動卻帶來了更多意外——一次無預期的懷孕。在最初為創造生命感到興奮之後，他們開始質疑在現在所處的人生階段，再要一個孩子是否可行。作為天主教徒和捍衛生命權利

者，他們處於痛苦中，必須做出決定。艾歷克斯決定他肯定不想再做一個小小孩的父親，而一直想再有一個孩子的莉迪亞，也傷心地決定按艾歷克斯希望的去墮胎，以保住他們新發現的自由和親密。他們一起處理情緒，理解兩個人共有的遲疑不決，並形成共同決定，幫助彼此度過墮胎難關以及心理餘波。他們用愛和關懷互相支持度過危機。之後他們去度了個假，假期雖然短，但是讓他們恢復了活力。在這段期間，艾歷克斯決定為了減肥進行低脂肪的節食計畫。他們的關係比以前更穩固，覺得準備好了，可以結束治療。我們將日期定下來，留了一個月的時間來進行結束工作。

在結束階段，夫妻倆出現退行。艾歷克斯變得毫無生氣，沒有做愛的精力。莉迪亞一開始認為這是因為他攝取的食物量變少，後來她的同情轉為失望，丈夫再也無法製造激情了，他退回到老習慣中，退縮、被動、憂鬱，而太太拚命地拉他，又變成像以前一樣控制、指責，不斷找碴。

在結束階段有一些退行不是不可能的事，確實是意料之中的。在結案階段，預期治療的喪失會再次激發衝突，也會帶來最後的痊癒。在這個案例中，終止他們和我的關係，使懷孕終止造成的喪失死灰復燃。得到和失去很難平衡。我苦思為什麼我們的工作不能使他們從退行中恢復過來，我對治療的規劃不再那麼有信心了，開始研究其他可能的解釋。我想起我早些時候問他們目前所選擇的避孕措施，他們的答覆令人憂慮，因為他們打算用和以前相同的避孕方法，那曾造成莉迪亞懷孕。我和他們探討更安全的方式，他們決定增加用保險套的方法。但是莉迪亞拒絕結紮輸卵管，因為她還想

著可能再懷一個孩子。她反對艾歷克斯選擇輸精管切除術，因為她知道那會帶來可怕的併發症。她很清楚地表示自己再也不會用墮胎作為防止意外懷孕的第二道防線了。艾歷克斯對她說他們會多子多福，這也表示艾歷克斯不會堅持去做輸精管切除。

現在在倒數第二次晤談中，我記得我之前指出：他們對有一個孩子的長期響往仍然存在，並成為死結。我提醒他們，我意識到從我說這些話的那天開始，他們就退步了。夫妻倆不同意這是他們疏遠的原因，證據是艾歷克斯去買保險套，兩個人都因為這個選擇而感覺安全。問題是丈夫感覺好像不需要保險套。一開始他們很確信他們在一起的時間再長一些，自己就能解決這個問題，但是倒數第二次會談結束時，他們要求結案後需要再做一次追蹤會面。他們也討論了莉迪亞是否需要進行個別治療，重點放在她原生家庭的關係上，以及因為孩子長大了，她現在感覺喪失了，另外還有她受到壓抑的工作。艾歷克斯計畫繼續和他的個別治療師一起處理他容易憂鬱的傾向。我不太肯定這是屬於結案期的問題，可交由繼續進行的個別治療去解決（這也是一個合理的結果）；或者這次結束治療還為時過早，代表了躁狂地戰勝妊娠終止的喪失。這些不確定留在我的腦海裡，開始了最後一次會談。

莉迪亞首先說：「我在想也許我們還沒準備好結束。」艾歷克斯不同意，莉迪亞繼續說：「我們有幾個星期都沒有性生活了，我們無法突破。艾歷克斯還是很憂鬱，他不說話。」

　　艾歷克斯看起來蒼白而低沉，他說：「我要談一下這個問題。我知道我們不再親密。我有睡眠困難，擔心著錢的事。一個很大的設計案結束了，現在有很多工作，我不知道下一個大案子從哪裡來。主要是我的工作中根本沒有值得興奮的東西。我們不知道下一站該去哪兒，我處在暫時的呆滯期，沒有做愛的精力，我不認為這和再次懷孕的恐懼有什麼關係。我想莉迪亞還沒走出流產的陰影。莉迪亞，也許妳現在應該去做個別治療，妳已經說了那麼多年，但是……」

　　莉迪亞打斷他的話：「那麼，艾歷克斯，你又做了些什麼去創造工作的快樂？」

　　艾歷克斯垂頭喪氣，莉迪亞指著他，尖銳地說：「看看你現在的反應！你完全就是憂鬱。」

　　艾歷克斯站起來面對這個挑戰，反駁說：「莉迪亞，妳太過分了。妳總是指使我做事，就像現在妳在告訴我，我為什麼興奮不起來。我辛苦工作，也沒有停止節食。我只是暫時地停滯，我很好，我還是認為我們應該結束治療。」

　　我說：「你意識到問題來自於懷孕的喪失，也意識到你們兩個都為此受折磨。也許你也正在對治療的喪失做一些反應。」

　　艾歷克斯很快回答說：「是的，我會想念這次治療的。但是我想念最多的是治療如何幫助我們，我希望我們有像流產發生之前的那種感覺。」

　　莉迪亞跟著說：「我想念我的孩子。我認為流產是一個可怕的決定。我痛恨自己，那個孩子是那麼強牡，真的應該等一等。婦產科醫生用了兩次真空泵，對我來說太可怕了。

我不斷地想孩子真的在努力活下來，那真的是一個強壯的好孩子。我對自己太生氣了，我對你也很生氣。」

艾歷克斯說：「我很抱歉。我仍然認為這是一個正確的決定。」之後他試探性地問道：「妳還想要一個孩子？」

「是的。」莉迪亞坦白地說。

艾歷克斯嘆口氣：「噢，這是一個很大的問題。我們可以有性生活的唯一辦法，是我去做輸精管切除。」

莉迪亞驚恐地說：「噢，不！」

艾歷克斯看起來很絕望的樣子，像掉入陷阱裡。「在伴侶治療裡，我們再也沒辦法解決這個問題了。莉迪亞，妳得到個別治療中去處理。」

「這是我懷孕的最後機會。」莉迪亞哭著說：「我現在發瘋似地想要一個孩子。我本來已經有一個了，那個孩子也許是我們的女兒。」

「我還是認為妳應該到個別治療中去解決這個問題。」艾歷克斯總結說。

我開始同意艾歷克斯的意見了。莉迪亞一開始說過有意接受個別治療，到處理工作停滯不前的困難，再到源於原生家庭中的問題，特別是她和父親的關係過於令人興奮。我在想她希望有一個孩子，是不是一種想要一個從父親而來的伊底帕斯兒子的幻想。這種深度心理的工作需要密集的個別治療。

但是莉迪亞不理艾歷克斯的建議，含著眼淚挑戰似地

說：「我恨你，因為你決定我們應該這樣做；我恨你，因為你說我必須去做治療；我恨你，因為我知道我想要什麼，但是我照你的意思做了，這是你的錯。我不想在某些你聽不到我說話的地方說這些，我就是要你受傷。」

艾歷克斯溫柔地對她說：「我不會像妳那樣受傷。那是妳的身體，妳的感受更多。」

莉迪亞現在更生氣了，她回答說：「這是我們之間發生的事，不是我一個人去墮掉的，你已經沒事了，但是我沒有，我不會一個人傷心的。」

我可以感覺到，莉迪亞作為一個女人，有身體上的體驗，這讓她感受到更多痛苦。我知道她對孩子的想像讓她在事情結束後仍不願意失去。她對痛苦的清晰認識很容易支持這樣的投射認同，在其中艾歷克斯把所有的傷害都投射給莉迪亞。莉迪亞可以如此清楚地說出自己的感覺，而艾歷克斯卻不擅言辭，無法說出自己的體驗。他對生活表現出毫無生趣的方式，帶給莉迪亞的是更多的憤怒，而這又讓他更加退縮。

我說：「很難看出來艾歷克斯在受傷害，因為他沒有意識到，也不能說出來。莉迪亞，妳很清楚妳受傷害，因為妳已經失去了創造並哺育另一個孩子的快樂，但是我想艾歷克斯也是以自己的方式受苦。艾歷克斯，你並不是因為不能再做父親而受傷，你已經接受不能再做父親了。」艾歷克斯點頭，「你受傷是因為你失去了興奮的能力，這是一位父親養

育孩子的品質，也許這是艾歷克斯哀悼孩子的方式。」

這段話讓艾歷克斯找到了出口，最後他開始說起當他得知太太懷孕的消息時，他感到多麼快樂、多麼興奮、多麼受鼓舞。當他意識到他無法再花那麼多年全心地養育一個孩子，他感到十分憂鬱。他已經享受過父親的快樂，他做過嬰兒、學步兒童和學童的父親，他喜歡成為男孩的橄欖球教練，無法忍受將這些父職托給其他照顧者或是其他父親，而他的身體使他無力做這些他年輕時親自完成的事情。他說：「是的，對此我仍然感覺特別壓抑，而莉迪亞不會真正向我伸出援手。但是我不會因此對莉迪亞生氣，我只是希望她不要老是刺激我。」

莉迪亞說：「我只是努力讓你變得再次積極起來，這樣我們就可以擁有我們失去的。我放棄了這個孩子，是為了保住在我們之間發現的東西，現在這些東西不在了，我很失望、很生氣，我沒了孩子，也沒了我們之間親近的美妙性關係。我們有雙重喪失：流產和夫妻關係中的活力。」

我說：「你們發掘了性愛，這一點以一個健康的好孩子表現出來。但是你們沒了孩子，又發現性愛也不見了。只有在克服了對失去孩子的喪失之後，你們才能找回性愛。但是直到找回性愛，你們才會放棄那個代表它的孩子。現在，你們對孩子的感覺使它變得意義重大，一方面是夫妻關係和諧的證據，另一方面又破壞夫妻關係。這是一個循環的問題，你們想怎樣打破這個循環呢？」

艾歷克斯溫和地說：「我知道妳不會，但是我希望妳會。」他靠近太太，他那濃密而筆直的銀白色額髮落在眉毛

上。

莉迪亞把他的頭髮從眼睛上撥開。

「妳這樣做是幹什麼？」他狡猾地說，像一個孩子埋怨母親不應該在他的朋友面前讓他難堪。

「頭髮！又擋住你的眼睛了。」莉迪亞差不多是呵著嘴說的。

我可以把他們身體表面的互動視為一個投射的平臺，隱藏著身體上的深層關愛。我想莉迪亞需要為撫摸艾歷克斯愁眉的衝動找個理由，我注意到艾歷克斯蒼白、毫無血色的皮膚變成了健康的紅色。

因此我說：「凌亂濃密的頭髮可能需要有個理由撥開，但是，莉迪亞，我想妳在努力向艾歷克斯伸出援手，使自己的困境有人分擔，並且相信他會接受妳的邀請。」

艾歷克斯問道：「這是妳正在做的事嗎？」他的身體慢慢靠近太太。

我繼續說：「並且我注意到妳撫摸他的時候，艾歷克斯立即變得陽光起來。」

「噢，是的。」艾歷克斯微笑地承認說：「我喜歡經常被撫摸。」他向莉迪亞靠近，將他的胳膊放在她的膝蓋上。莉迪亞偎依在他身上，胳膊繞在他的脖子上。

他們看起來那麼喜歡對方。我的感覺就像一個小孩──從物理空間上完全被隔絕開，但是沐浴在他們的幸福中。我

想他們現在完全可以結束治療了。

但是莉迪亞說：「這證明我們齊心協力的時候可以做的事。我知道我們需要更多治療的次數，但是如果你覺得現在可以結束，那就劃上句號吧。」

艾歷克斯說：「不，我現在同意妳的意見了。我們還沒有完全準備好。」他轉身向著我，問道：「我知道我們不能重新回到以前的好日子了，但是妳能每週或更長一點的時間見我們一次嗎？」

因為這是他們一起決定的，我覺得可以放棄將這次治療作為最後一次。我們認為結束治療的日期是一個導引，或是一個意圖，並非不可更改的。不可否認的是，我們可能有時會將繼續治療的請求看做是案主退行的願望，希望能避免與治療師分離。當我們這樣認為時，事實也是如此。但是在這個案例中，我相信治療的結束階段使他們表達出比以前更多的悲傷，讓他們認識到需要更多時間來處理。

所以我為他們提供了一個新的晤談時間，莉迪亞評論說：「我很高興有更多時間來處理失去夏夫醫生的悲傷，這次是每週聚一次。」

「我也是。」艾歷克斯補充說。

當他們對此達成一致時，我感覺一陣輕鬆，我可以想像我是在分享他們的如釋重負。

　　然後，正像我需要找到抗拒無所不在的證據一樣，莉迪亞離開治療室時對艾歷克斯說：「我不敢相信，你怎麼那麼快就變了主意。有些時候，你改變的方式都讓我擔心了。」他不可置信般地搖搖頭。對於他們來說，在走出僵局時接受自己的進步是多麼困難。

　　結案的威脅是他們在動力學上的困難。懷孕代表了他們的性活力，同時也帶來毀滅的種子，不管胎兒是活的還是死了。這種毀滅的感覺不是來自於流產本身。使人氣餒的悲傷不是因為必須做出流產的決定而產生的意識層面上的侵略，而是因為針對充滿關愛的內化性伙伴的無意識侵略，這種指向父母伴侶的未化解的憎恨力量，在他們自己的夫妻關係上宣洩，因為他們不能這樣如此幸福，這幸福以前是與他們隔絕的，當他們感到將與治療隔絕，這時便把這些未解決的問題帶到風口浪尖上。


　　他們是一對親密的伴侶，與他們工作時，處理我的反移情是至關重要的，它幫助我理解並幫助他們。根據我們之前的協議，他們決定停止治療。我可以重整自己被排除在外的感覺，而不是包袱，並在腦海裡記住他們是合為一體的，就像孩子一樣，時時刻刻被提醒。這部分的工作沒有說出來，但是個例子，說明扶持能力的治癒方面中非口語的部分，即使是在治療的結束階段也是如此。


　　兩個月後，莉迪亞和艾歷克斯設定了結案的日期。艾歷克斯現在同意他準備更投入個別治療中。在結束階段，他們

就懷孕問題做了更進一步的討論，莉迪亞對此體驗到巨大的羞辱和內疚感，這些感覺與她長期以來想要孩子的渴望有關，她記得從小就有這種強烈的渴望了。與艾歷克斯的結合，幫助她發現這種渴望也和她想著父親自慰的幻想有關。她現在很盼望在個別治療中做進一步的處理：「這完全就是伊底帕斯情結！」她總結說。

這樣的認識導致一個明確的夢。莉迪亞報告說：

「我在爬樓梯，我媽媽在我後面，樓梯開始搖晃，但是我已經到上面了。我一到那兒，樓梯變成了滑梯，我媽媽摔下去，撞到地上。太可怕了！」

莉迪亞從以前的治療已經熟悉她在夢裡用樓梯代表性活動和父母間的性交，她繼續說：「我和艾歷克斯做愛，會殺掉我的母親！噢，等一下！我幻想和父親做愛，會殺了我的母親！我一定是真的想這樣做。」

艾歷克斯幫她繼續，問她：「想做什麼？殺死妳的母親或者和妳的父親做愛？」莉迪亞嘆口氣說：「可能兩者都有。覺得被父親拒絕，這很平常。但是強迫地有和他做愛的幻想時，那是病態，我不會讓這樣的事發生。他一定刺激了這種幻想，我知道他會，他很瘋狂的。」

「在妳十幾歲的時候，他切斷和妳的來往，這一定讓妳更加想他。」艾歷克斯同情地輕撫著她的肩膀。

莉迪亞轉身對著艾歷克斯說：「當你斷絕和我來往時，我又有了那種感覺，我覺得很骯髒。然後我就不能撫摸你，我感覺自己不夠好。」莉迪亞對她投射在艾歷克斯身上的拒絕客體進行回饋，以壓抑被他的撫摸喚起的興奮客體。但是

此時丈夫並沒有被這個投射完全占據。

他抗議說：「但是，雖然我被妳阻擋在外面，我還是表達了我對妳的愛，我不會像他那樣做。」

莉迪亞軟化下來，溫和地回答說：「我知道，我很高興你沒有，但是感覺還是一樣的，我還是不能忍受你身體上接近我。我想要，我想回到我們以前做愛的時候。」

我被莉迪亞能熟練地處理她的夢而折服，看到她的投射認同是如何被艾歷克斯的涵容所修改，讓我覺得他們幾乎不需要我，也許這是我沒有在莉迪亞的夢中看到移情意味的原因。與艾歷克斯令人滿意的親密和性關係意味著我的消亡，就像他們離開治療一樣。伊底帕斯的侵略已經轉移到我對他們的扶持中了。因為我也是它控制下的一部分，我洞見這些的能力已被拋到一邊，就像母親被拋到樓梯下一樣。結束的過程就像樓梯一樣，接近要完成，但治癒還不太明確。

接下來的幾週裡，夫妻倆在處理他們興奮的客體和拒絕的客體上面不斷進步，退行到如他們以前較差的合作關係，演出拒絕的客體。莉迪亞糾纏艾歷克斯不要再偷偷打破他的低脂肪減肥計畫，以防動脈阻塞，對此他以沉默對抗。莉迪亞懇求他不要再表現得那麼憂鬱，因為她無法忍受他不支持她的痛苦，而他的頭垂得更低了。這種快速進步又更迭為退行的模式，是結案的典型特徵。莉迪亞在自我對質上取得令人矚目的進步，她一度承認她需要控制艾歷克斯，讓他為她保持活力，她也承認她用一些技巧操縱丈夫做出一些決定，

　　她會同意，但又不是公開同意，這樣她就可以占支配地位。比如說在流產這件事上，她真的想要艾歷克斯對流產做出決定，她就可以同樣做出避孕的決定。

　　艾歷克斯的反應是去得到控制權，他迅速而大膽地中斷節食，讓莉迪亞很擔心。為了努力做到不控制他，莉迪亞什麼也不說。艾歷克斯向太太保證他會恢復正常，但是只有到他自己準備好了的時候。莉迪亞還是不發一語，然後艾歷克斯認為她在憤怒中退縮了，以其人之道，還治其人之身。因此形勢上下波動，進步和退行交替，直到新的結案期限到來。

　　為了保留自己新獲得的自信，在最後一次會談中，艾歷克斯是第一個發言的人。

　　艾歷克斯戲劇化地說：「好，就是這樣！」他期待地停頓了一下，莉迪亞沒有插話，他繼續說他學習到不讓治療的起伏和夫妻關係把他摔得太重。這些年來，他一直在努力讓婚姻變得完美，想要彌補太太，因為太太成長於一個充滿爭執的悲慘家庭。當他失敗時，他感覺很壓抑，這對她來說更糟糕。他突然悟出一個道理：讓莉迪亞快樂不是他的責任，失敗也不全是他的錯。「事情用不著很完美，我沒有必要為失敗感到壓抑。」他宣告說：「起起伏伏，這就是生活！」這些念頭在他們大吵一架後湧上心頭，當時他們一度考慮要分居。這次吵架是因為艾歷克斯週末時想做自己的事，而沒有考慮莉迪亞的感受，那時他們在一起。莉迪亞還是什麼也沒說。

　　艾歷克斯繼續說：「這是她攻擊我的方式。我氣瘋了！

她為什麼要發那麼大的脾氣？她皺著眉向我大喊大叫，指責我說：『你為什麼不能為我們騰出時間？你說你會的！』就像我不守諾言似的。」他轉過身對莉迪亞說：「莉迪亞，妳可以只說：『你想不想有更多時間在一起？就像我們兩個以前講好的那樣？』但是，不，妳一定要指責我，讓我不得安寧。」他又轉身對我說：「所以我想我不能再被她的憤怒控制了，講到一半的時候，我就走出去了。後來她告訴我說，她不是生氣，而是受傷了。」之後他又再次溫和地建議莉迪亞說：「如果妳說『我受傷』了，我會說：『我願意和妳在一起！』」

我說她當然可以這麼做，同樣地，他也可以提醒自己太太是受傷了，並向她保證他會像他答應的那樣。「是的，我會。」艾歷克斯同意了。

莉迪亞仍然一言不發，甚至當我評論艾歷克斯所談的問題時，她也是如此。艾歷克斯說，他想他的進步——變得更獨立並重新投入個別治療——對莉迪亞來說很難接受，現在莉迪亞開口說話了：「是的，很難。」她承認說：「我沒有什麼要說的，我很怕說出什麼來，怕破壞你為做自己而付出的努力。我不得不說，我很生氣。你說你和我在一起，但是當你和你父母在一起的時候，就完全忘了我。」（這是他們所說在一起的意思。）

「他的父母對他特別好，對我也很好，但是他們溺愛他。他忘了他是我僅有的家人，這一點傷害了我。」她哭泣著，之後擦掉眼淚繼續說：「但是我要說，我愛你，艾歷克斯。我知道你在改變，我也在努力給你空間，努力離你遠一

點，讓你去定義你自己。」艾歷克斯被感動了。

「現在你又憂鬱又生氣！」太太斷言。

「不，我沒有。」他反駁說：「妳剛剛說了些很感人的話，我很感謝！」

此時他沒有接受太太的投射。

現在莉迪亞又開始坐立不安，眼淚充滿眼眶，臉上也失去了神采。艾歷克斯對她說話時就像對一個孩子講話，讓她不要擔心：「我知道妳對妳的父母是多麼憤怒，因為他們對妳做的那些事，我也看到他們對妳做了什麼。我知道看到我父母那麼愛我，而妳的父母卻那麼糟糕，妳很生氣。看到妳父母那樣對你，我也很憤怒，但是我父母也愛妳。」

「對不起。」找打斷，說：「艾歷克斯，我注意到你剛才從受傷轉向憤怒，這是你希望莉迪亞不要繼續做的。」看到他點頭，我繼續說：「什麼東西讓你很難直視她的臉，有什麼東西浮現在你腦海中嗎？」

艾歷克斯抓著莉迪亞的胳膊：「我受不了這個。」他回答說：「我感覺到她坐立不安，就像我總是從我媽媽身上感覺到的一樣。如果她不小心踢到自己的腳趾，我的胃就會像是被踢到一樣。」他垂下眼簾，坐直了身體，就像從腹部被打到恢復過來一樣。

「他的家庭比我的好很多。」莉迪亞說：「我就是想讓他聽我說出來，而不要認為我對他很生氣。」

我們還有十分鐘就要結束治療了，但是他們的樣子好像結束不在眼前一樣。我的感覺就像艾歷克斯一樣，覺得失

敗、做得不夠多；也像莉迪亞一樣，不得不讓他們走。我也感覺到被他們正在進行的治療排除在外，這裡的工作已有成果。我想我在為他們體會喪失，因為失去我的傷害對他們來說是一個困境。

所以我說：「我想你們正在以談論好父母和壞父母來代替談我，將傷害化成憤怒，因為失去我，你們感到很艱難。你們在談論中間停下來的時候，有什麼感覺？」

莉迪亞說：「這是一種喪失。」

艾歷克斯說：「真的，但是不管怎麼樣，我剩下要說的話，至少可以在我的個人治療中繼續說。」

莉迪亞同意：「我感覺到他現在需要這樣，我自己也將做些什麼。之後我想像我們也許還能回到這裡。」

「也許這能減輕這種喪失的感覺。」我說（我認識到對我來說也是如此）。「但是這一刻結束，我還是有一種喪失的感覺。」

艾歷克斯急於讓我開心一些，就像他以前試圖為莉迪亞和他母親做的一樣，他說：「好的，下週四我有空，如果莉迪亞⋯⋯」

「不。」我說：「我不是真的想除掉這種喪失感，而是試著把因為治療還不完全而感到喪失的體驗說出來。你談的是因為接近是不太可能的，所以必須分離。當你在治療中驚喜地重新發現性的親密感之前，你就已經在慢慢結束治療了。雖然我們已經處理了懷孕的喪失，但是我還沒有聽到對受孕的兩難問題，你們打算怎麼解決。」

莉迪亞先就最後一部分話題回應說：「我已經決定去結紮，我會在四個星期後去做這件事。」

我承認說：「我知道對你們夫妻倆來說，很難做出這樣一個最後決定，因為你們盼望給對方一個孩子去愛。」

莉迪亞對我說的前面部分內容做了回饋，她說：「但是我們不想分手，我們想親近彼此，想得到我們以前有的那種親密感。我想要他一天二十四小時關注我。」

「噢，我明白了！」我念頭一閃，說：「一天二十四小時的關注是嬰兒得到的待遇。」在更早之前，他們已經反駁了移情中的體驗，也就是想成為我的嬰兒的願望。我繼續說：「我記得你們做了流產這樣痛苦的決定，好為你們新發現的性關係騰出時間。這意味著重新獲得這種可能，得到和給予對方二十四小時的愛和關注，正像你們會對待孩子那樣。這讓我看到還沒有完全處理的事情，是想要一個孩子的夢想，說明了你們自己渴望成為一個孩子。」

「正是這樣，我想像一個嬰兒般被愛。」莉迪亞說。

「我也想。」艾歷克斯同意。之後，他們各自以溫順的態度，幾乎同時說：「是的，我們想成為對方的嬰兒，但不是在現實中。」

我以前也說過這樣的話，但是此刻透過分離時的移情，看起來有了成果。當我說完這些之後，我感到一種生產之後的輕鬆。

當他們離開的時候，他們討論怎麼運用較短的時間享受彼

此。我從辦公室門口望出去，看到他們趁著走向公車站之際，給
了對方一個深深的擁抱。

## 評論

接近這次延長的結案會談尾聲，在莉迪亞的夢境和他們結合
的自由聯想中，移情的兩個因素顯現出來：㈠莉迪亞與他的女治
療師之間有所競爭，這種聚焦於個體的移情也表現出來了；㈡在
背景移情中，伴侶所共享的侵略性。治療師詮釋這種負向移情時
發生錯誤，這一點因為太太的表現而被緩和下來，她能承受打擊
而不報復，也沒有被喚起過多的反應，這些有利於下一次治療的
延伸。

接著，在治療結束的最後幾分鐘裡，以前含混不清的移情，
其新的一面變得清晰了：他們渴望做治療師的嬰兒。在最後一
刻，治療師認為他們對未滿足的需要所共享的幻想，可以被命
名、詮釋，並且可能被解決。但是因為缺少確信，即使治療師同
意伴侶準備結束治療的決定，治療師和伴侶還是有一種未完全的
感覺，一種話談到一半就離開的體驗。

當然，這是結案的一種特性，那種「完全結束」的想法是不
切實際的。只有死亡才會有結束，因為只要生活繼續，就總會有
另一個想法，另外一種建構的可能，另一章內容──但不會一直
有另一個嬰兒。在治療的收尾階段，重要的是可能會有下一個想
法，有重建親密感的能力，能夠持續接受一段發展階段的終點，
並繼續向前。

## 婚姻治療和性治療成功後結案

　　成功的治療來自很多方面。結束治療沒有單一的標準，除非伴侶也許因為得到他們想要的東西而滿意。伴侶雙方往往得到比他們期望的更多，有時候他們帶著得到很多的感覺離開，即使是一無所獲。就我們的經驗而言，在性治療中強調結案，是因為伴侶很早之前就會想到結束。當性生活提昇了，伴侶會在結束前好幾個星期，就想著如果繼續有進步，那麼他們不需要治療師就可以做得夠好了。對結案的預期和可能發生的結果都很重要，對大多數案主來說，這是令人不安的；雖然對另一些人來說是如釋重負，他們渴望回到寶貴的隱私時刻。在婚姻治療中，結束可能有非常重要的影響，也可能沒有任何戲劇化地平淡落幕。

　　蕾貝卡和昆汀（第一章）在本書中提供了第一個例子。他們快四十歲，太太有陰道痙攣和性厭惡，丈夫經常無法在妻子的陰道裡射精，為此他們來做性治療。蕾貝卡有一種焦慮的天真，而昆汀則自戀且自我關注。在治療的過程中，蕾貝卡對自己能不能做一個母親的焦慮出現了。

　　對於性失調方面的治療很成功，接著進入婚姻治療模式，從全面的角度處理他們的關係以及蕾貝卡對生孩子的焦慮，後者是蕾貝卡在同時進行的個別治療中提出的問題。儘管他們已經在做婚姻治療，蕾貝卡仍開始說她害怕不能解決這個問題，因為他們以後會停止治療。他們害怕要孩子的決定意味著他們不能再享受做孩子。

　　然而，他們還是向前邁進了。當昆汀承認自己害怕不能在情

感上支持一個家庭時，蕾貝卡的焦慮降低了，用昆汀的話來說，他們變成了「一對運作良好的性愛團隊」。雖然還是很害怕，但他們最後感覺到已經準備好有一個家了，他們更擔心的是能不能離開治療。他們用了幾個星期的時間討論這些焦慮，以便在沒有治療師之後繼續生活下去，這是一種強烈的喪失感，回應了他們各自在原生家庭中曾經喪失支持而體驗到的情感。最後，在治療師感覺到這是史上最長的一次結束過程後，他們開始了自己的旅程——焦慮少了一些，以他們自己的方式自信前行了。

## 一個成功結束的案例

在本書的最後，我們想提出這樣一個案例，它整合了我們努力在做的工作，是一個處理移情和反移情的範例，說明了在簡短的報告中哪些內容可以壓縮的相關原則。這個案例以夢的工作收尾。

這對伴侶雙方都缺少性欲，多年缺乏性欲因為丈夫的性無能越明顯而變得複雜。我〔大衛．夏夫〕一開始懷疑，也許可以介紹他們做個別治療或是精神分析，因為壓抑的欲望可能是關於認同及恐懼支配性興奮客體的一部分深層神經症問題。然而性治療本身證明足以矯正他們的障礙。

T博士和他的太太被一家收養機構轉介來的時候，他們都是三十五歲，收養一名叫譚美的女嬰已有一個月。T博士從來沒有信心在性上面能有最好的表現，在做不孕檢查及試圖懷孕的過程中，他不時地出現性無能的情況。兩年前，他退卻了，對性幾乎沒了興趣。T太太一開始沒有注意到，她

忙於自己的工作，但是漸漸地，她注意到自己有一種被忽略的感覺。從事收養工作的社工敏銳地發現了這一點，夫妻倆承認他們的性障礙是夫妻關係中得到關懷的資源，如果沒有這個問題，他們兩個都會認為他們的關係充滿了持續的快樂和相互關愛。

在評估過程中，Ｔ博士很自由地承認自己因為專業上和社區裡的事務，而轉移了對性的興趣。他意識到他從性交中退出是因為害怕性無能，但是他強調從結婚以來，他對性的感覺從來沒有被喚起過，只有一次在渡假時不是這樣，那時夫妻倆都很放鬆，輕易地享受了性愛的樂趣。這個問題一部分是性無能和表現焦慮，一部分是被壓抑的性欲望。Ｔ博士的個人歷史支持了以上兩點，他對性一直沒什麼興趣，在奇宿學校的那些年裡，他有幾次同性戀遭遇，這可以說明他在建立青春期性別認上遇到困難。他說，他與父母的關係很好，父母之間的關係也不錯，直到母親的外貌開始看起來和年齡相符，而父親的精力卻一直沒有衰減。那時Ｔ博士上大學了，他的父親與另一個女人跑了。Ｔ博士很同情母親，雖然他跟父親的關係還是很好。

Ｔ太太告訴我說，她來自一個充滿愛的家庭。她是最小的妹妹，有一個愛好體育的哥哥，她被逼著像哥哥那樣愛運動、競爭，對於作為一個女性，她從來沒有太多信心。在女性性欲感方面的障礙讓她感到岌岌可危，她現在要求Ｔ博士在性上面對她有更多興趣。

在一次詮釋性的晤談中，他們把最近領養的嬰兒帶過來了，這讓我可以看到他們身體上的僵硬。Ｔ太太直直地抱著

譚美，與自己的身體隔著距離，在大腿上維持平衡，譚美的腳擠在她的外陰部。她用一隻手撐著譚美的頭，另一隻手拿著奶瓶，像注射般地為孩子餵奶。整個場景看起來很尷尬而生硬——而不是一種舒適的、擁抱的感覺。T 太太一方面動作輕柔，很顯然充滿愛意，另一方面，她把孩子抱在離身體很遠的位置。我感覺可以想像她自己的身體和丈夫身體之間也是同樣的尷尬。當 T 博士抱小孩時，他看起來很迷惑，而且不知所措，但是很顯然他是非常開心地抱著她，整個氣氛一點也不缺少關愛，或者病態——只是身體緊繃而尷尬。

我告訴這對夫妻，他們兩人都逃避性愛，因為他們對於自己作為有性別身份的人，有著共同的不穩定感。我已經鼓勵過 T 博士告訴他太太，他對於性無能的焦慮和他以前一直感受到的羞恥有關，他也這樣做了，兩人都覺得如釋重負。我告訴他們，現在在導致性無能的表現焦慮下，有一個性欲方面的問題。他們兩個似乎都有這樣的問題，但是 T 博士替兩個人表現出來了。我建議他們開始進行性治療，也可以選擇轉向婚姻和個別治療。我沉默地想著，不知道 T 博士最後需不需要密集的心理治療或是精神分析。但是當夫妻倆都開放自己，友好、充分表達並信任我時，我感到很樂觀。我覺得我樂觀的反移情預示著他們良好的治療結果。他們很樂意地同意了我的治療建議。

第一次關鍵的介入涉及一個問題，即 T 博士會不會留在城裡開始治療。他安排在夏天花幾個星期參加研究生的訓練課程。我個人的行程安排是要不就此時開始治療，要不就將他們轉介給同事。當我告訴他們的時候，T 博士明顯變得焦

慮。這個選擇要求他很快面對他的防禦方式——將婚姻放在職業興趣後面。T太太則與他的逃避形成共謀，一開始她鼓勵丈夫出差。在我的幫助下，她能夠說出自己很難承受要求丈夫留在城裡，並將他們的關係放在第一位的壓力。她把這件事和為自己要求而產生的罪惡感連結起來，就像她母親從來不敢要求父親考慮自己的感受，母親不敢因此冒犯他。

他們對是不是要做治療的掙扎，對我的樂觀態度是一記重擊，但是至少我現在警覺到他們的抗拒。一想到在治療中可能很難扶持他們，我就變得很謹慎。經過十分痛苦的掙扎後，T博士最後決定留下來做治療。他說他覺得像一個全新的人，就好像他決定不離開太太似的。他說這個決定讓他與父親有所區別。

早期的練習進行順利。夫妻倆放鬆下來，從焦慮中走出來了，並且感受到從前錯過的愛的感覺。但是當治療師提出刺激生殖器的作業時，T博士報告說好幾次他都無法感到被喚起。當我在一次晤談中問他有沒有作夢，他很快報告了一個兩天前作的夢。

「我夢見在醫學院時幾乎不認識的一位老師向我走過來，坐下來對我說話，他從來沒有這樣做過，因為他在學生面前很傲慢。那是夢。我前一天得知了他因為憂鬱而自殺的消息，這讓我想起了我太太的哥哥，他也長期憂鬱，但是沒自殺。他挺過來了。我們以前擔心她哥哥有器質上的問題，就像我擔心我的性無能是器質性的問題一樣。」

我說自從我們從評估中知道他的性障礙沒有器質性基礎之後，也許可以來看看他的夢，從夢中得到幫助來找到原

因。Ｔ太太加進來說：「我擔心他沒興趣是因為我沒性吸引力。」她繼續詳細解釋因為外表的男性化而讓她產生的感覺，她直到二十一歲月經才來，因為在大學運動隊高強度的訓練而導致了生理上的抑制。「我從來不覺得自己像一個真正的女人那樣性感。我從來沒有走到那一步，我從十四歲就停滯不前了。」

我對他們說：「你們兩個都有一種身體有缺陷的感覺，Ｔ博士，這是造成你對性害怕而不感興趣的因素。至於妳的感覺，Ｔ太太，也無法指望更好些。」此時他們可以對彼此保證，他們的確被對方的身體和特質吸引。

我認為他們兩個看起來都停滯在青春期中期，在這個階段，個體注意自己是不是有吸引力、是不是性感，這些感覺還很不穩定。我說我們不應該低估Ｔ博士對深層次問題的恐懼——在夢境中所表達的生與死的問題。另外，我向他們指出，在他們和我的關係中存在著焦慮——夢中的「醫學院老師」。他們都害怕我可能會蔑視他們，還有他們的處境會殺死我——這樣我就不能再為他們治療了。

接下來的兩次會談，得到了雙方都很快樂的報告。Ｔ太太變得很容易被喚起，Ｔ博士雖然沒有被喚起或勃起，但是他很開心聽到太太的話。即使是在我對他們個別出的自慰練習中，他也無法感到被喚起。

在反移情中，我現在開始擔心——感受到他們共有的焦慮情緒。也許他們走不遠，他們可能比我想像的更不容易治療，這個想法占據了我的頭腦。也就是說，在反移情中，我

開始吸收了他們的疑惑，我是不是能幫助他們——他們會殺光我的努力。因此，現在在反移情中，我體驗到他們是令人失望的興奮客體。我有一個幻想，他們可能因為毫無進展而離開，如果他們這樣做的話，我會鬆了一口氣。用描述他們症狀的話來說，我感到「厭煩治療他們」，在某種程度上，我失去了這樣做的「欲望」。他們現在透過共享的投射認同招募了我，讓我加入他們共有的無意識想法中：性將他們帶入無望的、潛在的致命困境中。他們內在的問題在移情和反移情中重演，我現在覺得被興奮客體——這對夫妻引入毫無希望的境地中，被他們也害怕的失敗打倒了。

之後，T 博士帶來第二個夢。他開始說的時候，向我保證這與治療完全無關。

「我和十個或十五個人站在一間大房間裡，背對著牆，將要一個個被處死。那些組織者聚在房間的另一頭，我的第一個反應就是我是個失敗主義者。我脫下夾克，捲起袖子，就像幾分鐘前在這裡做的那樣，我想：『如果他們要這麼做，我希望他們能快點，等待是痛苦的。』之後我意識到他們還沒開始，而且很久了，我想：『我不想死，為什麼不反抗呢？』他們在展示人是怎麼死於一氧化碳中毒的，我醫學院的老師最近也是用這種方式自殺。他們展示著你到床上去，用垃圾袋蒙著，把一個防毒面具蒙在臉上，直到面具裡從氧氣變成一氧化碳。我想這太可怕了，所以我要求用電話，他們允許了，我打電話給我媽媽，但是沒有人接聽。我的戰

鬥力終於膨脹起來了，所以我直接走出辦公室前門。我脫下襯衫，因為這樣多少是個信號。我開始跑，但是感覺太慢了。兩三分鐘後，我意識到一個騎摩托車的警察在跟著我。我還在跑，在逃生，我跑過高速公路上的一個條狀地帶，跑過加油站，加油站關了，因為是凌晨兩點鐘。那個警察追上我，我想他要逮捕我了，但就是此時，一個壞蛋從一輛拖車走出來，從警察背後開了一槍，然後我就跑掉了。」

　　T 博士的聯想使我們三個人都毫無疑問地認為：他害怕的判決是練習中的性暴露。T 太太注意到那種古怪的行刑方式，在一張床上，感到害怕，被悶死，讓人回想起之前的性練習。在這個夢中他打電話給母親，就像他年輕時感到無助時做的那樣。他說：「這個電話號碼很多年來都沒有變過，我依賴我母親，在半夜時她應該待在家裡，但她不在。所以我要逃生。」當我說我是那個他害怕的警察時，他回答說：「這一點毫無疑問！」但是 T 太太加進來補充說，她與警察有相似之處，因為丈夫對待她的態度，經常像被逼著去做事一樣。他說他害怕被性要求控制，這種性要求的暗示來自於我出的作業、太太對他的吸引，甚至來自於自己，因為他關心太太。

　　我問他有關夢境發生的那個建築物，這讓他想起在故鄉的初中學校，他離開這間學校去上寄宿學校，那時，他覺得自己必須從母親身邊逃走。但是當他離開家之後，他又特別

想念媽媽。

我說，他可能覺得作為一個十幾歲的年輕人，自己必須離開家。他害怕知道父母的性生活。

他回答說：「在我離開後，他們確實有了最後一個孩子，事實上我們就是按那個妹妹的名字為譚美取名字的。」

在夢中、認識到自己害怕性、認識到害怕我，以及為嬰兒取的名字與父母性交而生的孩子同名，這些都讓他對迫害客體的恐懼浮出水面了。夫妻倆可以看到，他們的移情恐懼是如何呼應了彼此之間努力保持距離的感覺。

我在與他們的對話中總結了我對這個夢的觀察，在這裡我把我們的談話濃縮成案例整合。T 博士感覺到被我殲滅的威脅，而我又是父母性交的代表。他也害怕被性本身殲滅，以及被太太令人窒息的吞沒所殲滅，太太現在代表的是他母親誘惑、威脅的一面，但是在其他時候又代表警察。同時他也表達了（透過投射認同）對他們兩個人性關係的恐懼，因為如果太太被認同為性威脅，他會以更加明顯的方式感覺到。他在奔逃中，但是在他們早期的婚姻生活中，彼此都在逃。我最後說：「T 博士，在逃的時候，你就無法得到性喚起；就像妳，T 太太，在妳跑得那麼多的時候，妳沒有月經，也就不能懷孕。」

雖然我在治療中是警察，是執行死刑的人，到現在為止還是太太在起作用。她接受這個角色，因為覺得沒有人願意要她。

在接下來的練習中，T 博士很容易被喚起，治療朝成功完成迅速進展。T博士發現他能夠放鬆度過各種階段的焦慮，

他的焦慮和恐懼日漸消退。T 太太也發現自己越來越容易避免退縮，以免被看做是警察。夫妻倆在性和情感上的親密達到了新層次的整合。

這對伴侶得到他們想得到的，結束治療對他們來說是可喜之事。然而他們仍不時地焦慮於能不能保持這種進步，因為他們放棄了以前的調節方式。在婚後的最初幾年裡，他們在性上面互相保持距離，這使他們可以像一對親密但不存在性威脅的兄妹一樣，享受彼此的陪伴。現在他們擔心能不能處理好新的親密關係。

然而，他們說因為知道可以再回來，所以願意抓住機會嘗試。最後一次晤談時，他們把女兒譚美帶來了，孩子坐在媽媽的膝蓋上，像坐在寶座上一樣，要求父母關注她、喜愛她——一個咯咯笑的三個月大孩子，和他們富有愛心的、身體上也更自信的父母。他們身上還有兩個月前僵硬的痕跡，但是譚美和父母之間的互動已經是一首生氣勃勃的新樂章。

這對伴侶在治療過程中始終表現出正向的共享背景移情。他們愛的關係和動機，讓他們從共同的困境中走出來了。彼此個人的問題在回顧投射認同中，隨著心身相伴的伴侶關係改善，而得到迅速、全面的解決。

## 治療後的生活

從這對伴侶身上還有更多可以學習的東西。在臨床上我沒有再見到他們，但是我在兩個場合中聽到他們的一些消

息。首先，治療結束十八個月後，我得到消息，說 T 太太自然受孕而產下一個孩子，是個男嬰，父母相當寵愛他，還有一個二十三個月大的姐姐。T 太太寫來短箋說：「我們從來沒有指望這件事會發生，謝謝你的幫助。」

三年後，T 太太在一家電影院遇到我，她要求和我說幾句活，告訴我她只是想讓我知道，她經常想起我。她已經懷了另一個孩子了，婚姻穩固而美滿。治療扭轉了他們的生活。

像大多數接受精神分析訓練的治療師一樣，我們不會與以前的求助者通信、保持聯繫，或接近他們，瞭解他們過得如何。這樣的做法不是因為缺少興趣，而是因為治療師的責任在於為治療保留界限。我們確實會收到以前的求助者寫給我們的信；在社交場合遇到他們，我們也會以合適的方式有所反應。當伴侶主動開啟對話，向我們報告治療的結果，我們會特別感興趣。對於一位治療師來說，知道治療扭轉了案主的生活，就是最大的報酬。

# 跋

　　那些接受我們治療的夫妻，我們並不試圖追蹤回訪，因為這樣做看起來是侵入性而自我滿足的。我們對患者放手，歡迎他們自主，忍受不知道後來發生了什麼。這是不是一位不想做研究的臨床心理學家的合理化理由呢？當然，做追蹤研究，甚至做非正式的回訪，一點錯都沒有，用這些方法可以確定治療的長期效果如何，但是我們從來沒有這樣做。因此，我們得到的回饋是隨機的。那些還保持聯繫的伴侶會給我們一些非正式的回饋，他們不時為夫妻倆、其中一位配偶或他們的孩子預約諮詢。長期以來，我們很高興能成為家庭的心理治療從業者，瞭解一小群人在他們人生歷程中幾年光陰裡的發展。

　　昆汀和蕾貝卡，本書中報告的第一個案例（請參考第一章、第九章、第十四章），他們在治療後兩年因為出現了另一狀況而聯繫我們。昆汀的性無能問題又回來了，此時他們正在做生育能力的檢查和診斷，這帶來極大的壓力。他們已經發現昆汀的精子數太少，不能自然懷孕，因此正在進行一、兩種試管授精的方式。昆汀和蕾貝卡的性愛調節崩潰了，他們想尋求一些建議。作為急救措施，我們建議昆汀和蕾貝卡這次在性練習中不應要求陰道內部的插入。這讓他們兩個都享受到長時間的性交過程，並且在最後用手刺激的過程中很容易地達到了高潮。他們重拾了信心，可以用性愛容忍在不孕危機中面臨的焦慮。他們被轉介給一

個婚姻治療師，這位治療師幫助他們處理不孕的哀傷，並忍受人工受孕的焦慮。蕾貝卡幾週之後寫信來說，他們已經放鬆了很多，性愛重新變得令人享受——雖然不是最佳狀態。

在第十二章中寫到的一對老夫妻，吉尼和蘿絲，他們因為性功能失調求助。治療進行得很順利，但是隨著年齡的增長，他們有了進一步的麻煩。當他們到了七十歲，兩人定期地去見他們的治療師，因為他們之間的性功能不時出現問題，且有關如何對待已成年孩子的問題，造成了婚姻中的壓力。他們在七十多歲的時候，重新回到我們這裡，因為吉尼週期性出現的勃起困難現在成了永久的問題，原因是隨著年齡大了，性器官已衰退。從他們最初的治療到現在，陰莖的罌粟鹼注射已經有了更多發展。當吉尼接受處方藥後，他和蘿絲能夠重新開始進行最初治療為他們設計的性調節方式。現在，在他們將近八十歲時，從第一次尋求治療至今已經過了很多年，他們的性交比以前更愉悅。

當他們再次面臨治療的終點時，吉尼和蘿絲體驗到一種新的焦慮，他們需要靠自己渡過難關。作為對年老時面對結案的回應，吉尼硬生生地退卻了，而蘿絲感覺很迷惑。治療師指出他們用這種模式表達對他的需要，就像他們是不能被丟下的孩子一樣。在此之後，他們有能力面對喪失，能夠再次找到自己的扶持能力，治療已經可以結束。接下來的幾年裡，蘿絲有幾次又要求做進一步的諮詢。在與他們短暫的會談中，她又重新處理了對吉尼的惱怒，重現了童年時對母親的憎恨，因為母親使她和父親隔絕。此外，她也重新處理了對治療師的移情性喪失，治療師被視為被渴望的父母，這位扮演父母角色的治療師從來無法給予她足夠多的愛，但總是在那兒等她訴說。她很有代表性地同意說，這

樣幾乎足夠了。

另外一對夫妻，馬克斯和金吉兒（第十二章），他們從婚姻治療、性治療和個別治療中得到很多，但從長期來看，這些收穫並沒有讓他們的婚姻從此穩固。兩個人都說，最後離婚是婚姻的合理結果，而且他們得到許多幫助。他們的孩子們過得不錯，兩個人後來都各自再婚了，有了更適配的伴侶。

另一對這樣的夫妻在做過評估後，決定進行並行的個別治療。我們其中一人和先生會面，針對他的缺少情感涉入和性興趣進行精神分析，而另外一人則對太太神經質的伊底帕斯情結進行密集的心理治療。太太對自己的母親懷有憤怒，然後是自己，而父親卻被理想化。兩個人的治療都進行得很順利，最後，他們非常喜悅地有了孩子，婚姻十分美滿。他們後來回來進行過簡短的諮詢，因為他們的兒子在九個月時出現睡眠困難，這與母親的焦慮和父親長期以來在自我安撫方面的困難有關。後來在男孩五歲時，他對父親發動了一次伊底帕斯式的攻擊，引發了以前就存在的某些問題。自此之後，夫妻倆定期來訪，就中年生活中出現的各種發展問題進行諮詢。

這些從案主得到的非正式反饋，給了我們一些生活的線索，我們與求助者的治療工作有持久的影響，也存在著侷限。案主讓我們有機會看到他們的進步和具有療效的努力。十年或二十年地瞭解一群夫妻，讓我們找到那種與他們分享人類生存狀態的感覺，在一起渡過一段時間，使我們與他們經歷了一段生活軌跡，這一點很重要，治療師和求助者的視野都會發生改變。

# 參考文獻

Althof, S. E., Turner, L. A., Risen, C. B., et al. (1988). Why do men drop out from intracavernosal treatment for impotence? Presented March 1988 at the Society for Sex Therapy and Research meeting, New York.

Bak, R. (1968). The phallic woman: the ubiquitous fantasy in perversion. *Psychoanalytic Study of the Child* 23:15–36. New York: International Universities Press.

Bannister, K., and Pincus, L. (1965). *Shared Phantasy in Marital Problems: Therapy in a Four Person Relationship.* London: Tavistock Institute of Human Relations.

Barbach, L. G. (1974). Group treatment of preorgasmic women. *Journal of Sex and Marital Therapy* 1:139–145.

—— (1975). *For Yourself: The Fulfillment of Female Sexuality.* New York: Doubleday.

—— (1980). *Women Discover Orgasm: A Therapist's Guide to a New Treatment Approach.* New York: Free Press.

Bieber, P., Dain, H., Dince, O., et al. (1962). *Homosexuality: A Psychoanalytic Study.* New York: Basic Books.

Bion, W. R. (1961). *Experiences in Groups.* New York: Basic Books.

—— (1962). *Learning from Experience.* London: Tavistock.

—— (1967). *Second Thoughts.* London: Heinemann.

—— (1970). *Attention and Interpretation: A Scientific Approach to Insight in Psycho-Analysis and Groups.* London: Tavistock.

Bollas, C. (1987). *The Shadow of the Object.* New York: Columbia University Press.

Box, S., Copley, B., Magagna, J., et al. (1981). *Psychotherapy with Families: An Analytic Approach.* London: Routledge and Kegan Paul.

Brazelton, T. B. (1982). Joint regulation of neonate-parent behavior. In *Social Interchange in Infancy,* ed. E. Tronick, pp. 7–22. Baltimore: University Park Press.

Brazelton, T. B., and Als, H. (1979). Four early stages in the development of mother–infant interaction. *Psychoanalytic Study of the Child* 34:349–369. New Haven, CT: Yale University Press.

Brazelton, T. B., Koslowski, B., and Main, M. (1974). The origins of reciprocity: the early mother–infant interaction. In *The Effects of the Infant on Its Caregiver*, ed. M. Lewis and L. A. Rosenblum, pp. 49–76. New York: Wiley.

Brazelton, T. B., Yogman, M., Als, H., and Tronick, E. (1979). The infant as a focus for family reciprocity. In *The Child and Its Family*, ed. M. Lewis and L. A. Rosenblum, pp. 29–43. New York: Plenum.

Breuer, J., and Freud, S. (1895). Studies on hysteria. *Standard Edition* 2.

Coen, S. (1985). Perversion as a solution to intrapsychic conflict. *Journal of the American Psychoanalytic Association* 33 (supp.):17–59.

Comfort, A. (1972). *The Joy of Sex: A Cordon Bleu Guide to Love Making*. New York: Simon & Schuster.

Dickes, R., and Strauss, D. (1979). Countertransference as a factor in premature termination of apparently successful cases. *Journal of Sex and Marital Therapy* 5:22–27.

Dicks, H. V. (1967). *Marital Tensions: Clinical Studies towards a Psychoanalytic Theory of Interaction*. London: Routledge and Kegan Paul.

Dunn, M. E., and Dickes, R. (1977). Erotic issues in co-therapy. *Journal of Sex and Marital Therapy* 3:205–211.

Ezriel, H. (1952). Notes on psychoanalytic group therapy II: interpretation and research. *Psychiatry* 15:119–126.

Fairbairn, W. R. D. (1944). Endopsychic structure considered in terms of object relationships. In *Psychoanalytic Studies of the Personality*, pp. 82–135. London: Routledge and Kegan Paul, 1952.

—— (1952). *Psychoanalytic Studies of the Personality*. London: Routledge and Kegan Paul. Also published as *An Object Relations Theory of the Personality*. New York: Basic Books.

—— (1954). Observations on the nature of hysterical states. *British Journal of Medical Psychology* 27:105–125.

—— (1958). The nature and aims of psycho-analytical treatment. *International Journal of Psycho-Analysis* 39:374–385.

—— (1963). Synopsis of an object-relations theory of the personality. *International Journal of Psycho-Analysis* 44:224–225.

Fisher, S. (1972). *The Female Orgasm*. New York: Basic Books.

Flugel, J. C. (1921) *Psychoanalytic Study of the Family*. In *International Psycho-Analytical Library*, no. 3, ed. E. Jones. London: International Psycho-Analytical Press.

Freud, S. (1894). Unpublished draft G. *Standard Edition* 1:206–212.

—— (1895). The psychotherapy of hysteria. *Standard Edition* 2:255–305.

—— (1905a). Fragment of an analysis of a case of hysteria. *Standard Edition* 7:7–122.

—— (1905b). Three essays on the theory of sexuality. *Standard Edition* 7:135–243.

—— (1912a). The dynamics of transference. *Standard Edition* 12:97–108.

—— (1912b). Recommendations to physicians practicing psychoanalysis. *Standard Edition* 12:111–120.

—— (1914). Remembering, repeating, and working through. *Standard Edition* 12:147–156.

Gill, M., and Muslin, H. (1976). Early interpretation of transference. *Journal of American Psychoanalytic Association* 24:779–794.

Graller, J. (1981). Adjunctive marital therapy: a possible solution to the split-transference problem. *The Annual of Psychoanalysis* 9:175–187. New York: International Universities Press.

Greenson, R. (1965). The problem of working through. In *Drives, Affects and Behavior*, vol. 2, ed. M. Schur, pp. 217–314. New York: International Universities Press.

Greenspan, S. I. (1981). *Clinical Infant Reports No. 1: Psychopathology and Adaptation in Infancy and Early Childhood*. New York: International Universities Press.

Gross, A. (1951). The secret. *Bulletin of the Menninger Clinic* 15:37–44.

Grotstein, J. (1982). *Splitting and Projective Identification*. New York: Jason Aronson.

Guntrip, H. (1969). *Schizoid Phenomena, Object Relations and the Self*. New York: International Universities Press.

Heiman, J. R., and LoPiccolo, J. (1988). *Becoming Orgasmic: A Personal and Sexual Growth Program for Women*. Second Edition. Englewood Cliffs, NJ: Prentice Hall.

Heimann, P. (1950). On counter-transference. *International Journal of Psycho-Analysis* 31:81–84.

Hite, S. (1976). *The Hite Report: A Nationwide Study of Female Sexuality*. New York: Macmillan.

Jaffe, D. S. (1968). The mechanism of projection: its dual role in object relations. *International Journal of Psycho-Analysis* 49:662–677.

Kaplan, H. S. (1974). *The New Sex Therapy: Active Treatment of Sexual Dysfunctions*. New York: Brunner/Mazel.

—— (1977). Hypoactive sexual desire. *Journal of Sex and Marital Therapy* 3:3–9.

—— (1979). *Disorders of Sexual Desire and Other New Concepts and Techniques in Sex Therapy*. New York: Brunner/Mazel.

—— (1983). *The Evaluation of Sexual Disorders: Psychological and Medical Aspects*. New York: Brunner/Mazel.

—— (1987a). *The Illustrated Manual of Sex Therapy*. Second Edition. New York: Brunner/Mazel.

—— (1987b). *Sexual Aversion, Sexual Phobias, and Panic Disorder*. New York: Brunner/Mazel.

Kernberg, O. (1975). *Borderline Conditions and Pathological Narcissism*. New York: Jason Aronson.

—— (1987). Projection and projective identification: developmental and clinical aspects. In *Projection, Identification, Projective Identification*, ed. J. Sandler, pp. 93–115. Madison, CT: International Universities Press.

Khan, M. M. R. (1979). *Alienation in Perversions*. New York: International Universities Press.

Klein, M. (1946). Notes on some schizoid mechanisms. *International Journal of Psycho-Analysis* 27:99–100. And in *Envy and Gratitude & Other Works, 1946–1963*, pp. 1–24. London: Hogarth Press and the Institute of Psycho-Analysis, 1975.

Kolb, L., and Johnson, A. (1955). Etiology and therapy of overt homosexuality. *Psychoanalytic Quarterly* 24:506–515.

Langs, R. (1976). *The Therapeutic Interaction. Vol. II: A Critical Overview and Synthesis*. New York: Jason Aronson.

Levay, A. N., and Kagle, A. (1978). Recent advances in sex therapy: integration with the dynamic therapies. *Psychiatric Quarterly* 50:5–16.

Levay, A. N., Kagle, A., and Weissberg, J. (1979). Issues of transference in sex therapy. *Journal of Sex and Marital Therapy* 5:15–21.

Levine, S. B. (1988). *Sex Is Not Simple*. Columbus, OH: Ohio Psychology.

Levine, S. B., and Agle, D. (1978). The effectiveness of sex therapy for chronic secondary psychological impotence. *Journal of Sex and Marital Therapy* 4:235–258.

Lieblum, S. R., and Pervin, L. A. (1980). *Principles and Practice of Sex Therapy*. New York: Guilford Press.

Lieblum, S. R., and Rosen, R. C., eds. (1988). *Sexual Desire Disorder*. New York: Guilford Press.

Lief, H. F. (1977). What's new in sex research? Inhibited sexual desire. *Medical Aspects of Human Sexuality* 11:94–95.

—— (1989). Integrating sex therapy with marital therapy. Paper presented at The 47th Annual Conference of the American Association of Marriage and Family Therapists. San Francisco, California, October 27, 1989.

Loewald, H. (1960). On the therapeutic action of psychoanalysis. *International Journal of Psycho-Analysis* 41:16–33.

LoPiccolo, J., and Lobitz, W. C. (1972). The role of masturbation in the treatment of orgasmic dysfunction. *Archives of Sexual Behavior*. 2:163–171. Also in *Handbook of Sex Therapy*, ed. J. LoPiccolo and L. LoPiccolo, pp. 187–194. New York: Plenum, 1978.

LoPiccolo, J., and LoPiccolo, L. (1978). *Handbook of Sex Therapy*. New York: Plenum.

LoPiccolo, J., and Steger, J. (1974) The sexual interaction inventory: a new instrument for assessment of sexual dysfunction. *Archives of Sexual Behavior* 3:585–595.

Mahler, M., Pine, F., and Bergman, A. (1975). *The Psychological Birth of the Human Infant: Symbiosis and Individuation*. New York: Basic Books.

Malin, A., and Grotstein, J. (1966). Projective identification in the therapeutic process. *International Journal of Psycho-Analysis* 47:26–31.

Masters, W. H., and Johnson, V. E. (1966). *Human Sexual Response*. Boston: Little, Brown.

—— (1970). *Human Sexual Inadequacy*. Boston: Little, Brown.

McDougall, J. (1970). Homosexuality in women. In *Female Sexuality: New Psychoanalytic Views*, ed. J. Chasseguet-Smirgel, pp. 94–134. Ann Arbor: University of Michigan Press.

—— (1985) *Theaters of the Mind: Illusion and Truth on the Psychoanalytic Stage*. New York: Basic Books.

—— (1986). Identification, neoneeds, and neosexualities. *International Journal of Psycho-Analysis* 67:19–33.

Meyer, J. K. (1985a). Ego-dystonic homosexuality. In *Comprehensive Textbook of Psychiatry IV*, ed. H. I. Kaplan and B. Saddock, pp. 1056–1065. Baltimore: Williams & Wilkins.

—— (1985b). Paraphilias. In *Comprehensive Textbook of Psychiatry IV*, ed. H. I. Kaplan and B. Saddock, pp. 1065–1076. Baltimore: Williams & Wilkins.

Meissner, W. W. (1980). A note on projective identification. *Journal of The American Psychoanalytic Association* 28:43–67.

—— (1987). Projection and projective identification. In *Projection, Identification, Projective Identification*, ed. J. Sandler, pp. 27–49. Madison, CT: International Universities Press.

Mitchell, S. A. (1988). *Relational Concepts in Psychoanalysis: An Integration*. Cambridge, MA: Harvard University Press.

Money-Kyrle, R. (1956). Normal countertransference and some of its deviations. *International Journal of Psycho-Analysis* 37:360–366.

Moultrup, D. J. (1990). *Husbands, Wives and Lovers: The Emotional System of the Extra-Marital Affair*. New York: Guilford Press.

Murray, J. M. (1955). *Keats*. New York: Noonday Press.

Ogden, T. H. (1982). *Projective Identification and Psychotherapeutic Technique*. New York: Jason Aronson.

—— (1986). *The Matrix of the Mind*. Northvale, NJ: Jason Aronson.

—— (1989). *The Primitive Edge of Experience*. Northvale, NJ: Jason Aronson.

Paolino, T. J., Jr., and McCready, B. S., eds. (1978). *Marriage and Marital Therapy: Psychoanalytic, Behavioral and Systems Theory Perspectives*. New York: Brunner/Mazel.

Pincus, L., ed. (1960). *Marriage: Studies in Emotional Conflict and Growth*. London: Methuen.

Racker, H. (1968). *Transference and Countertransference*. New York: International Universities Press.

Raley, P. E. (1976). *Making Love: How to Be Your Own Sex Therapist*. New York: Dial.

Roiphe, H., and Galenson E. (1981). *Infantile Origins of Sexual Identity*. New York: International Universities Press.

Sachs, H. (1923). On the genesis of sexual perversion. *Internationale Zeitschrift fur Psychoanalyse* 9:172–182. Trans. H. F. Bernays, 1964, New York Psychoanalytic Institute Library; quoted in C. W. Socarides, *Homosexuality*, 1978.

Saghir, M. T., and Robins, E. (1973). *Male and Female Homosexuality*. Baltimore: Williams & Wilkins.

Sander, F. (1989). Marital conflict and psychoanalytic therapy in the middle years. In *The Middle Years: New Psychoanalytic Perspectives*, ed. J. Oldyam and R. Liebert, pp. 160–176. New Haven, CT: Yale University Press.

Sandler, J., ed. (1987). *Projection, Identification and Projective Identification*. Madison, CT: International Universities Press.

Scharff, D. (1978). Truth and consequences in sex and marital therapy: the revelation of secrets in the therapeutic setting. *Journal of Sex and Marital Therapy* 4:35–49.

—— (1982). *The Sexual Relationship: An Object Relations View of Sex and the Family*. Boston, London: Routledge and Kegan Paul.

Scharff, D., and Scharff, J. S. (1987). *Object Relations Family Therapy*. Northvale, NJ: Jason Aronson.

Scharff, J. S., ed. (1989). *Foundations of Object Relations Family Therapy*. Northvale, NJ: Jason Aronson.

—— (in progress). *Projective Identification*. Northvale, NJ: Jason Aronson.

Schmidt, C. W., and Lucas, M. J. (1976). The short-term, intermittent, conjoint treatment of sexual disorders. In *Clinical Management of Sexual Disorders*, ed. J. K. Meyer, pp. 130–147. Baltimore: Williams & Wilkins.

Segal, H. (1964). *Introduction to the Work of Melanie Klein*. London: Heinemann; Hogarth Press and the Institute of Psycho-Analysis.

—— (1981). *The Work of Hanna Segal*. New York: Jason Aronson.

Semans, J. H. (1956). Premature ejaculation: a new approach. *Southern Medical Journal* 49:353–357.

Shapiro, R. L. (1979). Family dynamics and object relations theory: an analytic, group interpretive approach to family therapy. In *Foundations of Object Relations Family Therapy*, ed. J. S. Scharff, pp. 225–258 Northvale, NJ: Jason Aronson.

Skynner, A. C. R. (1976). *Systems of Family and Marital Psychotherapy*. New York: Brunner/Mazel.

Slipp, S. (1984). *Object Relations: A Dynamic Bridge between Individual and Family Treatment*. New York: Jason Aronson.

Socarides, C. W. (1978). *Homosexuality*. New York: Jason Aronson.

Spitz, R. A. (1945). Hospitalism: an inquiry into the genesis of psychiatric conditions in early childhood. *Psychoanalytic Study of the Child* 1:53–74. New York: International Universities Press.

Spitz, R. A. (1965). *The First Year of Life*. New York: International Universities Press.

Stierlin, H. (1977). *Psychoanalysis and Family Therapy*. New York: Jason Aronson.

Stern, D. N. (1985). *The Interpersonal World of the Infant: A View from Psychoanalysis and Developmental Psychology*. New York: Basic Books.

Stoller, R. J. (1975). *Perversion: The Erotic Form of Hatred*. New York: Pantheon.

—— (1979). *Sexual Excitement: Dynamics of Erotic Life*. New York: Pantheon.

Strean, H. S. (1976) The extra-marital affair: a psychoanalytic view. *The Psychoanalytic Review* 63:101–113.

—— (1979). *The Extramarital Affair*. New York: Free Press.

Sutherland, J. D. (1963). Object relations theory and the conceptual model of psychoanalysis. *British Journal of Medical Psychology* 36:109–124.

Wallerstein, J. S., and Blakeslee, S. (1989). *Second Chances*. New York: Ticknor & Fields.

Wegner, D. M., Shortt, J. W., Blake, A. W., Page, M. S., et al. (1990). The suppression of exciting thoughts. *Journal of Personality and Social Psychology* 58:409–418.

Winer, R. (1989). The role of transitional experience in development in healthy and incestuous families. In *Foundations of Object Relations Family Therapy*. ed. J. S. Scharff, pp. 357–384. Northvale, NJ: Jason Aronson.

Winnicott, D. W. (1947). Hate in the countertransference. In *Collected Papers: Through Paediatrics to Psychoanalysis*, pp. 194–203. London: Tavistock, 1958, and The Hogarth Press, 1975.

—— (1951). Transitional objects and transitional phenomena. In *Collected Papers: Through Paediatrics to Psychoanalysis*, pp. 229–242. London: Tavistock, 1958, and The Hogarth Press, 1975.

—— (1956). Primary maternal preoccupation. In *Collected Papers: Through Paediatrics to Psychoanalysis*, pp. 300–305. London: Tavistock, 1958, and The Hogarth Press, 1975.

—— (1958). *Collected Papers: Through Paediatrics to Psychoanalysis*. London: Tavistock, 1958, and The Hogarth Press, 1975.

—— (1960a). The theory of the parent–infant relationship. *International Journal of Psycho-Analysis* 41:585–595, and in *The Maturational Processes and the Facilitating Environment*, pp. 37–55. London: The Hogarth Press, 1965.

—— (1960b). Ego distortion in terms of true and false self. In *The Maturational Processes and the Facilitating Environment: Studies on the Theory of Emotional Development*, pp.140–152. London: The Hogarth Press, 1965.

—— (1963) Communicating and not communicating leading to a study of certain opposites. In *The Maturational Processes and the Facilitating Environment: Studies on the Theory of Emotional Development*, pp. 179–192. London: The Hogarth Press, 1965.

—— (1968). The use of an object and relating through cross-identification. In *Playing and Reality*, pp. 86–94. New York: Basic Books.

—— (1971). *Playing and Reality*. New York: Basic Books.

Williams, A. H. (1981). The micro environment. In *Psychotherapy with Families: An Analytic Approach*, ed. S. Box et al., pp. 105–119. London: Routledge and Kegan Paul.

Zetzel, E. (1958). Therapeutic alliance in the analysis of hysteria. In *The Capacity for Emotional Growth*, pp. 182–196. New York: International Universities Press, 1970.

Zilbergeld, B., and Evans, M. (1980). The inadequacy of Masters and Johnson. *Psychology Today* 14:29–43.

Zinner, J. (1976). The implications of projective identification for marital interaction. In *Contemporary Marriage: Structure, Dynamics, and Therapy*, ed. H. Grunebaum and J. Christ, pp. 293–308. Boston: Little, Brown. Also in *Foundations of Object Relations Family Therapy*, ed. J. S. Scharff, pp. 155–173. Northvale, NJ: Jason Aronson, 1989.

—— (1989). The use of concurrent therapies: therapeutic strategy or reenactment. In *Foundations of Object Relations Family Therapy*, ed. J. S. Scharff, pp. 321–333. Northvale, NJ: Jason Aronson.

Zinner, J., and Shapiro, R. (1972). Projective identification as a mode of perception and behavior in families of adolescents. *International Journal of Psycho-Analysis* 53:523–530, and in *Foundations of Object Relations Family Therapy*, ed. J. S. Scharff, pp. 109–126. Northvale, NJ: Jason Aronson.

—— (1974). The family group as a single psychic entity: implications for acting out in adolescence. *International Review of Psychoanalysis* 11:179–186, and in *Foundations of Object Relations Family Therapy*, ed. J. S. Scharff, pp. 187–202. Northvale, NJ: Jason Aronson.

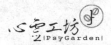

Psychotherapy 30

# 性與親密：從精神分析看伴侶治療
## Object Relations Couple Therapy

作者—大衛·夏夫（David E. Scharff, M. D.）、吉兒·夏夫（Jill Savege Scharff, M. D.）
譯者—徐建琴、鄒春梅、李孟潮
策劃、審閱—王浩威
導讀—鄧惠文

出版者—心靈工坊文化事業股份有限公司
發行人—王浩威　諮詢顧問召集人—余德慧
總編輯—徐嘉俊　特約編輯—黃素霞
校對—黃心宜、林依秀、周旻君
通訊地址—106 台北市信義路四段 53 巷 8 號 2 樓
郵政劃撥—19546215　戶名—心靈工坊文化事業股份有限公司
電話—02）2702-9186　傳真—02）2702-9286
Email—service@psygarden.com.tw　網址—www.psygarden.com.tw

製版·印刷—中茂分色製版印刷事業股份有限公司
總經銷—大和書報圖書股份有限公司
電話—02）8990-2588　傳真—02）2990-1658
通訊地址—248 新北市五股工業區五工五路二號
初版一刷—2011 年 4 月　初版二刷—2021 年 9 月
ISBN—978-986-6112-04-1
定價—520 元

國家圖書館出版品預行編目資料

性與親密：從精神分析看伴侶治療／大衛·夏夫（David E. Scharff, M. D.）、
　吉兒·夏夫（Jill Savege Scharff, M. D.）作；徐建琴、鄒春梅、李孟潮譯.
　-- 初版. -- 臺北市：心靈工坊文化，2011.4 [民 100 ]
面；公分. --（Psychotherapy；30）
譯自：Object Relations Couple Therapy
ISBN978-986-6112-04-1（平裝）

1. 心理治療　2. 性治療法

178.8　　　　　　　　　　　　　　　　　　　　　　　100003983

書系編號—PT030　　　　書名—性與親密:從精神分析看伴侶治療

姓名　　　　　　　　　　　　是否已加入書香家族? □是 □現在加入

電話 (O)　　　　　　(H)　　　　　　　手機

E-mail　　　　　　生日　　年　　月　　日

地址 □□□

服務機構　　　　　　　職稱

您的性別—□1.女 □2.男 □3.其他

婚姻狀況—□1.未婚 □2.已婚 □3.離婚 □4.不婚 □5.同志 □6.喪偶 □7.分居

請問您如何得知這本書?
□1.書店 □2.報章雜誌 □3.廣播電視 □4.親友推介 □5.心靈工坊書訊
□6.廣告DM □7.心靈工坊網站 □8.其他網路媒體 □9.其他

您購買本書的方式?
□1.書店 □2.劃撥郵購 □3.團體訂購 □4.網路訂購 □5.其他

您對本書的意見?
□ 封面設計　　1.須再改進 2.尚可 3.滿意 4.非常滿意
□ 版面編排　　1.須再改進 2.尚可 3.滿意 4.非常滿意
□ 內容　　　　1.須再改進 2.尚可 3.滿意 4.非常滿意
□ 文筆/翻譯　1.須再改進 2.尚可 3.滿意 4.非常滿意
□ 價格　　　　1.須再改進 2.尚可 3.滿意 4.非常滿意

您對我們有何建議?

▲您的意見,我們將轉貼在心靈工坊網站上, www.psygarden.com.tw

廣 告 回 信
台 北 郵 政 登 記 證
台北廣字第1143號
免 貼 郵 票

心靈工坊
[PsyGarden]

10684台北市信義路四段53巷8號2樓
讀者服務組　收

免　貼　郵　票

（對折線）

# 加入心靈工坊書香家族會員
# 共享知識的盛宴，成長的喜悅

請寄回這張回函卡（免貼郵票），
您就成為心靈工坊的書香家族會員，您將可以——

⊙隨時收到新書出版和活動訊息

⊙獲得各項回饋和優惠方案